Simon A. Frank
Kulturmanagement und Social Me

Simon A. Frank, geb. 1975, arbeitet und forscht an den Schnittstellen zwischen Kulturmanagement, -wissenschaft und Wirtschafsinformatik und promovierte mit einer interdisziplinären Studie am Institut für Kulturmanagement der Pädagogischen Hochschule Ludwigsburg. Er publizierte zu Webtechnologien und Social Media, u.a. in Standard-Werken wie dem »Kompendium Kulturmanagement« (2009/2011) und dem »Kompendium Kulturmarketing« (2011).

Simon A. Frank

Kulturmanagement und Social Media

Neue interdisziplinäre Perspektiven auf eine User-generated Culture im Kulturbetrieb

[transcript]

Dissertation an der Pädagogischen Hochschule Ludwigsburg, 2015, unter dem Titel »User-generated culture«.

Bibliografische Information der Deutschen Nationalbibliothek
Die Deutsche Nationalbibliothek verzeichnet diese Publikation in der Deutschen Nationalbibliografie; detaillierte bibliografische Daten sind im Internet über http://dnb.d-nb.de abrufbar.

Umschlagkonzept: Kordula Röckenhaus, Bielefeld
Printed in Germany
Print-ISBN 978-3-8376-3375-7
PDF-ISBN 978-3-8394-3375-1

Gedruckt auf alterungsbeständigem Papier mit chlorfrei gebleichtem Zellstoff.
Besuchen Sie uns im Internet: *http://www.transcript-verlag.de*
Bitte fordern Sie unser Gesamtverzeichnis und andere Broschüren an unter: *info@transcript-verlag.de*

Inhaltsverzeichnis

Dank | 7

Einleitung | 9
Zielsetzung und These | 10
Einordnung und Methode | 12
Aufbau | 15

TEIL A: BESTANDSAUFNAHME – KULTURMANAGEMENT UND NEUE MEDIEN

1 Neue Medien, Internetpraxis und Social-Web-Theorie | 21
1.1 Internetpraxis | 22
1.2 Prinzipien des Social Web | 31
1.3 Kommunikative Funktionen des Social Web | 34
1.4 Medien- und Social-Web-Theorie | 35
1.5 „Social Web“ im Kontext des aktuellen Medienbegriffs | 45
1.6 Zusammenfassung und Fazit | 53

2 Der kulturwissenschaftlich geprägte Diskurs über neue Medien im Kulturmanagement | 55
2.1 Technikdeterministische Erklärungsmodelle | 57
2.2 Ökonomische Argumentationsansätze | 70
2.3 Geistes- und kulturwissenschaftliche Ansätze | 80
2.4 Zusammenfassung und Fazit | 115

TEIL B: REVISION – KUNSTKONZEPTE UND DAS *SOCIAL WEB*

3 Kunsttheoretische Konzepte des Kulturmanagement-Diskurses | 119
3.1 Kunstwerk, Aura, Reproduzierbarkeit (Benjamin) | 121
3.2 Kunst, Kommerz, Kulturindustrie (Adorno und Horkheimer) | 130
3.3 Rückkanal, Aktivierung, Lehrmittel (Brecht) | 138
3.4 Bewusstseinsindustrie, Manipulation, emanzipatorischer Mediengebrauch (Enzensberger) | 148
3.5 Das offene Kunstwerk (Eco) | 165
3.6 Das schreibbare Kunstwerk (Barthes) | 175
3.7 Exkurs: Techniktheorien (McLuhan bis Kittler) | 184
3.8 Poststrukturalistische und postmoderne Ansätze (Lyotard, Deleuze, Derrida) | 193
3.9 Zusammenfassung und Fazit | 212

4 Kunst und Social Web – Kompatibilität und Inkompatibilität ‚alter' Theorien mit ‚neuen' Medien | 213
4.1 Exkurs: Prinzipien des Social Web und der Kunst | 214
4.2 Anfang und Ende der (digitalen) Aura | 217
4.3 Die (un-)mögliche ästhetische Sublimierung in digitalen Welten | 221
4.4 Technologiefeindlichkeit oder postmoderne Kooperationsmodelle | 225
4.5 Darstellende Kunst und ‚Medientheater' | 229
4.6 Das Kunstmuseum im geschlossen-realen oder im offen-virtuellen Raum | 236
4.7 Jeder User (k)ein Künstler | 239

Zusammenfassung und Ausblick | 251

Literatur | 257

Dank

Herzlich bedanken möchte ich mich bei Prof. Dr. Armin Klein vom Institut für Kulturmanagement der Pädagogischen Hochschule Ludwigsburg für die Betreuung dieser Dissertation. Seine Offenheit gegenüber dem Thema, seine kritische Lektüre und sein konstruktiver Rat waren eine große Hilfe. Die nicht selbstverständliche Unterstützung und Ermutigung in der Schlussphase haben entscheidenden Anteil an der Fertigstellung dieser Arbeit.

Ebenfalls bedanken möchte ich mich bei dem Zweitgutachter Prof. Dr. Helge Rieder von der Hochschule Trier, Fachbereich Wirtschaftsinformatik, für die vielen Gespräche und wertvollen Anregungen und die ebenfalls nicht selbstverständliche Bereitschaft, an diesem „interdisziplinären" Projekt mitzuwirken.

Für die kritische Lektüre und die vielen hilfreiche Rückmeldungen bedanke ich mich bei allen meinen (ehemaligen) Kolleginnen und Kollegen, insbesondere bei Prof. Dr. Timo Becker, Dr. Uli Iberer, Ekkehard Jürgens M.A. und Dr. Petra Schneidewind.

Ohne die vielen Diskussionen im *Social Web* – in Tweets, Posts und Blogs – wäre diese Arbeit nicht möglich gewesen. Ich bedanke mich bei allen, ohne hier deren Namen aufzuzählen. Es wären zu viele und die Gefahr, jemanden zu vergessen zu hoch.

Abschließend danke ich meiner Familie und meinem Freundeskreis für die Unterstützung und Geduld. Insbesondere meiner Mutter Barbara Frank habe ich für deren aufmerksame Lektüre und die ständigen Ermutigungen mehr zu verdanken, als hier darstellbar wäre.

Einleitung

Die meisten Studien im Diskursfeld Kunst, Kultur und neue Medien[1], in dem sich auch diese Arbeit verorten lässt, beginnen mit einer Auflistung spektakulärer Leuchtturmbeispiele, die zeigen, wie diese oder jene Institution oder Kultureinrichtung, etwa Museum, Opernhaus oder Theater, in einzigartiger Weise die Möglichkeiten des Social Web nutzt. Nicht selten sind Leserinnen oder Leser – trotz großer Expertise in den neuen Medienwelten – verwundert, dass sie dieses Beispiel nicht kennen, denn häufig ist der Strahl des Leuchtturms nicht durch die unendlichen Weiten des Web zu ihnen durchgedrungen. Aber nicht nur deshalb wird hier und in den folgenden Seiten nur selten auf spektakuläre Beispiele verwiesen, sondern auch, weil diese Untersuchung primär ein anderes Ziel verfolgt: Nicht das „Wie" wird hier thematisiert – etwa in Form von Ratschlägen zur Umsetzung von „Präsenzen" in Facebook, Twitter oder anderen Social Networks – sondern vielmehr das „Warum" und „auf welcher Basis". Nachgezeichnet werden die bisherigen Argumentationslinien, die Vernetzung mit kunst- und kulturtheoretischen Diskursen sowie die sich daraus entwickelnden Problematiken, die sich durch das Internet und das Social Web für Kulturbetriebe zeigen.

Zu erkennen ist, dass sich durch Social Media völlig neue Möglichkeiten für die Produktion, Distribution und Rezeption von Kunst ergeben.

1 Mit „neuen Medien" sind hier und im Folgenden primär die elektronischen Medien, die in Zusammenhang mit dem Internet stehen, gemeint (vgl. Abschnitt 1.1). Auf die Großschreibung („Neue Medien") wird verzichtet, da hierunter bis in die Sechziger- und Siebzigerjahre des letzten Jahrhunderts meist auch Radio, Fernsehen usw. subsumiert wurden.

Doch ein Blick auf den kulturwissenschaftlichen und kulturmanagerialen Diskurs über neue Medien zeigt, dass sich dahingehend eine tiefergehende Auseinandersetzung nur in Ansätzen abzeichnet und stattdessen oberflächliche, technizistische oder unreflektiert technikeuphorische oder technikskeptische Argumentationsmuster dominieren. Es ist deshalb notwendig, diesen Diskurs genauer zu analysieren, zu kritisieren beziehungsweise zu dekonstruieren. Dabei helfen keine noch so spektakulären Beispiele, vielmehr muss man sich der Sprache des Diskurses selbst bedienen und die Argumentationslinien im Diskursfeld Kunst, Kultur und neue Medien aufgreifen und weiterentwickeln.[2]

ZIELSETZUNG UND THESE

Das Ziel dieser Arbeit besteht deshalb darin, ein neues theoretisch fundiertes Konzept für den Umgang mit Online-Medien im deutschsprachigen Kulturbetrieb zu erarbeiten. Deren in vielen Fällen vorherrschende, zurückhaltende und teilweise stiefmütterliche Behandlung wird bisher durch eine Reihe von Theoriefragmenten begründet, die bei näherer Betrachtung Inkonsequenzen aufweisen. Diesen soll mit Hilfe einer (de-)konstruktivistischen kritischen Analyse eine Alternative zur Seite gestellt werden, mit deren Hilfe sich ein neuer Blick sowohl auf die Chancen als auch die Risiken der neuen Medien werfen lässt. Im Mittelpunkt steht der Versuch, Belege für die These zu finden, dass zwischen aktuellen Internetpraktiken und den tragenden Kunst- und Kulturtheorien, die derzeit das theoretische Fundament der Kultureinrichtungen[3] bilden, kein unversöhnlicher Gegensatz

2 Derrida, an dessen Philosophie sich dieses Vorgehen anlehnt, weist ebenfalls darauf hin: „Wir können keinen einzigen […] Satz bilden, der nicht schon der Form, der Logik, den impliziten Erfordernissen dessen sich gefügt hätte, was er gerade in Frage stellen wollte." (Derrida 1976b orig. 1967, S. 424)

3 An vielen Stellen ist in dieser Arbeit von „Kulturbetrieben" die Rede, jedoch stehen im Fokus der Arbeit Kunstmuseen und Sprechtheater – nicht nur aus forschungspragmatischen Gründen, sondern auch, da diese mit dem kunsttheoretischen Diskurs am engsten verflochten sind (vgl. Kapitel 2), was nicht bedeutet, dass viele der Überlegungen für andere Kultureinrichtungen nicht ebenso relevant sind.

besteht, sondern es sich dabei um Konzepte handelt, die sich durchaus vereinbaren lassen. Denn das, was jetzt durch *Social Media* für die Produktion, Distribution und Rezeption von Kunst praktisch und technisch möglich geworden ist, wurde in den letzten einhundert Jahren bereits von Künstlern und Philosophen „vorgedacht" – was jedoch im aktuellen Diskurs teilweise ausgeblendet wird.

In der vorliegenden Arbeit wird die These vertreten, dass zwischen aktuellen Internetpraktiken und zeitgenössischen Kunst- und Kulturdiskursen eine inhärente Kompatibilität besteht. Grundlage der Argumentation ist die Annahme, dass viele der derzeit den Kunst- und Kulturdiskurs tragenden Theorien, die weit vor der Zeit der weltweiten Vernetzung der Informationssysteme entstanden sind, im Kontext aktueller Internetpraktiken eine erstaunliche Aktualität an den Tag legen – eine Aktualität, die nicht dadurch erzeugt wird, dass den historischen Kunst- und Kulturkonzepten eine „modische" Interpretation oder eine „zeitgemäße" Inszenierung aufgezwungen wird. Es zeigt sich vielmehr, dass die Gründe für die neue Aktualität dieser Kunst- und Kulturtheorien darin liegen, dass für die offenen Fragestellungen sowie die Probleme und Leerstellen dieser Konzepte die aktuellen Internetpraktiken und Kommunikationsformen erstaunlich „kompatible" Antworten und Lösungen generieren können. Mit „Kompatibilität" ist hier ein hoher Grad an Übereinstimmung der von den Theorien geforderten und im Internet möglichen Handlungs- und Funktionsprinzipen gemeint. Zugespitzt ließe sich also die These so formulieren: Im theoretischen Diskurs über Kunst und Kultur wurden in den letzten einhundert Jahren von Philosophen und Künstlern implizit und explizit neue Möglichkeiten zur Kommunikation und Vermittlung von Kunst gefordert, die zu ihrer Entstehungszeit utopisch anmuteten, nun aber mit dem Medium Internet realisierbar erscheinen.

„Technische Entwicklungen eröffnen Möglichkeitsräume"[4], merkt Münker mit Blick auf die neuesten Möglichkeiten der politischen Partizipation durch das *Social Web* an. Dies soll auf den Bereich des Kunstdiskurses übertragen werden: Der neue Möglichkeitsraum für Kunst eröffnet sich insbesondere durch Partizipation, weshalb diese Arbeit mit *user-generated culture* betitelt ist. Diese Doppelkodierung des Akronyms UGC, das im Kontext des *Social Web* eigentlich für *user-generated content* steht, ist eine

4 Münker 2009, S. 25

gewisse Provokation zu einem Spiel der Differenzen, die zu einer erneuten Lektüre der kunst- und kulturtheoretischen Texte anregen soll. Die Verschiebung und Wandlung der Bedeutung kann an ihrer Grenze offenlegen, dass „alte", ursprünglich als utopische geltende Forderungen an Kunst mit „neuen" Medien realisierbar sind.

EINORDNUNG UND METHODE

Diese Arbeit verfolgt einen interdisziplinären Ansatz, der für die zu untersuchende Thematik besonders geeignet erscheint. So betonen beispielsweise Ebersbach et al. in ihrer Studie zum *Social Web*, dass man sich dieser Thematik nur interdisziplinär nähern könne: „Politologen, Medienwissenschaftler oder Sozialpsychologen sind hier verloren, wenn sie sich nur in den engen Grenzen ihrer Disziplin bewegen."[5] Durch den interdisziplinären[6] Impuls sollen neue Perspektiven auf das vielfach untersuchte Themenfeld aufgezeigt werden. Es erweist sich dabei, dass Forschungsarbeiten über digitale Medien im Kulturmanagement und der Kulturwissenschaft interdisziplinär denken und argumentieren müssen, damit sie, wie bereits Kohle und Kwastek im Bereich der Kunstwissenschaften aufzeigten, „in ihrer Reflexion der digitalen Technologie auch die eigene methodische Arbeit des Wissenschaftlers anregen und beflügeln."[7] Der vielbeschworene Theorie- und Methodenpluralismus wird in diesem Kontext nicht als ein Nachteil verstanden. Vielmehr ist es erst dadurch möglich, sich der komplexen Themenstellungen aus unterschiedlichen Perspektiven[8] zu nähern.

---

5 Ebersbach et al. 2011, S. 15

6 Bestehend aus Ansätzen und Methoden aus Kultur- und Medienwissenschaft sowie der Wirtschafsinformatik (vgl. unten).

7 Kohle und Kwastek 2003, S. 180

8 Dies soll in Anlehnung an Feyerabend, jedoch nicht in gleicher Radikalität gedacht werden. In „Wider den Methodenzwang" vertritt Feyerabend die Ansicht, dass Fortschritt immer nur durch Umkehrung oder Verletzung bisheriger Regeln und Methoden möglich sei (vgl. Feyerabend 1986 orig. 1976, S. 47). Feyerabend kommt hier zu dem berühmten „anything goes", wobei dies nicht als absolute Beliebigkeit verstanden werden darf. Vielmehr ist mit Blick auf die Wissenschaftsgeschichte zu sehen, dass neue Theorien nicht durch induktive Verall-

Diese Arbeit versteht sich auch deshalb als eine interdisziplinäre Arbeit, da Überlegungen und Konzepte aus den Disziplinen Kulturmanagement, Kulturwissenschaft, Philosophie, Medienwissenschaft und Wirtschaftsinformatik[9] aufgenommen werden. Gerade in der Wirtschaftsinformatik wird vermehrt gefordert, dass der Blick „nicht nur auf die technischen Komponenten" gerichtet wird, sondern auch auf „die Menschen, die die Benutzer der Anwendersysteme sind und die Verantwortung tragen."[10] Insbesondere im Rahmen der Teildisziplin Informationsmanagement wird die Doppelrolle der „zunehmenden gesellschaftlichen und wirtschaftlichen Bedeutung" der neuen Medien erkannt und diskutiert und nicht nur auf der technische Ebene gefordert, dass diese „professionell gestaltet werden"[11] – wofür folgende theoretische Analysen über den Einsatz von Informations- und Kommunikationstechnologien in öffentlichen (Kultur-)Einrichtungen eine Basis bilden sollen.

Der Schwerpunkt liegt jedoch auf den kulturwissenschaftlichen[12] Überlegungen. Die Auswertung der Literatur – insbesondere der über dreihundert ausgewerteten kulturmanagerialen Arbeiten in Kapitel 2 – erfolgt mit einem sich an hermeneutischen Grundsätzen[13] orientierenden Ansatz, der um den Aspekt der Dekonstruktion[14] erweitert ist. Letzteres beinhaltet zwei

---

gemeinerungen gewonnen werden, sondern durch kreative Überlegungen, die Bisheriges neu kombinieren oder sogar über Bord werfen (vgl. Feyerabend 1986 orig. 1976, S. 47ff und Poser 2001, S. 180).

9 Die sich selbst wiederum als interdisziplinäre Disziplin versteht und deshalb viele Anknüpfungspunkte bietet (vgl. Gabriel et al. 2012, S. 5). Im Rahmen der Methoden der Wirtschaftsinformatik versteht sich diese Untersuchung als theoretischer Beitrag und argumentative (Literatur-)Analyse, die „durch die Überprüfung einer Theorie für eine gegebene Fragestellung neue Erkenntnisse [...] gewinnen [möchte]" (Balzert et al. 2011, S. 79).

10 Gabriel et al. 2012, S. 7

11 Gabriel et al. 2012, S. 225

12 Mit dem Betonen des „kulturwissenschaftlichen" Ansatzes soll dabei deutlich gemacht werden, dass der Begriff der „Geisteswissenschaften" und dessen metaphysisches Konzept abgelöst werden. Zudem soll dies in Abgrenzung zu einem natur- und technikwissenschaftlichen Ansatz verstanden werden.

13 In Anlehnung an Culler 1999, S. 33ff und Poser 2001, S. 209ff.

14 vgl. Derrida 2004 orig. 1967, Culler 1999, S. 95ff und Abschnitt 3.8

Aspekte: zum einen das kritische „Dekonstruieren“ vorhandener Ansätze, die, wie in Kapitel 2 herausgearbeitet wird, die Problemstellungen beim Umgang neuer Medien in Kunst und Kultur in den letzten Jahren nur in eine bestimmte eingleisige Richtung lenken, und zum zweiten der Aspekt der „Konstruktion“, der besonders zu betonen ist, denn im Gegensatz zu einer nur der Empirie verpflichteten Arbeit ermöglicht dieser Aspekt in Form von Gedankenexperimenten und Modellen, neue Wege für die Zukunft aufzuzeigen. Insbesondere diese „Konstruktion“ ist ein spezifischer Aspekt der Forschung, die nicht nur Theorie produzieren oder reproduzieren möchte, sondern die Anbindung an die Praxis[15] betont.

Die Bewegung der Dekonstruktion und damit der Differenzierung, die diese Arbeit verfolgt, steht stellvertretend für ein Plädoyer der Differenz[16]: Wer für etwas plädiert, bezieht auch immer gegen etwas Stellung. In diesem Fall handelt es sich um einen kritischen Einspruch gegen im kulturmanagerialen Kontext vorherrschende totalisierende Theorien[17] zur Rolle der Informationstechnologien in Kunst und Kultur und deren daraus abgeleitete allgemeine Ansprüche. Mit diesem Einspruch wird die Absicht verfolgt, den bisher von theoretischen Strukturen ausgeschlossenen Rest zu rehabilitieren und so Aspekte zu beleuchten, die in ihrer bisherigen Orientierung an zentralen Begriffen in die Peripherie verdrängt wurden.

Neben den in der kulturmanagerialen Forschung häufig anzutreffenden praxisnahen und anwendungsorientierten Studien ist es stets erforderlich, die theoretischen Grundlagen dazu zu reflektieren. Dies begründet auch den philosophisch-reflexiven Ansatz dieser Arbeit, wobei selbstverständlich ein deutlicher Unterschied zu einer philosophischen Grundlagenarbeit auszumachen ist. Diese Studie verliert im Gegensatz dazu nicht den Blick auf die Relevanz der Ergebnisse für die kulturmanageriale Praxis und die Zielsetzung der Wirtschafsinformatik, sich als angewandte Informatik mit der Gestaltung und dem Einsatz von Informations- und Kommunikationssystemen

15 Deshalb ist diese Arbeit auch ein Beitrag zur Forschung im Bereich Kulturmanagement, selbst wenn hier einige zentrale Aspekte des Kulturmanagements, beispielsweise betriebswirtschaftliche Überlegungen, nicht oder nur am Rande berücksichtigt werden.

16 vgl. Derrida 1976b orig. 1967, S. 422ff und Culler 1999, S. 166ff

17 Theorien, die selten implizit formuliert werden, jedoch diskursbestimmend sind (vgl. Kapitel 2).

für Unternehmen und Organisationen zu beschäftigen.[18] In der Arbeit werden also die „philosophischen“ Überlegungen nicht zum Selbstzweck oder aus Selbstverliebtheit betrieben, sondern um für das Praxisfeld Kulturmanagement neue Handlungsgrundlagen zu entwickeln. Der „philosophische“[19] Anteil ist darin zu sehen, dass dabei nicht von vornherein ausgeschlossen wird, dass bisherige Grundsätze und Denkrahmen abgelöst werden.

AUFBAU

Die Arbeit gliedert sich in zwei Teile: Der erste, mit „Teil A: Bestandsaufnahme“ betitelte Teil beginnt mit einer allgemeinen Darstellung der aktuellen Möglichkeiten der neuen Medien und des *Social Web*. Neben einer Annäherung an eine Bestimmung einiger zentraler Begriffe (etwa *Web 2.0* und *Social Media)* werden überblickartig einige für diese Untersuchung wichtige Meilensteine der Entwicklung des Internets dargestellt. Zudem werden hier mehrere Prinzipien sowie kommunikative Funktionen des *Social Web* herausgearbeitet und erläutert, inwieweit computervermittelte Kommunikation und das *Social Web* als Forschungsgegenstand Beachtung finden. Am Beispiel einer exemplarischen *Social-Web-* beziehungsweise *Internet*-Theorie wird anschließend gezeigt, welche neue Perspektive eine solche Theorie ermöglicht, und die Frage gestellt, ob das *Social Web* überhaupt als „Medium“ im bisherigen Verständnis der Medientheorie gesehen werden kann.

Diese erste allgemeine Bestandsaufnahme des Diskursfelds neue Medien und *Social Web* wird im darauffolgenden zweiten Kapitel um den speziellen Bereich zum Stand der Forschung im Kulturmanagement ergänzt. Hier wird Einblick in die unterschiedlichen Ansätze der kulturmanagerialen und damit auch teilweise der kulturwissenschaftlichen Forschung zum Thema *Internet*, *Social Web* und neue Medien gegeben. Dabei werden die

18 Zum Verständnis von „Wirtschaftsinformatik“ vgl. Gabriel et al. 2012, S. 7.

19 „Philosophie“ wird im Sinne Foucaults verstanden: „Philosophie ist jene Verschiebung und Transformation der Denkrahmen, die Modifizierung etablierter Werte und all der Arbeit, die getan wird, um anders zu denken, um anders zu machen und anders zu werden als man ist“ (Foucault 1984, S. 22).

verschiedenen Argumentationsmuster zum Umgang mit neuen Medien im Kunst- und Kulturbereich, im Forschungsdiskurs des Kulturmanagements in den letzten fünfzehn bis zwanzig Jahren herausgearbeitet, die sich schwerpunktmäßig in drei Richtungen zusammenfassen lassen: technikdeterministische Ansätze, ökonomische Argumentationsmodelle sowie geistes- und kulturwissenschaftliche Modelle, die sich auf kunst-, kultur- oder medientheoretische Aspekte berufen, um den Einsatz neuer Medien zu bewerten.

Nach der Darstellung dieser Argumentationsmuster sind die Bestandsaufnahme des allgemeinen Diskursfeldes neue Medien und *Social Web* sowie die des speziellen im Bereich Kulturmanagement abgeschlossen, und es beginnt der zweite Teil dieser Arbeit, der mit „Teil B: Revision" betitelt ist und aus Kapitel 3 und 4 besteht. Dieser baut auf die Ergebnisse des vorherigen Teils auf und unterzieht diese einer kritischen Analyse. Zuerst werden im Kapitel 3 die zentralen zeitgenössischen kunsttheoretischen Konzepte erörtert, die im kulturwissenschaftlich geprägten Kulturmanagement-Diskurs im Kontext der neuen Medien prägend sind. Ermittelt werden unterschiedliche diskursbestimmende Verständnisse des Begriffs und der Funktion von Kunst, der Rolle der Künstler und der Rezipienten, der Vermarktung oder Vermittlung sowie unterschiedliche Kriterien zur Bewertung oder zur Abgrenzung von Kunst.

Anschließend werden im vierten Kapitel diese ermittelten Ergebnisse aufgegriffen und zur Erörterung der Kompatibilität beziehungsweise Inkompatibilität „alter" Theorien mit „neuen" Medien herangezogen. Es werden durch Übertragung der zuvor ermittelten Konzepte auf das *Social Web*, etwa durch Diskussion einer digitalen Aura, die ästhetische Sublimierung im virtuellen Raum und den elektronischen Rückkanal, die Argumente für eine Neupositionierung ermittelt – unter Zuhilfenahme von Konzepten aus der Informatik, etwa der agilen Softwareentwicklung, und Begriffen wie „Portal", „Version" und „Kompatibilität". Dabei wird ein neues theoretisch fundiertes Konzept für den Umgang mit Online-Medien im Kulturmanagement-Diskurs erarbeitet, mit dessen Hilfe sich ein anderer Blick sowohl auf die Chancen als auch die Risiken der neuen Medien werfen lässt, denn durch die neuen Möglichkeiten des *Social Web* wird nun das möglich, was von Künstlern und Philosophen seit über einhundert Jahren vorgedacht wurde. Dabei wird diskutiert, ob das *Social Web* den Raum bereitstellen kann, der für Kunst, Theater und Literatur im aktuellen Diskurs gefordert wird oder ob die Rahmenbedingen des *Social Web* inkompatibel zu diesem sind. Die Arbeit schließt mit einer kurzen Zusammenfassung und einem Fazit ab.

Teil A: Bestandsaufnahme – Kulturmanagement und neue Medien

1 Neue Medien, Internetpraxis und Social-Web-Theorie

Im ersten Abschnitt (1.1) dieses Kapitels wird mit einer Annäherung an eine Bestimmung der Begriffe *Web 2.0* und *Social Media* begonnen und dabei überblickartig die Entwicklung vom *Web 1.0* zum *Social Web* dargestellt. Zudem werden Aspekte der aktuellen Internetpraxis wie etwa *user-generated content*, also der Beteiligung der Medien-Nutzer an der Schaffung der Inhalte, erörtert. Im nächsten Abschnitt (1.2) werden mehrere Prinzipien sowie kommunikative Funktionen (1.3) des *Social Web* herausgearbeitet, die als Basis für weitere Überlegungen dienen werden. Im Abschnitt 1.4 wird dargestellt, inwieweit Theorien wie die computervermittelte Kommunikation und das *Social Web* als Forschungsgegenstand Beachtung finden. Am Beispiel einer exemplarischen *Social-Web-* beziehungsweise *Internet*-Theorie wird gezeigt, welche neue Perspektive eine solche Theorie ermöglicht. Im anschließenden Abschnitt 1.5 finden sich Überlegungen zu der Frage, ob das *Social Web* überhaupt als „Medium" im bisherigen Verständnis der Medientheorie gesehen werden kann. Bei negativem Bescheid hätte dies weitreichende Konsequenzen, was in diesem Abschnitt ebenfalls erörtert wird.

1.1 INTERNETPRAXIS

Im Kulturbereich ist vereinzelt noch die Meinung anzutreffen, dass die Nutzung des Internets und des *Social Web*[1] nur durch eine kleine Randgruppe erfolge und deshalb eine Beschäftigung mit dieser Thematik wenig lohnend sei, doch dies ist mit einem Blick auf aktuelle Studien leicht widerlegbar (vgl. dazu auch Kapitel 2). An dieser Stelle soll deshalb kurz aufgeführt werden, in welchem Umfang das *Social Web* in Deutschland tatsächlich genutzt wird. Dadurch soll veranschaulicht werden, wie weit die in dieser Arbeit dargestellten Internetpraktiken verbreitet sind. Nach der seit 1997 jährlich durchgeführten ARD-ZDF-Online-Studie[2] nutzen bereits seit dem Jahr 2007 gut zwei Drittel, seit 2014 knapp 80% der Deutschen regelmäßig das Internet für „klassische"[3] Anwendungen wie Mail, Informationsrecherche und Online-Shopping.[4] Das Internet gehört, wie der Medienwissenschaftler Wiedemann schon 2006 feststellte[5], bereits seit Beginn des Jahrtausends zum Alltag der Deutschen, sowohl im Privatleben als auch in nahezu sämtlichen Berufswelten. Es ist deshalb auch häufig von dem „Massenmedium Internet"[6] die Rede, wobei dieser Begriff nur die hohe Zahl der Nutzerinnen und Nutzer verdeutlichen soll – für einen Vergleich mit anderen Massenmedien[7] muss zuvor insbesondere der Medienbegriff genauer betrachtet werden (vgl. Abschnitt 1.4).

Neben klassischen Webanwendungen sind inzwischen einige „*Social-Media*"- und „*Web 2.0*"-Formen[8] wie Videoportale, Wikipedia und private Netze „massenattraktiv"[9] geworden, wenn auch einige spezielle *Social-*

1 Zu den Begrifflichkeiten vgl. unten.

2 Auch online verfügbar unter www.ard-zdf-onlinestudie.de

3 Zur Unterscheidung „klassische" gegenüber „Social-Media"-Anwendung vgl. Frank 2011a, S. 559

4 vgl. van Eimeren und Frees 2014, S. 379

5 vgl. Wiedemann 2006, S. 97

6 Wiedemann 2006, S. 98

7 Aus den Kommunikationswissenschaften kommen ebenfalls Einwürfe, ob überhaupt die Kriterien, die ein (traditionelles) Massenmedium kennzeichnen, angewandt werden können (vgl. Siedschlag 2005, S. 105).

8 Zu den Begriffen „Web 2.0" und „Social Media" vgl. Abschnitt 1.2.

9 Busemann/Gscheidle 2010, S. 361

Media-Dienste nur von einer relativ kleinen Zielgruppe genutzt werden (zum Beispiel „Twitter", vgl. unten). In der bereits erwähnten ARD-ZDF-Online-Studie finden sich seit einigen Jahren ebenso Daten zum Nutzungsverhalten der Deutschen im *Web 2.0* beziehungsweise dem *Social Web*. Beispielsweise wird im Rahmen dieser Erhebung seit 2006 die Frage gestellt, inwieweit bei deutschen Internetnutzern das Interesse besteht, aktiv Beiträge zu verfassen und online zu stellen (Stichwort *user- generated content*, vgl. unten). Im Jahr 2012[10] gaben 22 Prozent der Befragten an, dass sie es sehr oder zumindest etwas interessant finden, aktiv Beiträge ins Internet zu stellen. Insbesondere bei Jugendlichen (14-19 Jahre) und jungen Erwachsenen zwischen 20 und 29 Jahren ist das Interesse groß: Über 40 Prozent der Jugendlichen und knapp ein Drittel der jungen Erwachsenen haben Interesse, aktiv Beiträge im Internet zu verfassen und zu erstellen.[11] Bei älteren Internetnutzern über 30 Jahren liegt dieses Interesse im Durchschnitt jedoch nur bei etwa 8 Prozent. Ein großer Teil der Befragten antworteten, im Jahre 2014 *Social-Web*-Anwendungen wie Wikipedia (76 Prozent), Videoportale wie YouTube (64 Prozent) und soziale Netzwerke und Communitys wie Facebook oder Google+ (46 Prozent) zu nutzen.[12] Andere Anwendungen des *Social Web,* wie etwa Fotosammlungen, Blogs, Twitter[13] oder berufliche Communitys, sind eher Nischen und werden nur von etwa fünf Prozent der Befragten regelmäßig genutzt.[14] Diese gesamten Zahlen sind in den letzten Jahren relativ konstant, nur bei „privaten Netzwerken und Communitys" (worunter Facebook zählt) ist seit einiger Zeit ein starker Anstieg zu beobachten: Waren es 2008 erst 18 Prozent, sind es im Jahr 2014 bereits 46 Prozent.[15]

10 Ab 2013 wird in der ARD-ZDF Onlinestudie diese Frage so allgemein nicht mehr gestellt (vgl. Busemann 2013, S. 391), jedoch ist anzunehmen, dass hier kein Anstieg erfolgt ist.

11 vgl. Busemann und Gscheidle 2012, S. 387

12 vgl. van Eimeren und Frees 2014, S. 388

13 Zur Twitter-Nutzung im Kulturbereich vgl. ausführlich Frank 2010a

14 vgl. van Eimeren und Frees 2014, S. 388, für 2013 vgl. ausführlich Busemann 2013, S. 398

15 vgl. van Eimeren und Frees 2014, S. 388, für 2013 vgl. ausführlich Busemann 2013, S. 392

In diesem Zusammenhang ist zu erwähnen, dass seit 2004 die Nutzung des Internets für „Informationen aus dem Kulturbereich" kaum wächst, aber konstant bleibt. Im Jahre 2004 gaben 31 Prozent der Befragten an, dass sie gelegentlich oder häufig das Internet für Online-Inhalte aus dem Kulturbereich konsultieren. In den letzten Jahren hat sich dies nur leicht gesteigert, so sind es inzwischen 34 Prozent.[16] Allerdings legt die ARD-ZDF-Studie keine genauen Zahlen vor, inwieweit *Social Media* von Kulturinteressierten genutzt wird. Klein folgert jedoch mit Blick auf die ebenfalls im Kontext der ARD-ZDF-Onlinestudie entstandene „MedienNutzerTypologie 2.0"[17], dass aktive *Social-Media-User* gerade nicht kulturaffin seien:

> „Wer sich für (traditionelle Formen der) Kultur interessiert, ist eher weniger internetaffin; umgekehrt: wer im Internet lebt, orientiert sich eher weniger an klassischen Kulturangeboten."[18]

Eine im Frühjahr 2013 unter Leitung von Klein durchgeführte Studie[19] scheint dies weiter zu bestätigen. Eine Besucherbefragung dreier ausgewählter Kulturinstitutionen in Baden-Württemberg zeigte, dass nur etwa ein Drittel des Publikums, das vor Ort in den Kultureinrichtungen befragt wurde, *Social Media* nutzt, um sich über „Kunst und Kultur" zu informieren. Trotz dieses Befunds sollte nicht geschlossen werden sollte, dass ein Interesse für traditionelle Formen der Kultur automatisch ein Desinteresse an neuen Medien zur Folge habe (vgl. dazu ausführlich in Kapitel 4 zur „inhärenten Kompatibilität").

1.1.2 Vom „Web 1.0" zum „Web 2.0"

Das Schlagwort *Web 2.0* fand bereits einige Male Erwähnung. Auf eine ausführliche Auseinandersetzung mit diesem Begriff[20] kann hier verzichtet

16 Im Jahr 2013 (vgl. van Eimeren und Frees 2013, S. 365). Für 2014 liegen keine Zahlen vor, diese Frage wird in dieser Form nicht mehr gestellt.

17 vgl. Hartmann und Höhne 2007 und Oehmichen 2007

18 Klein 2011b, S. 176

19 www.kulturmanagement.ph-ludwigsburg.de/index.php?id=13887 (29.8.13)

20 Ausführlich zu „Web 2.0" vgl. etwa Alby 2007, Ebersbach et al. 2011 und Bunz 2008.

werden, da dieser letztendlich durch *Social Media* erweitert wurde (vgl. unten). Stattdessen sollen hier nur die zentralen Punkte[21] der Begriffs- und Entstehungsgeschichte herausgearbeitet werden, da diese für den Fortgang der Argumentation eine zentrale Rolle spielen. Der Begriff *Web 2.0* ist Ende 2004 bei einer Konferenz von dem Verleger Tim O'Reilly erstmals einem größerem Publikum zur Diskussion gestellt[22] und ein Jahr später in einem viel beachteten Artikel genauer expliziert worden.[23] In den folgenden Jahren kursierte *Web 2.0* als Schlagwort durch alle Medien und ist in seiner Bedeutung vielfach modifiziert und erweitert worden. In O'Reillys Artikel geht es vor allem um die Frage, warum nur sehr wenige New-Economy-Unternehmen das Platzen der Dot-Com-Blase im März 2000 überlebt haben (etwa Google und Ebay). O'Reilly kommt zu dem Schluss, dass der Grund für den Erfolg ein bestimmtes Geschäftsmodell sei. O'Reilly bezeichnet dieses als das „Web 2.0"-Modell und stellt es den älteren Modellen („Web 1.0") gegenüber. Als die Kerngedanken des *Web 2.0* lassen sich nach O'Reilly etwa folgende Aspekte[24] benennen:

- Einbeziehung der kollektiven Intelligenz der Nutzer: Beteiligung aller anstatt Veröffentlichung durch einige wenige, zum Beispiel durch *user-generated content* (UGC);
- Einbeziehung des *Long Tail*[25] durch Self-Service-Architekturen;

21 vgl. dazu ausführlicher bei Frank 2011a, S. 559ff

22 Ob Tim O'Reilly den Begriff erfunden hat, wird unterschiedlich diskutiert (vgl. Warnke 2011, S. 50 und Ebersbach et al. 2011, S. 27).

23 vgl. O'Reilly 2005

24 vgl. O'Reilly 2005, Alby 2007, S. 15 und Frank 2011a, S. 559ff

25 Für O'Reilly nicht der einzige, aber zentrale. Wichtig ist auch die „Long Tail"-Theorie. Diese wurde von Chris Anderson 2004 erstmals vorgestellt und in einer kurz darauf erschienenen Monographie weiter entwickelt (Anderson 2007). Anderson stellt die These auf, dass die Zukunft des Unterhaltungsmarktes nicht mehr wie bisher durch den Verkauf einiger weniger Hits an der Spitze der Bestsellerlisten bestimmt werde, sondern dass der neue Markt in den Millionen von Nischen, die sich hinter den Bestsellern entwickelt haben, liegen werde (der „Long Tail"). Durch das Internet, so Anderson, sei es nun möglich, diese Nischenprodukte effektiv zu verkaufen, da es durch die Technik des neuen Medi-

- Nutzung des *Web* als Plattform (offene, wachsende Struktur statt feste Ordnung);
- Entwicklung von Software, die auch den Benutzer einbezieht und Kommunikation ermöglicht (*Social Software*);
- „Leichtgewichtige" Modelle in der Programmierung, Benutzerschnittstelle und in den Geschäftsmodellen: Geschwindigkeit schlägt Qualität;
- Software, welche die Grenze einzelner Geräte (PC, Handy etc.) überschreitet.

Durch mindestens einen der hier aufgeführten Punkte ist auch der enorme Erfolg der in den letzten Jahren gegründeten Unternehmen wie etwa Facebook, YouTube oder Twitter zu erklären. „*Web 2.0*"-Unternehmen haben nach O'Reilly von den Fehlern der ersten Internet-Generation („*Web 1.0*") gelernt und deshalb auf das Geschäftsmodell *Web 2.0* umgestellt. Dabei gilt vor allem ein Aspekt[26] als der entscheidende Erfolgsfaktor, welcher kurz erläutert werden soll. Gemeint ist die Idee des *user-generated content (UGC)*, welcher als der Erfolgsfaktor für das *Web 2.0* gilt. UGC lässt sich wohl am besten an dem „Web 2.0"-Projekt Wikipedia veranschaulichen. Anders als bei älteren „Web 1.0"-Projekten wird bei Wikipedia der Inhalt (Content) nicht durch speziell dafür angestellte Redakteure generiert. Die Betreiber von Wikipedia haben stattdessen eine Software entwickelt, die es jedem Internetnutzer (*User*) ermöglicht, Inhalte zu erstellen, zu modifizieren und zu kommentieren. Auch wenn die Inhalte einzelner Wikipedia-Artikel aus Sicht einiger Kritiker qualitative Unterschiede[27] zu „*Web 1.0*"-Projekten ohne UGC oder „alten" Medien aufzeigen, so muss doch festgehalten werden, dass die Einbeziehung der gesamten Internetgemeinde als potentielle Redakteure dazu geführt hat, dass Wikipedia sich in kürzester Zeit zu einer der größten Wissensdatenbanken und einer der beliebtesten Seiten im Internet entwickelt hat. Und Wikipedia ist alles andere als ein Einzelfall – es

---

ums sozusagen keine Einschränkungen in der Größe der Produktpalette gebe (vgl. Anderson 2007, S. 26ff).

26 Neben dem *Long Tail*, vgl. Fußnote oben.

27 Wobei die Wirkung der kollektiven Intelligenz (Schwarmintelligenz) nicht zu unterschätzen ist, vgl. Surowiecki 2005.

sind viele andere erfolgreiche Unternehmen zu nennen, die lediglich eine Software bereitstellen und den Content durch ihre User produzieren lassen:

- E-Bay (User generieren die Produkte)
- YouTube (Videos)
- Pinterest und flickr (Fotos)
- Yelp oder TripAdvisor (Bewertungen)
- Facebook und Twitter („Persönliche" Nachrichten)

Und auch bei Unternehmen wie Google und Amazon spielt UGC eine wichtige Rolle[28], denkt man an die benutzergenerierten Buchrezensionen oder die von Usern beziehungsweise Unternehmen erstellten Anzeigen bei Google AdWords.

1.1.3 Vom „Web 2.0" zum „Social Web"

Seit 2008 wird die Bezeichnung *Web 2.0* immer häufiger durch die Begriffe „*Social Media*" oder „*Social Web*" ergänzt oder sogar ersetzt. Dabei handelt es sich nicht einfach nur um eine Umetikettierung, sondern ebenso um eine veränderte Sichtweise auf die aktuellen Internetpraktiken, die teilweise auch als „neue soziale Bewegung"[29] bezeichnet werden. Dies resultiert aus der Beobachtung, dass sich drei bisherige weit verbreitete Vorstellungen als falsch erwiesen haben, die sich nach Ebersbach, Glaser und Heigl wie folgt beschreiben[30] lassen:

- das Bild des einzelnen, isoliert und abgeschottet vor dem Bildschirm sitzenden Menschen,
- die Vorstellung von einem Meinungsbildungsmonopol der professionellen Medien sowie
- die Vorstellung der singulären Autorenschaft.

Insbesondere auf Letztgenanntes wurde bereits eingegangen, denn es zeigt sich durch die bereits erwähnte Praxis des *user-generated content* und der

28 vgl. Alby 2007, S. 156 und Frank 2011c, S. 153

29 Ebersbach et al. 2011, S. 9

30 vgl. Ebersbach et al. 2011, S. 9ff

Beobachtung, dass die „Produkte“ oder „Werke“, die im *Social Web* entstehen, zum größten Teil keine Erzeugnisse einer Einzelperson, sondern einer Vielzahl von „Autoren“ (Produzenten, Künstlern) sind. Gerade dies ist besonders in den Bereichen der Wissensproduktion, vor allem der Wissenschaft, Kunst und Bildung zu beobachten.[31] Schon vor über 40 Jahren prophezeiten McLuhan und Nevitt, dass im elektronischen Zeitalter der Konsument gleichzeitig Produzent werde.[32] Im Kontext der neuen Medien hat sich in den letzten Jahren die Bezeichnung „Prosumer“ beziehungsweise „Prosument“ etabliert, der primär[33] als eine Synthese von Produzent und Konsument zu verstehen ist.[34]

Die historischen Entwicklungen, die schließlich zum *Social Web* führten, werden von Ebersbach, Glaser und Heigl als eine kontinuierliche Geschichte der Vernetzung der Computerwelten seit den sechziger Jahren dargestellt.[35] Hierauf soll an dieser Stelle nicht weiter eingegangen werden, da dieser Aspekt für diese Untersuchung keine Rolle spielt. Festzuhalten ist nur, dass die Vernetzung der Menschen durch neue Medien nicht erst vor wenigen Jahren begonnen hat, sondern eine lange Geschichte hat. Wichtiger für die folgenden Überlegungen ist vielmehr eine Begriffsklärung und Abgrenzung des Begriffs *Social Web* und *Web 2.0*. Ebersbach, Glaser und Heigl verstehen den Begriff *Social Web* so, dass dieser einen Teilbereich des *Web 2.0* beschreibt:

> „Der Begriff fokussiert auf die Bereiche des *Web 2.0*, bei denen es nicht um neue Formate oder Programmarchitekturen, sondern um die Unterstützung sozialer Strukturen und Interaktionen über das Netz geht.“[36]

Oftmals wird der Begriff *Social Web* auch mit *Social Media* gleichgesetzt und als Weiterentwicklung der Idee des *Web 2.0* verstanden.[37] Einen ande-

31 vgl. Ebersbach et al. 2011, S. 10 und Kapitel 3

32 vgl. McLuhan und Nevitt 1972 sowie Kuni 2011, S. 327

33 Eine weitere Lesart ist die des „professionellen Konsumenten“, also des Konsumenten, der sich mit Hilfe des *Web* umfassend informieren kann und somit die Trennung zwischen Amateur und Profi aufweicht (vgl. Kuni 2011, S. 328).

34 vgl. Kuni 2011, S. 328

35 vgl. Ebersbach et al. 2011, S. 15

36 Ebersbach et al. 2011, S. 32

ren Ausgangspunkt für ein Verständnis kann die vielzitierte, von Hippner vorgeschlagene Definition des Begriffs der „sozialen Software" geben. Diese umfasst „webbasierte Anwendungen, die für Menschen den Informationsaustausch, den Beziehungsaufbau und die Kommunikation in einem sozialen Kontext unterstützen."[38] Überträgt man dies auf das *Social Web,* so kann man also von Programmen oder Webapplikationen sprechen, die die Technik des Internets für den Austausch und die Kommunikation nutzen. Dabei geht es nicht um die Technologie oder die Programmierung, sondern um die Frage, wie solche „sozialen" Softwareprogramme den Austausch und die Kommunikation zwischen Menschen gestalten. Das Besondere ist, dass diese Kommunikation in dem Netzwerk „Internet" stattfindet, das zwar auf der einen Seite wie ein unendliches Netzwerk erscheint, aber tatsächlich ein begrenzter Raum mit noch stärker begrenzter Technologie ist. *Social Software* oder das *Social Web* sind auf der technischen Ebene an klar definierte Regeln und Protokolle gebunden, die zum Austausch verwendet werden müssen. Damit ist gemeint, dass beispielsweise durch die Bandbreite (die Geschwindigkeit des Internetzugangs) oder Technologie des Zugangsgeräts (beispielsweise des PCs) gewisse Rahmenbedingungen gesetzt sind.[39]

Die elektronische Vernetzung ist jedoch eine entscheidende Voraussetzung für den Kern des *Social Web.* Diese ermöglicht die Kollaboration, die „als eine wesentliche Dimension der sozialen Interaktion im Netz"[40] angesehen werden kann. Im *Social Web* werden Beziehungen nicht nur aufgebaut, sondern vorhandene, ursprünglich aus der Offline-Welt stammende Beziehungen aufgefrischt oder gepflegt, was zum Beispiel aufgrund von Entfernungen ohne diese Vernetzung nicht möglich – oder zumindest nicht so einfach möglich wäre. In diesem Zusammenhang wurde mehrfach festgestellt, dass gerade in sozialen Netzwerken eine Rückbindung an die Person der realen Welt enorm groß ist und dies auch ein Teilaspekt der Begrifflichkeit „social" beinhaltet.[41] Da der Begriff im Englischen doppeldeutig ist und sowohl mit „gesellschaftlich" als auch „gesellig" übersetzt wer-

37 vgl. Frank 2011a, S. 584

38 Hippner 2006, S. 33

39 vgl. Ebersbach et al. 2011, S. 34

40 Ebersbach et al. 2011, S. 34

41 vgl. Ebersbach et al. 2011, S. 34

den kann, werden damit die zwei Dimensionen, die in der aktuellen Internetpraxis ebenfalls zu beobachten sind, beschrieben. Während „gesellschaftlich" rationale Gründe und Zweckiiberlegungen mit einschließt, beinhaltet „gesellig" einen emotionalen Aspekt, der ebenfalls anzutreffen ist.[42]

Ebersbach, Glaser und Heigl entwickeln aus der Betrachtung etlicher anderer Annäherungsversuche an eine Begriffsbestimmung, beispielsweise bei Koch und Richter[43], folgende „Definition", die hier als Grundlage für ein Verständnis des Begriffs *Social Web* dienen soll:

> „Das soziale Web besteht aus [...] webbasierten Anwendungen, die für Menschen den Informationsaustausch, den Beziehungsaufbau und deren Pflege, die Kommunikation, die kollaborative Zusammenarbeit in einem gesellschaftlichen oder gemeinschaftlichen Kontext unterstützen, sowie den Daten die dabei entstehen und den Beziehungen zwischen den Menschen, die diese Anwendungen nutzen."[44]

Abschließend ist hier noch zu erwähnen, dass durch die immer weitere Verbreitung von Smartphones und Tablets häufig die Rede vom „mobile Web" ist. So nutzen im Jahr 2014 bereits knapp zwei Drittel aller Internetnutzer in Deutschland auch das *Web* über ein Smartphone oder Tablet, im Jahr 2009 waren es erst 10 Prozent.[45] Das „mobile Web" kann jedoch trotz dieses rasanten Anstiegs nicht als die nächste Stufe des *„Social Web"* oder „Web 3.0" gesehen werden. Vielmehr ermöglichen es die mobilen Geräte lediglich, beispielsweise mittels „Apps" überall und jederzeit auf das *Social Web* zuzugreifen.[46] Es ist also kein Sonderfall oder neues Phänomen, sondern im Kontext dieser Arbeit als Teil des *Social Web* zu verstehen.

---

42 vgl. Ebersbach et al. 2011, S. 34

43 vgl. Koch/ Richter 2009, S. 12

44 Ebersbach et al. 2011, S. 35

45 Davon 57 Prozent mit dem Smartphone, 28 Prozent mit einem Tablet (vgl. van Eimeren und Frees 2014, S. 384).

46 Im Folgenden wird deshalb nur in wenigen Ausnahmen auf die Besonderheiten von Smartphones und Tablets eingegangen, da diese als Teil des (mobilen) *„Social Web"* gesehen werden.

1.2 PRINZIPIEN DES SOCIAL WEB

Wirft man nun einen Blick auf die Anwendungen des *Social Web* lassen sich sechs zentrale Prinzipien herausarbeiten, die mehr oder weniger ausgeprägt in diversen Studien anzutreffen sind:[47]

- Individuumzentrierung
- Integration
- Transparenz
- Selbstorganisation
- Soziale Kopplung
- Vernetzung

Diese Prinzipien, auf die im Folgenden genauer eingegangen wird und die im vorletzten Abschnitt dieser Arbeit erneut aufgegriffen und erweitert werden, bilden sozusagen Grundkonfigurationen der aktuellen Internetpraxis.

Als erstes Prinzip kann gesehen werden, dass im Mittelpunkt jeder *Social-Web*-Anwendung das Individuum steht. Im Gegensatz zu klassischen „*Web 1.0*"-Anwendungen, die in der Regel sozusagen „anonym" genutzt werden, sind soziale Webanwendungen in der Regel hochgradig „persönlich" und so gestaltet, dass das Interagieren mit der Anwendung genau nachvollzogen werden kann. So ist beispielsweise bei Wikipedia, anders als etwa bei einem herkömmlichen Lexikon oder einem redaktionell betriebenen „Web 1.0"-Online-Lexikon, nicht nur der Autor des Artikels ermittelbar, sondern es kann von jedem nachvollzogen werden, welche Zeichen von welchem User zu welchem Zeitpunkt geschrieben worden sind. Mit „persönlich" ist nicht gemeint, dass jeder Autor im *Social Web* genau im realen Leben zu identifizieren wäre. Obwohl in den letzten Jahren der Trend dazu geht, statt Pseudonyme den echten Namen zu verwenden, vermitteln auch ein Pseudonym, dass eine bestimmte – wenn auch anonyme – Person diesen Content generiert hat, und macht diesen somit „persönlich" und stellt das Individuum dieses anonymen Autors in den Mittelpunkt.[48]

47 vgl. Hippner 2006 und Ebersbach et al. 2011, S. 35f

48 vgl. Ebersbach et al. 2011, S. 35

Mit dem zweiten Prinzip der Integration ist gemeint, dass sich das Individuum in die *Social Networks* integriert und gemeinschaftliche Ziele verfolgt. User von *Social Software*, die diese gegen die Ziele der Community wenden oder nur ihre eigenen Ziele verfolgen, stoßen auf wenig Akzeptanz. Dies hat wohl vor allem die Ursache, dass die User, die viel Zeit und Energie in den Aufbau der *Social Networks* stecken, sich von Einzelkämpfern in ihrer Arbeit gestört fühlen.[49]

Als drittes Prinzip ist das der Transparenz anzuführen. Inhalte, Beziehungen, Bewertungen, Regelungen, Datenschutz sowie die Zusammenhänge und deren Autoren sollen möglichst nachvollziehbar und offen dargestellt werden. Dies steht in engem Zusammenhang mit dem oben genannten ersten Prinzip; und deshalb kann auch hier wieder das Beispiel Wikipedia genannt werden (vgl. oben).[50]

Als viertes Prinzip ist auf die Idee der Selbstorganisation zu verweisen. Wenn starre Verhaltensregeln oder Datenstrukturen vorgegeben sind, können die User des *Social Network* die Inhalte nicht an ihre Bedürfnisse anpassen und so die Plattform nicht zu „ihrem" Medium machen. Stark genutzte Networks verzichten deshalb auf strenge Regelungen und setzen auf die Selbstorganisation der Nutzerinnen und Nutzer. Aus dieser entwickeln sich meist tatsächlich Regeln oder Übereinkünfte, die im Nachhinein auch schriftlich fixiert werden (zum Beispiel in Form einer „Netiquette"[51]). Vielfach wird dieses Prinzip auch als das Prinzip der „Demokratisierung" bezeichnet, was jedoch einige Missverständnisse hervorruft: Die meisten *Social Networks* sind zwar in ihrer Grundstruktur demokratisch, aber in vielen bilden sich andere Herrschaftsstrukturen heraus, insbesondere, wenn der Betreiber des Network kommerzielle Interessen verfolgt und bestimmte Nutzer des Network, beispielsweise Werbetreibende oder zahlende Premium-User, privilegiert.[52]

Das fünfte Prinzip, das der sozialen Kopplung, steht in Wechselbeziehung mit dem vierten Prinzip der Selbstorganisation. Wenn beispielsweise

49 vgl. Ebersbach et al. 2011, S. 35

50 vgl. Ebersbach et al. 2011, S. 36

51 Netiquette ist eine Zusammensetzung aus „Net" und „Etiquette" und bezeichnet das „gute Benehmen" in der digitalen Kommunikation, beispielsweise in Foren oder Communitys (vgl. Alexander 2006).

52 vgl. Ernst 2010, S. 74

durch Ratingmechanismen die Beiträge eines *Social Network* bewertet werden können und dadurch besonders gut beurteilte Beiträge und deren Autoren belohnt werden, ist dies ein Regulativ für die Freiheit der Selbstorganisation. So ist beispielsweise bei Twitter oder Facebook eine Nachricht von unterschiedlicher Wertigkeit, wenn der oder die Autorin viele oder wenige „Follower" (Freunde) hat. Oder anders gesagt: In vielen Networks hat zwar in der Regel jeder User die Möglichkeit, Inhalte beizusteuern, diese finden jedoch aufgrund der Rolle des Users in dem Network nicht alle die gleiche Beachtung.[53]

Das sechste und letzte Prinzip ist die Bedeutung der Vernetzung im *Social Web*. Nicht die einzelnen Informationen oder der einzelne User stehen im Mittelpunkt, sondern die Struktur beziehungsweise das Netzwerk, zu dem diese Objekte in Beziehung stehen. Da die einzelnen Objekte verknüpft sind, vervielfacht sich deren Informationsgehalt („kollektives Wissen"). Durch die bereits genannte Nachvollziehbarkeit der Verknüpfung (vgl. das dritte Prinzip oben) besitzen die Informationen in dem vernetzten Kontext eine höhere Aussagekraft. Als anschauliches Beispiel könnte man hier erneut Twitter nennen. Die einzelnen, auf 140 Zeichen beschränkten Nachrichten, die in dieser Community verbreitet werden, haben für sich oft nur einen geringen Informationswert. Dadurch, dass es in diesem sozialen Network diverse Verknüpfungsmechanismen gibt, steht eine Nachricht nie für sich alleine, sondern ist in einer Art Wolke mit vielen anderen verknüpft. So erregt eine einzelne Nachricht, beispielsweise über eine Menschenrechtsverletzung bei einer Polizeiaktion, nur dann Aufsehen, wenn in demselben Netzwerk weitere Nachrichten von anderen Usern veröffentlicht werden, die mit dieser inhaltlich verknüpft[54] werden oder diese reproduzieren. Damit wird deutlich, dass die ursprüngliche Nachricht keine Beobachtung oder Meinung eines Einzelnen ist, sondern von vielen Usern des Netzwerks geteilt wird.[55]

53 vgl. Ebersbach et al. 2011, S. 36

54 In Twitter geschieht die Verknüpfung beispielsweise durch die „Hashtags", das Reproduzieren durch „Retweeting" (vgl. Frank 2011d, S. 419).

55 vgl. Ebersbach et al. 2011, S. 37

1.3 KOMMUNIKATIVE FUNKTIONEN DES SOCIAL WEB

Neben diesen Prinzipien wurde vielfach versucht, die zentralen kommunikativen Funktionen des *Social Web* herauszuarbeiten, die für die Erarbeitung der „Kompatibilitäten" (vgl. Abschnitt 4.1) ebenfalls hilfreich sein können. Schmidt hat in seiner Studie zu Blogs beispielsweise „Informationsmanagement", „Beziehungsmanagement" und „Identitätsmanagement" als die drei zentralen kommunikativen Funktionen ermittelt.[56] Da die zwei letztgenannten Funktionen in direktem Zusammenhang stehen, werden diese bei anderen Ansätzen gerne zusammengefasst; stattdessen wird meist die Funktion der „Kollaboration" zusätzlich genannt.[57] Dieser Ansatz soll auch hier verfolgt werden und folgende drei kommunikative Funktionen näher betrachtet werden:

- Informationsmanagement-Funktion
- Beziehungs- und Identitätsmanagement-Funktion
- Kollaborations-Funktion

Die kommunikative Funktion „Informationsmanagement" meint die Publikation von jeder Art von Informationen (zum Beispiel Texte, Kommentare, Videos oder Bilder). Der „Beziehungsaufbau" und das „Identitätsmanagement" umfassen die Funktion, andere Menschen kennenzulernen, Informationen über diese zu sammeln und mit realen Kontakten in der Offline-Welt zu verknüpfen. Bei der Funktion der „kollaborativen Zusammenarbeit" geht es um die Herstellung von neuem Wissen durch Personengruppen, die gemeinsam ein Thema bearbeiten. Vielfach werden diese drei Funktionen in Form eines Dreiecks dargestellt, um die Wechselwirkungen zu verdeutlichen. So ist beispielsweise eine Kollaboration ohne Beziehungspflege undenkbar und diese nur möglich, wenn entsprechende Informationen vorliegen. Neben der Veranschaulichung dieses Zusammenhangs lässt sich das Dreiecksmodell auch nutzen, um Anwendungen im *Social Web* zumindest im Groben zu kategorisieren. [58]

56 vgl. Schmidt 2006

57 vgl. Ebersbach et al. 2011, S. 38 sowie Koch und Richter 2009

58 vgl. Ebersbach et al. 2011, S. 39

Bei einem Wiki (wie etwa der Wikipedia) stehen beispielsweise die Funktionen „Information" und „Kollaboration" mehr im Vordergrund. Deshalb ist ein Wiki an einer anderen Stelle des Dreiecks zu finden als etwa ein *Social Network* (wie beispielsweise Facebook), bei dem die Funktion der Beziehungspflege wichtiger ist, was ein Dreiecksmodell veranschaulichen kann. [59]

1.4 MEDIEN- UND SOCIAL-WEB-THEORIE

Die Vielzahl der Möglichkeiten, im *Web* zu kommunizieren, wirft die Frage auf, warum oder nach welchen Kriterien Menschen überhaupt bestimmte Medien für die Kommunikation auswählen. Im Forschungsfeld der computervermittelten Kommunikation wird seit den siebziger Jahren eine Vielzahl von Theorien zur Medienwahl entwickelt, die versuchen zu erklären, was mögliche Entscheidungskriterien sein könnten. Eine kritische Auseinandersetzung mit solchen Theorien ist an dieser Stelle hilfreich, denn eine plausible Theorie der Medienwahl könnte möglicherweise den Ansatz einer Erklärung liefern, warum Menschen computervermittelt, das heißt mittels des *Social Web*, über Kunst und Kultur kommunizieren – oder auch gerade nicht kommunizieren.

1.4.1 Computervermittelte Kommunikation und Theorien der Medienwahl

Eines der prominentesten Beispiele der Theorien der Medienwahl[60] ist die *Social Presence Theory*[61]. Diese versucht, Medien anhand der vermittelten „sozialen Präsenz" zu unterscheiden. Darunter wird die durch die Medien erzeugte Illusion, mit anderen Menschen zusammen zu sein, verstanden. Dabei wird davon ausgegangen, dass diese „soziale Präsenz" umso geringer ist, je textueller das Medium ist[62]. Außerdem wird in die „soziale Präsenz" mit einbezogen, inwieweit das Individuum bereit ist, sich selbst im *Web*

59 vgl. Ebersbach et al. 2011, S. 39

60 vgl. ausführlich dazu Ebersbach et al. 2011, S. 185ff

61 vgl. Short et al. 1976 und Ebersbach et al. 2011, S. 185ff

62 vgl. Ebersbach et al. 2011, S. 188

darzustellen und in Kontakt mit anderen Mitgliedern der Community zu treten.

Während solche Kriterien einer „sozialen Präsenz" unscharf und schwer zu fassen sind, versucht die *Theorie des Kanalreduktionsmodells* technische Kriterien aufzustellen: Umso weniger unterschiedliche Kanäle zur Verfügung stehen, also beispielsweise auditive, visuelle oder haptische Kanäle, desto reduzierter und damit „ärmer" wird die Kommunikation.[63] Culnan und Markus erweitern diesen Ansatz und gehen davon aus, dass eine Verringerung der Kanäle bei der zwischenmenschlichen Kommunikation insbesondere deren soziale Hintergründe verschleiert, was zum einen zu einer größeren Offenheit führt, zum anderen jedoch auch höheres Konfliktpotential mit sich bringt.[64] Deshalb kann nicht pauschal davon ausgegangen werden, dass bei der Wahl der Kommunikationsmittel etwa Medien mit vielen Kanälen denen mit wenigen Kanälen vorgezogen werden (und umgekehrt). Wie widersprüchlich und wenig plausibel dies ist, zeigt folgende Überlegung: Zugespitzt könnte man diesen Theorieansatz dazu verwenden, zu erklären, dass ein Konzertbesucher eben deshalb die digitale Übertragung einer Aufführung bevorzugt, weil gerade hier der haptische Kanal, zum Beispiel der „Kontakt" mit anderen Konzertbesuchern und der Infrastruktur des Konzertsaales, fehlt (vgl. dazu Abschnitt 4.5).

Ein weiterer Theorieansatz, der ähnlich argumentiert, ist die *Medienreichhaltigkeitstheorie* von Daft und Lengel.[65] Bei dieser werden die Kommunikationsaufgaben hinsichtlich ihrer Mehrdeutigkeit und Unbestimmtheit unterschieden.[66] Diese beiden Faktoren geben an, wie viel Vorausplanung möglich und Koordination erforderlich sind. Je höher die Mehrdeutigkeit und Unbestimmtheit, umso weniger Vorausplanung muss geleistet werden. Dafür steigt jedoch das Maß der erforderlichen Koordination. Von Vertretern dieser Theorie wird unter anderem davon ausgegangen, dass Medien mit geringer „Reichhaltigkeit" nicht für Aufgaben mit hoher Unbestimmtheit und Mehrdeutigkeit geeignet sind.[67] Daft und Lengel ermittelten dafür Faktoren, um die „Reichhaltigkeit" zu bestimmen. Dazu gehört unter

63 vgl. Ebersbach et al. 2011, S. 188

64 vgl. Culnan und Markus 1987 und Ebersbach et al. 2011, S. 188

65 vgl. Daft und Lengel 1986

66 vgl. Daft und Lengel 1986, S. 554 und Ebersbach et al. 2011, S. 188

67 vgl. Reichwald et al. 2000 und Ebersbach et al. 2011, S. 188

anderem die Möglichkeit des Feedbacks. Je schneller und je mehr Rückmeldungen es gibt, als umso „reichhaltiger" wird das Medium verstanden. Außerdem spielt eine Rolle, in welcher Vielfalt Zeichen übertragen werden können: Eine höhere Varietät bedeutet eine höhere „Reichhaltigkeit". Dies steht in Zusammenhang mit den verfügbaren Kanälen, was die bereits erwähnte Anknüpfung an das zuvor beschriebene Kanalreduktionsmodell ermöglicht.[68] Weitere Faktoren sind die sprachliche Natürlichkeit und Vielfalt. Dabei wird von der Annahme ausgegangen, dass gesprochene Sprache reichhaltiger als geschriebene[69] Sprache sei. Hinzu kommt der Faktor, inwieweit ein Ausdruck der Persönlichkeit möglich ist, also „persönliches Befinden und Gefühle"[70] übermittelt werden können. Je einfacher dies möglich ist, als umso reichhaltiger wird das Medium verstanden. Ähnlich wie bereits in der Kritik am Kanalreduktionsmodell kann auch diese in keiner Weise überzeugen. Zwar ist die Unterscheidung zwischen „reichhaltigen" und „weniger reichhaltigen" Medien plausibel, jedoch werden keine überzeugenden Argumente geliefert, warum die Wahl gerade auf das reichhaltigste Medium fällt.[71]

Einen anderen Ansatz vertritt die *Media Naturalness Theory*[72]. Vertreter dieser Theorie führen an, dass unser Gehirn evolutionsbedingt auf leistungsfähige Kommunikation ausgerichtet sei. Deshalb habe unser Gehirn umso weniger Aufwand, Kommunikation zu verarbeiten, je natürlicher computervermittelte Kommunikation sei. In puncto „Natürlichkeit" ist jedoch das *Web* in vielerlei Hinsicht ein Rückschritt, vergleicht man eine elektronische Mail beispielsweise mit einem Telefonat – deshalb scheint diese Theorie wenig gewinnbringend. Von den Vertretern der *Media Synchronicity Theory*[73] wird dieser Ansatz deshalb erweitert. Hier steht im Vordergrund, in welchem Ausmaß Medien die „synchrone" Zusammenarbeit fördern. Synchronizität betont damit den Aspekt, inwieweit Zusam-

68 vgl. Daft und Lengel 1986, S. 554 sowie Ebersbach et al. 2011, S. 188

69 vgl. dazu die postmoderne Kritik, insbesondere „Phonzentrismus"-Kritik von Derrida in Abschnitt 3.8.

70 Ebersbach et al. 2011, S. 189

71 vgl. Ebersbach et al. 2011, S. 189

72 vgl. Kock 2004, S. 327ff und Ebersbach et al. 2011, S. 189

73 vgl. Dennis und Kinney 1998, S. 256ff sowie Ebersbach et al. 2011, S. 189

menarbeit mit denselben Informationen zur selben Zeit möglich ist.[74] Eine der Eigenschaften ist dabei die Unmittelbarkeit des Feedbacks (vgl. oben). Außerdem ist entscheidend, ob eine Symbolvielfalt möglich ist, das heißt, wie „vielfältig" Inhalte dargestellt werden können.[75] Des Weiteren geht es um die Frage der Gleichzeitigkeit vieler möglicher parallel verlaufender Kommunikationen, über die Überarbeitbarkeit und Korrekturmöglichkeit sowie über die Frage der Wiederverwendbarkeit bereits gesendeter Nachrichten.[76] Kritisch ist anzumerken, dass hier keine Erklärung geliefert wird, warum gerade Synchronizität das entscheidende Merkmal sein soll – zweifellos ist es eine interessante Eigenschaft der neuen Medien, aber ob es die entscheidende Eigenschaft ist, bleibt offen.

Die *Theorie der rationalen Medienwahl* geht davon aus, dass primär „vernunftorientierte" Überlegungen im Vordergrund stehen. Der Benutzer reflektiert also die zuvor erwähnte soziale Präsenz, die mediale Reichhaltigkeit oder die Synchronizität und ermittelt daraus, wie das Medium die anstehende Kommunikation unterstützen kann. Hinzu kommt die Überlegung, ob das Medium „der Komplexität der Kommunikationsaufgabe angemessen ist"[77], sowie weitere rational kalkulierte Faktoren wie Kosten und Zeit.[78] Auch diese Theorie ist letztendlich wenig konkret und sehr beliebig, da hier „rational" nur viele Kriterien zusammengefasst werden, die schon einzeln betrachtet nicht überzeugt haben.

Demgegenüber betont die *Theorie der sozialen Medienwahl*, dass nicht die rationalen, sondern vielmehr die sozialen Faktoren die entscheidende Rolle spielen. Nach Ebersbach sind die zentralen Annahmen dieser Theorie, dass die Entscheidung von sozialen Einflüssen abhängig sei und subjektive Prozesse gegebenenfalls erst im Nachhinein als rational konstruiert würden. Außerdem wird davon ausgegangen, dass wahrgenommene Medieneigenschaften konstruiert sind und von Individuum zu Individuum variieren.[79] Was im ersten Moment überzeugend klingt, ist am Ende wieder sehr willkürlich. Sicherlich spielen soziale Faktoren eine Rolle, ob diese jedoch

74 vgl. Dennis und Kinney 1998, S. 258 sowie Ebersbach et al. 2011, S. 190

75 vgl. Misoch 2006, S. 82 und Ebersbach et al. 2011, S. 190

76 vgl. Ebersbach et al. 2011, S. 190

77 Misoch 2006, S. 82 nach Ebersbach et al. 2011, S. 190

78 vgl. Misoch 2006, S. 82 und Ebersbach et al. 2011, S. 190

79 vgl. Ebersbach et al. 2011, S. 190

entscheidend für die Medienwahl sind, bleibt offen. Vertreter der *Theorie der interpersonalen Medienwahl* erweitern diesen „sozialen“ Aspekt deshalb um einen zusätzlichen und betonen, dass das „Medienverhalten von Individuen immer in einem interpersonalen Kontext steht und immer in einem solchen zu interpretieren ist.“[80] Aber auch eine solche Erweiterung ist nicht sonderlich hilfreich, da rekursiv argumentiert wird. Wenn nämlich davon ausgegangen wird, dass Individuen bei ihrer Medienwahl immer die Vorlieben und das Medienverhalten ihrer Kommunikationspartner berücksichtigen und sich darauf einstellen, gelangt man zu der Henne-oder-Ei-Frage, die nicht weiterführt.

Eine Theorie, die die Aspekte der *subjektiven Medienwahl* betont, geht davon aus, dass die Medienwahl zum großen Teil biografisch begründet wird. Ausgangspunkt ist das Technologieakzeptanzmodell[81], das versucht zu erklären, „dass sich das Verhältnis einer Person zu einer bestimmten Technik aus der subjektiven Einstellung der Person zu dieser Technik und der erwarteten Nützlichkeit des Einsatzes bestimmen lässt.“[82] Auch hier endet man wieder bei Begrifflichkeiten wie „Subjektivität“, was dann leider auch als Beliebigkeit zu verstehen ist, sodass auch diese Theorie wenig hilfreich erscheint.

In der Summe lässt sich also festhalten, dass diese Theorien der Medienwahl nur begrenzt helfen, um zu erklären, warum sich Menschen für computervermittelte Kommunikation oder speziell das *Social Web* als Kommunikationsmittel entscheiden. Möglicherweise liegt auch die Beliebigkeit und weitere Interpretierbarkeit der Ergebnisse dieser Theorien daran, dass von Kommunikation im Allgemeinen ausgegangen wird.

1.4.2 Das „Social Web“ als Forschungsgegenstand

Bevor im folgenden zweiten Kapitel Studien aus dem Diskursfeld Kulturmanagement betrachtet werden, die sich mit dem Themenfeld neue Medien und *Social Web* für Kunst und Kultur auseinandersetzen, soll zur besseren Einordnung und zum Vergleich hier kurz skizziert werden, inwieweit

80 Misoch 2006, S. 106 nach Ebersbach et al. 2011, S. 190

81 vgl. Ebersbach et al. 2011, S. 191

82 Ebersbach et al. 2011, S. 191

diese Themen außerhalb des Kulturbereichs als Forschungsgegenstand betrachtet werden. Ebersbach, Glaser und Heigel beschreiben ausführlich, welche Forschungsschwerpunkte in verwandten Disziplinen gesetzt werden, wenn es um die Untersuchung des *Social Web* geht.[83] Ähnlich wie zuvor bei der Betrachtung der Theorien zur computervermittelten Kommunikation und Medienwahl soll eine überblickartige Sicht darauf helfen, die Notwendigkeit einer *Social-Web-* beziehungsweise *Internet*-Theorie zu erkennen, die im darauffolgenden Abschnitt entwickelt wird.

Nach Ebersbach et al. ist die sozialwissenschaftliche Perspektive auf das *Social Web* nicht durch die Analyse der Techniken oder Technologien geprägt, obwohl diese zweifellos auch einen entscheidenden Beitrag zu der aktuellen Entwicklung geleistet haben, beispielsweise Ajax oder Webservices.[84] Primäre Schwerpunkte der Arbeiten, die das *Social Web* als Forschungsgegenstand wählen, sind nach Ebersbach et al. „die medial vermittelten Kooperationsformen, die kollektive Meinungsbildung und der kulturelle Austausch sozialer Gruppen."[85] Dies wird meist als die neue Besonderheit des *Social Web* angesehen und steht deshalb im Mittelpunkt des Forschungsinteresses. Dabei sind mehrere Ebenen zu beobachten: Da das *Social Web* eng mit allen gesellschaftlichen Bereichen verzahnt ist und auch in die Arbeits- und Lebensweise von Menschen eingreift, sind bei vielen Forschungsansätzen ökonomische, politische und rechtliche Schwerpunktbildungen zu finden.[86] Viele Studien drehen sich zudem um eine neue Bestimmung des „Öffentlichen" und des „Privaten", und im Kontext der Diskussion um freie Inhalte spielen ebenfalls die Fragen des (geistigen) Eigentums eine wichtige Rolle. Außerdem ist zu bemerken, dass etliche Studien speziell die Wechselwirkung der Erweiterung vs. Einengung untersuchen: Auf der einen Seite vergrößert die neue Internetpraxis, die das *Social Web* ermöglicht, den Horizont der Menschen, auf der anderen Seite engt sie diesen jedoch auch ein.[87]

Bei vielen wissenschaftlichen Betrachtungen wird ebenfalls analysiert, inwieweit das *Social Web* ein Ort der Unterhaltung ist, in dem vor allem

83 vgl. Ebersbach et al. 2011, S. 201

84 vgl. Ebersbach et al. 2011, S. 144

85 Ebersbach et al. 2011, S. 13

86 vgl. Ebersbach et al. 2011, S. 15

87 vgl. Ebersbach et al. 2011, S. 13

jüngere Nutzer, in den letzten Jahren aber auch verstärkt ältere, soziale Kontakte knüpfen, andere Leute kennenlernen und dabei Freude und Enttäuschungen erleben. Hierbei wird zudem meist untersucht, inwieweit das *Social Web* für Jüngere ein zentraler Ort des sozialen Austausches und der Sozialisation, sowie für Ältere ein wichtiger Ort des „kulturellen Austauschs“[88] geworden ist. Es zeigt sich also, dass sich das *Social Web* bereits seit einigen Jahren in vielen Wissenschaftsbereichen als Forschungsgegenstand etabliert hat. Trotzdem gibt es bisher kaum einen intensiven wissenschaftlichen Diskurs[89] um eine *Social-Web*-Theorie[90]. Vielmehr haben sich die theoretischen Fragen in die Felder der entsprechenden Disziplinen verlagert, etwa der Medientheorie (vgl. Abschnitt 1.5). Am Beispiel einer exemplarischen *Social-Web-* beziehungsweise *Internet*-Theorie wird jedoch zuerst im folgenden Abschnitt gezeigt, welche neue Perspektive eine solche ermöglicht.

1.4.3 Social-Web- und Internet-Theorie

Exemplarisch für den Versuch einer allgemeinen Theorie kann hier Warnkes Ansatz genannt werden, der mit seiner 2011 erschienenen „Theorie des Internets“[91] sowohl das klassische Netz wie das *Social Web* erfassen möchte und dabei bisherige Web- und Internet-Theorieansätze mit aufnimmt. Das Ergebnis ist eine systemtheoretisch geprägte Erweiterung des grundlegenden Informatik-Modells von Turing („Turingmaschine“[92]), das Warnke um den Aspekt der Zeit erweitert. Mit Hilfe der Begrifflichkeiten „Synthese, Mimesis, Emergenz“ versucht Warnke, chronologisch nicht abgeschlossene Entwicklungen der Computertechnologie und des Internets darzustellen. Die erste Phase der Synthese beschreibt den Zeitraum, in der Computer „in autistischer Abgeschiedenheit aus sich heraus, ohne Eingriff oder Stö-

88 Ebersbach et al. 2011, S. 15

89 Zu der Diskussion im Web, etwa von O'Reilly und Alby vgl. Abschnitt 1.1.

90 Den Versuch einer Zusammenfassung der meisten bisherigen Theorieversuche unternimmt Warnke 2011, S. 158.

91 Warnke 2011

92 vgl. Turing 1937

rung von außen, Daten produzierten."[93] Hauptsächlich ist hierbei an die Großrechner von der Pionierzeit bis in die siebziger Jahre zu denken. Deren Algorithmen mussten aufwendig konzipiert und programmiert werden und erst dann wurden die Rechner mit Daten gefüttert, die von diesen nach den programmierten Regeln strikt abgearbeitet und schließlich zur Beurteilung durch den Menschen ausgegeben wurden.

Diese Phase der Synthese und alle anderen Phasen sind niemals als abgeschlossen anzusehen, bis heute lassen sich Vorgänge mit diesem Prinzip beschreiben. Warnke nennt dafür beispielsweise ein 2003 auf der Ars Electronica prämiertes Kunstwerk, das aus algorithmisch erzeugten Objekten und Tönen besteht.[94] Für Warnke zeichnet sich eine solche maschinelle Produktion durch „absolute Sinnleere"[95] aus, da sie nur synthetisch vorgeht und vorhandene Daten neu berechnet und anders organisiert. Damit erklärt sich die Begrifflichkeit der Synthese, die in gewisser Weise, ohne dass Warnke es explizit erwähnt, an Kants Überlegung zu „synthetischen Urteilen" angelehnt ist.[96]

Den zweiten Zeitraum bezeichnet Warnke als die Mimesis-Phase. Diese beginnt mit der Einführung der technischen Möglichkeit der Interaktion zwischen den einzelnen Rechenschritten, also in der Personal-Computer-Ära und dem frühen Internet. Anders als bei Großrechnern programmiert der Mensch nicht ausschließlich im Vorfeld den Rechner und wartet stunden- oder tagelang auf die Ergebnisse, sondern kann nun durch Maus, Tastatur und andere Eingabegeräte ständig in die Berechnungen eingreifen und diese in andere Richtungen lenken:

„[...] der Mensch fungiert als Quelle der Kontingenz, er sorgt für den Ausgleich des Mangels, der ansonsten den Output der rechnenden Maschine [...] beschränkte. Der Mensch und sein Bewusstsein führen dem System die nötigen Informationen zu,

93 Warnke 2011, S. 160

94 vgl. Warnke 2011, S. 160

95 Warnke 2011, S. 161

96 Der Verzicht auf einen expliziten Hinweis auf Kant ist verständlich. Auch wenn Warnkes „Synthese"-Begriff an Kants Unterscheidung von „analytischen" vs. „synthetischen" Urteilen erinnert, ist ein Vergleich mit Kant ohne den Zusatz a priori und a posteriori nicht sinnvoll.

damit dieses überraschende, vielleicht sogar lebensechte Formen ausprägt, in denen dann das menschliche Bewusstsein Sinn erkennt.“[97]

Warnke wählt in Anlehnung an das antike Konzept und den Diskurs im 18. Jahrhundert „Mimesis“ als Bezeichnung dieser Phase, wobei er hier mit Verweis auf einen Ansatz von Kamper[98] aus den frühen neunziger Jahren nicht Nachahmung, sondern „Vorahmung“[99] meint. Erklärt wird dies mit der Unterscheidung zwischen Simulation und Mimesis. Eine Simulation versucht nach Warnke eine möglichst identische Abbildung, während in der Mimesis sozusagen ein produktives Element steckt, da hier nicht nur Wirklichkeit reproduziert, sondern mit Hilfe der Fiktion neue Elemente geschaffen werden:

„Zwar stützen sich mimetische Verfahren auf solche der Simulation, in der Computeranimation etwa auf die unterschiedlichen Methoden, fotorealistische Szenen zu erzeugen, doch bleibt das Fiktive der Mimesis das entscheidende Moment für die Kunst.“[100]

Die dritte Phase betitelt Warnke mit Emergenz und versteht diesen Begriff im Sinne Luhmanns Systemtheorie, wonach Emergenz, also die spontane Herausbildung neuer Strukturen oder Eigenschaften, als Leistung des übergeordneten Systems verstanden wird, also demnach nicht einfach Akkumulation von Komplexität, sondern ein neuer, getrennter Abschnitt des Aufbaus von Komplexität ist.[101] Übertragen wird dies von Warnke auf Computer und Internet:

„Folgt man dieser Auffassung, dann ließen sich emergente Probleme, an denen z. B. Computer beteiligt sind, niemals durch deren Bauweise und Software erklären. Diese wären dann sogar eventuell austauschbar, weil lediglich materielle Träger einer Ordnung höherer Stufe, die ihren eigenen Strukturen verpflichtet ist.“[102]

97 Warnke 2011, S. 166

98 vgl. Kamper 1991

99 Warnke 2011, S. 166

100 Warnke 2011, S. 168

101 vgl. Luhmann 1994 und Warnke 2011, S. 37

102 Warnke 2011, S. 171

Auch andere Theoretiker wie etwa Rheingold sprechen von solchen Emergenzen und zeigen die Vielzahl der Techniken, die zu Zwecken genutzt werden, für die sie nicht bestimmt waren und deren Prinzipien sich nicht aus den Bauprinzipien ableiten lassen.[103] Insbesondere für den Computer und das Internet lässt sich nach Rheingold sagen, dass diese zwar entworfen wurden, aber wie die Menschen diese Technologien heute nutzen, wurde von den Entwicklern nicht entworfen. Barabási hat dies 2003 in seiner vielbeachteten Monographie „Linked“[104] schon ähnlich formuliert und wird deshalb häufig mit folgender Feststellung zitiert: Wenn die Erbauer die Nutzung des heutigen Internets so vorhergesehen hätten, „hätten sie eine ganz andere Infrastruktur entworfen, die zu einer viel reibungsloseren Nutzung geführt hätte.“[105] Diese im ersten Moment scheinbar banal wirkende Feststellung ist jedoch in Zusammenhang mit der Verwendung des Begriffs Emergenz überzeugend, wenn man damit – wie Warnke – die Besonderheit des heutigen Internets herausarbeiten möchte. Und diese Besonderheit ist unzweifelhaft die, dass sich das Medium *Web* ständig weiterentwickelt und zwar anders, als seine Entwickler es ursprünglich intendiert hatten. Diese Unkontrollierbarkeit und Unvorhersehbarkeit des *Web* ist nach Warnke die zentrale Eigenschaft, die dazu beigetragen hat, dass das Internet sich in seiner jetzigen Form des *Social Web* zu dem „Leitmedium des 21. Jahrhunderts“[106] entwickelt hat. Deshalb sieht Warnke das „Internet – vielleicht die digitalen Medien überhaupt – als dasjenige technische Artefakt, das unsere Gesellschaft am nachhaltigsten verändert hat“[107] – und dies nicht aufgrund der technischen Neuerungen, sondern deshalb, weil es „Kontrollverlust als Prinzip“[108] in sich trägt und deshalb Emergenz ermöglicht oder fördert.

Sicherlich ist eine solche Theorie, wie von Warnke aufgestellt, nur als ein Entwurf zu sehen und hat an vielen Stellen Nachbesserungsbedarf. Jedoch zeigt sich hierbei die Stärke eines theoretischen Herangehens: Ein Vorgehen, das – wie im vorherigen Abschnitt kurz angedeutet – sozusagen web-theoriefrei argumentiert und nur bisherige Methoden und Konzepte auf

103 vgl. Rheingold 1991 und Warnke 2011, S. 173

104 Barabási 2003

105 Barabási nach Warnke 2011, S. 174

106 Warnke 2011, S. 177

107 Warnke 2011, S. 176

108 Warnke 2011, S. 176

das Internet überträgt, führt dazu, dass der Blick abgelenkt wird. Diese Überlegung muss deshalb im Kapitel 4 aufgegriffen werden, wenn das theorieähnliche Konzept der Kompatibilität entwickelt wird.

1.5 „Social Web" im Kontext des aktuellen Medienbegriffs

Alle Ansätze der vorherigen Abschnitte haben die Gemeinsamkeit, dass davon ausgegangen wird, dass das *Web* ein „neues" Medium ist, mit dem ähnlich zu operieren sei wie mit den bisherigen bekannten „alten" Medien. Der Ansatz Scherfers zeigt, dass es in vielerlei Hinsicht lohnenswert ist, sich mit der Frage, ob es sich bei dem *Web* überhaupt um ein Medium handelt, zu beschäftigen. Scherfer, Inhaber der ersten Professur für Webwissenschaften an der Fachhochschule Köln, stellt sich diese Frage in dem im Folgenden zu erörternden Aufsatz deshalb, da er dringenden Klärungsbedarf aufgrund der „Defizite der Medientheorie gegenüber dem Web"[109] sieht. Das von ihm formulierte Ziel ist dabei

> „[...] die medientheoretischen Kontexte, in denen der Medienbegriff des Webs im engeren und weiteren Zusammenhang eine Rolle spielt, systematisch zu sichten und zu prüfen, ob sich aus ihnen Erkenntnisse über die Wesensmerkmale des Webs als Medium gewinnen lassen."[110]

Im Folgenden soll gezeigt werden, dass diese Erkenntnisse auch für die Überlegungen dieser Arbeit nutzbar gemacht werden können. Deshalb soll hier, in Anlehnung und Erweiterung des Ansatzes Scherfers, der Frage nachgegangen werden, inwieweit es überhaupt hilfreich ist, das *Web* als Medium zu verstehen. Wie beispielsweise in Schanzes Grundlagenwerk zur Medientheorie nachzulesen ist, hat sich der Begriff „Medium" letztendlich „zum dominanten Konzept im kulturwissenschaftlichen Bereich"[111] entwickelt. So ist es zunächst einmal nicht verwunderlich, dass auch das *Web* als solches verstanden wird. Wie jedoch bereits erwähnt, geht Scherfer nicht

109 Scherfer 2010, S. 10

110 Scherfer 2010, S. 10

111 Schanze 2002, S. 199

von dieser scheinbaren Gewissheit aus, sondern prüft folgende zwei Möglichkeiten: Entweder ist das *Web* ein „neues Einzelmedium“[112] wie die bisher von der Medienwissenschaft geprägten Medien, also beispielsweise Buch, Zeitung, Radio, Film und Fernsehen. Oder es kann nicht als ein solches Einzelmedium begriffen werden, da die bisherigen von der Medienwissenschaft identifizierten „alten“ Einzelmedien nun „ihre Inhalte und (mediale) Form über das Web distribuieren.“[113] Die größte dabei zu beobachtende Problematik beschreibt Scherfer folgendermaßen:

> „Dem Web fehlt weitgehend die Bezugsgrundlage zur Kunst. Die Geschichte der Einzelmedien zeigt, dass in der Regel die Wesensbestimmungen eines Mediums um die Klärung des Medienbegriffs von den ästhetischen Qualitäten einer neuen Kunstform abhängen [...] Im differenztheoretischen Diskurs werden die Wesensmerkmale am Kunstwerkcharakter, an den Kunstmitteln und an den komplexen ästhetischen Gefügen der Einzelmedien herausgearbeitet. Doch der fehlende Kunstanspruch des Mediums Web [...] vereitelt eine solche Vorgehensweise bei der Klärung seiner Wesensbestimmung.“[114]

Während das Medium Film etwa den Spielfilm und das Medium Radio das Hörspiel als neue Kunstform hervorbrachten, fehlt dem *Web* Vergleichbares. Zwar wird häufig „Hyperfiction“ beziehungsweise „Hypertext“ als neue Kunstform aufgeführt, jedoch spricht hier zweierlei dagegen. Zum einen hat diese Form ihren Ursprung weit vor der Erfindung des *Web*. So gab es bereits erste Ansätze in den vierziger Jahren des letzten Jahrhunderts (beispielsweise Bush[115]), technische Umsetzungen erfolgten dann ab den sechziger Jahren (beispielsweise durch Nelson[116]). Zum Zweiten wird Hyperfiction aus kunst- und medienanalytischer Perspektive oft, wie im folgenden Zitat von Leschke, als „konventionell und [...] ästhetisch belanglos“[117] bezeichnet, und ihr wird weder rückblickend noch für die Zukunft

112 Scherfer 2010, S. 10

113 Scherfer 2010, S. 11

114 Scherfer 2010, S. 11

115 vgl. Warnke 2011, S. 142

116 vgl. Nelson 1987 und Warnke 2011, S. 142

117 Leschke 2010, S. 52

Bedeutung bescheinigt.[118] Der Zusammenhang von Reflexion des Medienbegriffs und Kunst wird auch von Leschke, auf den sich Scherfer ebenfalls mehrfach bezieht, betont. Leschke formuliert diesen Zusammenhang allgemeiner:

> „Die theoretische Reflexion eines Zusammenhangs oder Systems von Medien ist, sofern noch nicht über einen Medienbegriff verfügt wird, eher selten und geschieht dann als Teil einer Theorie des Kunstsystems auf der Basis des Kunstbegriffs."[119]

Zum einen erklärt dies, warum bisher selten der Medienbegriff reflektiert wurde, zum anderen kann hieraus auch eine Besonderheit des *Web* ermittelt werden. Es wäre dann das erste Einzelmedium, das eben keine individuelle, aus der Form des Mediums hervorgegangene Kunstform entwickelt hat. Jedoch soll dieser Aspekt vorerst zurückgestellt werden und stattdessen die Fragen nach dem „Medium" weiterverfolgt werden.

Scherfer verdeutlicht, dass es wenig hilfreich ist, sich dem *Web* mit Hilfe vorhandener traditioneller Medienbegriffe zu nähern.[120] Medien- und Kommunikationswissenschaft, Informatik, Nachrichtentechnik, Kulturwissenschaft oder Philosophie haben im Kontext ihrer Wissenschaftstradition jeweils ein grundverschiedenes Verständnis des Begriffs entwickelt, der vielfach sogar innerhalb der Disziplinen umstritten ist. Eine Gemeinsamkeit zu finden oder eine Gemeinsamkeit zu extrahieren würde jeden Standpunkt verkürzen. Deshalb operiert Scherfer in seiner weiteren Analyse „nicht mit einem genormten Medienbegriff", vielmehr sichtet er „unterschiedliche Herangehensweisen an die Medienspezifik des Webs, die sich mediengeschichtlich auch aus den Diskursen zu Internet und Computer herleiten."[121] Neben einer medientechnischen und medienstrukturellen Gegenstandsbestimmung versucht Scherfer „die Klärung eines einzelmedienwissenschaftlichen Begriffs des Webs"[122], die auf anderem Wege zu einer aufschlussreichen Bestimmung zweier Webformen führt. Doch bevor diese näher betrachtet werden können, ist es wichtig, sich diese zwei Gegenstandsbe-

118 vgl. Leschke 2010, S. 52ff und Warnke 2011, S. 154

119 Leschke 2001, S. 21 nach Scherfer 2010, S. 11

120 vgl. Scherfer 2010, S. 12

121 Scherfer 2010, S. 12

122 Scherfer 2010, S. 12

stimmungen genauer anzusehen. Von einer medientechnischen Gegenstandsbestimmung, wie sie etwa von Techniktheorien der Medien durchgeführt wird (vgl. Abschnitt 3.7), hält Scherfer wenig, da diese „medientheoretisch wenig [leisten], um den Gegenstandsbereich des Webs weiterzuentwickeln."[123] Auf die medienstrukturellen Diskurse geht Scherfer genauer ein und benennt hier die drei wichtigsten Diskurse: die zur Digitalität, zur Hybridisierung und zur Interaktivität.[124]

Der Diskurs der Digitalität wird in zwei Richtungen geführt: zum einen die Digitalisierung der alten „analogen" Medien und zum anderen die Analyse der Besonderheit des ausschließlich digitalen Mediums Computer. Die damit einhergehenden euphorischen und utopischen Positionen, die die „digitale Revolution" anpreisen, in den achtziger und neunziger Jahren etwa Flusser, Kittler, Castells und Bolz.[125] Aber auch in aktuellen Positionen, etwa bei Schröter und Missomelius[126], sieht Scherfer eine solche euphorische Haltung kritisch:

> „Den Diskursen der Digitalität ist vielfach gemein, dass sie die Totalität der digitalen Revolution nicht auf die Medientechnik beschränken, sondern, um die argumentativen Bedeutungsdimensionen zu erweitern, die Merkmale der Digitalität auf die Gesellschaft übertragen [...] Der Geltungsbereich der Aussagen wird dabei überdehnt und der Medienbezug bleibt auf der Strecke."[127]

Der Diskurs der Hybridisierung, der das *Web* als Hybrid- oder Meta-Medium versteht, hat ebenfalls in den achtziger Jahren mit Kittler seinen Ausgangspunkt. Dieser sah den Computer in der Lage, „sämtliche Analogmedien [zu] adressieren, und das heißt [zu] verschlingen."[128] Bolz hat ebenfalls mit der Begrifflichkeit „Medienverbund" von einer Auflösung der Einzelmedien gesprochen, da er alle anderen Medien als „digitalisierbar" ansah.[129] Aber auch in den letzten Jahren sind solche Positionen weiter zu

123 Scherfer 2010, S. 14

124 vgl. Scherfer 2010, S. 11

125 vgl. Flusser 1985, Kittler 1986, Castells 2005 und Bolz 1994

126 vgl. Schröter 2004 und Missomelius 2006

127 Scherfer 2010, S. 16

128 vgl. Kittler 1989, S. 28

129 vgl. Bolz 1994, S. 10 und Scherfer 2010, S. 17

beobachten, insbesondere Missomelius plädiert in seinen Publikationen, Computer und Internet als ein „Hybridmedium zu bezeichnen, da ihre Funktionen sowohl kommunikativer als auch medialer, individueller und massenmedialer Art sind.“[130] Für Scherfer ist die Besonderheit an den Hybrid-Ansätzen, dass hier spezifische Eigenschaften gar nicht oder nur am Rande verhandelt werden:

> „Sichtet man die kulturwissenschaftlichen Theorien zum neuen Medium, fällt auf, dass die theoretischen Reflexionen zum Computer überwiegen und die mediale Darstellungsform des Webs bis heute unterrepräsentiert ist. Theoretische Ansätze zur Leistungsfähigkeit der Medientechnologie des Computers beziehen medientheoretische Positionen mit ein, die sich an den soziokulturellen relevanten ‚alten‘ Medien entwickelt haben, nicht aber die soziokulturellen relevanten Medienangebote des Webs.“[131]

Auch wenn hier die Begrifflichkeit „soziokulturell“ nicht ganz passend erscheint, ist die Feststellung doch treffend. Scherfer geht sogar so weit zu behaupten, die Beschäftigung mit „alten“ Einzelmedien sei in der Wissenschaft einfach „out“[132]; und mit Hilfe der Begrifflichkeit „Hybrid“ lassen sich Konzepte, die auf „alte“ Einzelmedien wie Fernsehen oder Radio Anwendung fanden, bequem übertragen. Der Blick und die Erforschung der originären Darstellungsformen des *Web* gehe jedoch dabei verloren.

Zum Diskurs der Interaktivität bemerkt Scherfer, dass diese medienstrukturelle Grundeigenschaft vielfach nur „sowohl als Marketingmetapher als auch als polyfunktionaler Begriff“[133] auftaucht. Software-Programme werden überhöht und vermenschlicht als „elektronische Bewusstseinssysteme“ gesehen, zum Beispiel in den Publikationen von Faßler.[134] In vielen Studien sind nach Scherfer „lyrische Erlösungsgedanken“[135] zu identifizieren, die übersehen, dass nicht die Maschine oder das Netz, sondern die Menschen durch die Maschinen interagieren. Glaser hatte das schon Ende

130 Missomelius 2006, S. 191 nach Scherfer 2010, S. 16

131 Scherfer 2010, S. 17

132 Scherfer 2010, S. 18

133 Scherfer 2010, S. 18

134 vgl. Faßler 1997

135 Scherfer 2010, S. 18

der neunziger Jahre auf den Punkt gebracht: „Jede Überlegung zu interaktiven Medien muss genau genommen mit dem Satz enden: Es gibt keine Interaktion mit Maschinen.“[136] Die Debatte um die Interaktivität hat insbesondere durch die *Web 2.0*- und *Social-Web*-Diskussion neuen Anschub erhalten, aber auch hier muss festgehalten werden, dass stets Menschen mittels der neuen Technologien miteinander interagieren. Scherfer fasst dies zusammen:

> „Die Nutzung von Web-Plattformen bricht zwar das tradierte Sender-Empfänger-Modell auf, doch alleine den Interaktionsgedanken in den Mittelpunkt zu stellen, greift zu kurz.“[137]

Nach dieser im Anschluss an Scherfer vorgenommenen Analyse der medienstrukturellen Diskurse kann als Zwischenergebnis festgehalten werden, dass die aufgeführten drei Merkmale durchaus im *Web* zu identifizieren sind, jedoch keine Hilfe sind, um eine originäre Darstellungsform zu ermitteln. Um zu einem schlüssigen Medienbegriff des *Web* zu kommen, stellt Scherfer darauf eine andere Frage, nämlich die nach dem Medienangebot des *Web* und den webspezifischen Ordnungsmodellen.[138] Mit Hilfe der von Bleicher entwickelten Ordnungsstruktur[139] lässt sich im *Web* eine doppelte Angebotsstruktur erkennen: das Ordnungsmodell „Portal“ sowie das Ordnungsmodell „Plattform“[140]. Unter dem Ordnungsmodell „Portal“ sind alle Websites zu subsumieren, die wie traditionelle Medien Informationen gefiltert präsentieren, das heißt von einer Online-Redaktion nach unterschiedlichsten Kriterien (zum Beispiel Interessen, Genres, Zielgruppen) ausgewählte Inhalte veröffentlichen. Als Beispiele können die Websites der traditionellen Medien, etwa Zeitungen und Fernsehanstalten, aber auch Online-only-Angebote, wie nur online erscheinende Medien, zum Beispiel die Huffington Post[141] oder die Nachrichten und Katalogbereiche von Yahoo[142]

136 Glaser 1997, S. 27

137 Scherfer 2010, S. 18

138 vgl. Scherfer 2010, S. 20

139 vgl. Bleicher 2005, S. 360ff

140 vgl. Bleicher 2005, S. 360ff und Scherfer 2010, S. 20

141 www.huffingtonpost.com

142 de.nachrichten.yahoo.com

oder MSN[143] aufgeführt werden. Auch alle sonstigen Websites von Firmen, Institutionen und Einrichtungen fallen in dieses Ordnungsmodell, da auch hier die Informationen nach bestimmten Kriterien gefiltert veröffentlicht werden.

Unter dem Ordnungsmodell „Plattform“ versteht Scherfer sämtliche Webangebote, auf denen die User „ohne die Zwischenschaltung von geschulten Medien- und Kommunikationsorganisationen, ohne Institutionalisierung und Kontrolle“[144] Inhalte veröffentlichen können. Beispiele hierfür wären also YouTube, Wikipedia sowie Facebook und letztendlich, auch wenn dies so nicht von Scherfer genannt wird, nahezu sämtliche *Social-Media*-Angebote. Die Besonderheit des Plattform-Modells ist, dass bisherige Modelle und Konzepte der Kommunikation nicht mehr greifen. Scherfer bezieht sich hier erneut auf Bleicher, der die Ablösung „bisheriger Modelle massenmedialer Kommunikation, wie etwa das linear strukturierte Laswellsche Kommunikationsmodell mit seinen Instanzen Sender, Code, Empfänger [konstatiert].“[145]

Nachdem diese Unterscheidung getroffen ist, stellt sich nun die Frage, ob sich sowohl der Typ der „Plattform“ wie auch der des „Portals“ mit dem tradierten Medienbegriff erfassen lassen.[146] Scherfer entwickelt dafür drei Merkmale, mit denen dies geprüft werden soll. Das erste Merkmal ist das der Voraussehbarkeit: „Diese ist gewährleistet, wenn ein mediales Repertoire redaktionell-ordnungslogischen Prinzipien folgt.“[147] Nur wenn von Medienorganisationen Regeln formuliert und kontrolliert werden, ist ein voraussehbares mediales Programm möglich. Als zweites Merkmal wird das der Komplexitätsreduktion angeführt:

> „Medien haben durch institutionelle und medienspezifische Regelhaftigkeiten Routinen entwickelt, um die Komplexität der Medienangebote zu reduzieren. Effiziente und effektive Verfahren der Komplexitätsreduktion tragen zu einem übersichtlichen und vergleichbaren Programm bei.“[148]

143 news.de.msn.com

144 Scherfer 2010, S. 20

145 Bleicher 2005, S. 363 nach Scherfer 2010, S. 21

146 vgl. Scherfer 2010, S. 21

147 Scherfer 2010, S. 21

148 Scherfer 2010, S. 22

Das dritte Merkmal ist das der Konventionalisierung. Darunter versteht Scherfer, dass sich die Angebote der Medien in Kategorien oder „etablierte Genres" untergliedern lassen. Dies dient „der Nutzbarkeit und Transparenz für Produzenten, Rezipienten und nicht zuletzt der wissenschaftlichen Analysierbarkeit von Medienangeboten."[149]

Prüft man nun für die beiden Ordnungsmodelle Plattform und Portal, ob diese Merkmale erfüllt werden, kann man erkennen, dass nur das Portal-Modell diese drei Merkmale erfüllt. Plattformen hingegen „lassen sich nicht in den traditionellen Medienbegriff integrieren, da das mediale Repertoire der Medienangebote auf Plattformen nur bedingt voraussehbar und in seiner Komplexität nur schwer zu reduzieren ist."[150] Scherfers Antwort auf die Frage, ob das *Web* ein Medium sei, ist deshalb eindeutig: „Das Web [ist] weder als ein Einzelmedium noch als Hybrid- oder Meta-Medium im Sinne einer Addition der Einzelmedien zu begreifen."[151] Stattdessen schlägt er vor, das Web – in Anlehnung an Leschke – als „Medium zweiter Ordnung"[152] zu bezeichnen.

Der in dieser Arbeit verfolgte Ansatz greift diese Überlegung auf und entwickelt sie weiter. Denn es scheint eine Alternative zu sein, die Ordnungsmodelle „Plattform" und „Portal" zu nutzen, um das bisher pauschal als *Web* bezeichnete „Medium" in zwei Einzelbereiche zu unterteilen. Dies führt zu einer deutlicheren Antwort: Das klassische *Web 1.0* mit dem Ordnungsmodell Portal ist so durchaus als neues Einzelmedium zu sehen und kann deshalb mit den klassischen Modellen und Methoden der „alten" Medien begriffen werden. Das *Social Web* mit dem Ordnungsmodell Plattform sperrt sich jedoch dem traditionellen Medienbegriff. Ob es, wie Leschke und Scherfer es vorschlagen, als Medium zweiter Ordnung zu bezeichnen sei, ist nicht entscheidend. Vielmehr soll die Betonung der Differenz zum klassischen Medienbegriff dazu dienen, auf der dargestellten theoretischen Basis zu begründen, warum in dieser Arbeit dem *Social Web* im Kontext der Zukunft von Theater, Museen und anderen Kultureinrichtungen eine solche herausragende Rolle zugeschrieben wird: Das *Social Web* ist nicht einfach ein neues Einzelmedium, das die Rolle des Kunst- und Kulturbe-

149 Scherfer 2010, S. 22

150 Scherfer 2010, S. 24

151 Scherfer 2010, S. 25

152 Scherfer 2010, S. 25

triebs aufgrund technischer Innovationen um Nuancen verschiebt, sondern es bedeutet einen theoretischen Umbruch. Es ist „die fundamentale Umgestaltung des Medienbegriffs durch das Web“[153], die dafür Verantwortung trägt.

1.6 ZUSAMMENFASSUNG UND FAZIT

In Abschnitt 1.1 wurde im ersten Teil eine Annäherung an die Bestimmungen der Begriffe *Web 2.0, Social Web* beziehungsweise *Social Media* unternommen, um so eine Grundlage für die folgende Argumentation zu erhalten. Zusammenfassend kann man sagen, dass das soziale *Web* als ein Netzwerk aus webbasierten Anwendungen verstanden werden kann, das Informationsaustausch, Beziehungsaufbau, Kommunikation und kollaborative Zusammenarbeit in einem gesellschaftlichen und gemeinschaftlichen Kontext mit den technischen Mitteln des Internets unterstützt oder zumindest unterstützen kann. Neben diesen Begriffsbestimmungen wurde vor allem das in der aktuellen Internetpraxis vorherrschende Konzept des „*User generated-content*“ dargestellt. Die Beteiligung aller *User*, oder zumindest der prinzipiellen Möglichkeit jeden *Internetusers*, im *Social Web* die Inhalte mitzugestalten, ist von besonderer Bedeutung, da es sich hier tatsächlich um den „neuen“ Aspekt des *Web* in Vergleich zu anderen Medien handelt. Weitere Prinzipien des *Social Web* wurden ebenfalls erarbeitet, die als Grundlagen für die Überlegungen in Kapitel 2 dienen.

Im folgenden Abschnitt wurde gezeigt, dass die Theorien der Medienwahl in der computervermittelten Kommunikation wenig Hilfestellung bieten. Eine kurze überblickartige Darstellung der *Social-Web*-Forschung außerhalb des Diskursfelds Kulturmanagement hat gezeigt, dass auch hier meist keine Theorie des *Social Web* zu erkennen ist. Im Anschluss wurde deshalb eine solche Theorie vorgestellt und dabei gezeigt, wie sich dadurch der Blick auf die wesentlichen Eigenschaften des *Web* ändert. Abschließend wurde der Frage nachgegangen, ob das *Social Web* als neues Einzelmedium in der Geschichte der bisherigen alten Medien zu sehen ist. Dabei konnte gezeigt werden, dass ein Teil der Websites – das „*Social Web*“, das mit dem Ordnungsmodell „Plattform“ bezeichnet werden kann – mit den bishe-

153 Scherfer 2010, S. 27

rigen Medienbegriffen nicht zu fassen ist. Dies unterstreicht, dass das *Social Web* nicht die Rolle des Kunst- und Kulturbetriebs aufgrund technischer Innovationen, die ein „neues" Einzelmedium bringt, um Nuancen verschiebt, sondern dass es sich hier um einen theoretischen Umbruch handelt. Die Frage, ob das *Social Web* der „kompatible" Ort sein könnte, der bisher als utopisch geltenden Kunst- und Kulturtheorien einen Raum geben könnte, konnte dadurch noch nicht beantwortet werden, jedoch rücken mögliche Antworten näher.

Bevor diese im zweiten Teil dieser Arbeit weiter ausgearbeitet werden, sollen im folgenden Kapitel Studien einer genaueren Betrachtung unterzogen werden, die sich im Diskursfeld Kulturmanagement mit neuen Medien und dem *Social Web* auseinandersetzen.

2 Der kulturwissenschaftlich geprägte Diskurs über neue Medien im Kulturmanagement

Im Folgenden soll ein Einblick in die unterschiedlichen Ansätze der kulturmanagerialen Forschung gegeben. Im Mittelpunkt der Analyse stehen Studien zu Informationstechnologien und neuen Medien, die sich im Diskursfeld Kulturmanagement verorten, also insbesondere Forschungsarbeiten, die im Umfeld deutschsprachiger Institute und Forschungseinrichtungen entstanden sind. Dabei handelt es sich meist um Sammel- und Tagungsbände[1], Dissertationen, Abschlussarbeiten und andere häufig zitierte oder in einschlägigen Verlagen erschienene Monographien sowie Beiträge aus wichtigen Fachzeitschriften, Online-Portalen[2] und online geführten Diskursen[3].

1 Die Ergebnisse der regelmäßig stattfindenden Konferenzen und Tagungen, die sich speziell des Themas „Kunst und Kultur im Internet" annehmen, unter anderem die MAI-Tagung (Museum and Internet, www.mai-tagung.de), der stART-Conference (www.startconference.org), der EVA-Konferenz (Elektronische Medien, Kunst, Kultur, Historie: www.eva-berlin.de) und der Konferenz „Kultur und Informatik" (inka.htw-berlin.de/kui/) – sind in diese Arbeit sowohl durch teilnehmende Beobachtung wie auch durch Auswertung der Tagungsbände eingeflossen.

2 Beispielsweise dem Kulturmanagement Network (www.kulturmanagement.net) und dem dort erscheinenden KM Magazin.

3 Aufgrund der Flüchtigkeit von Post, Tweets, Chatmessages und Online-Meetings im *Social Web* wird in dieser Arbeit nur selten direkt auf Blogs, Communi-

Für diese Beschränkung auf Arbeiten aus dem kulturmanagerialen Forschungsfeld sprechen zwei Argumente: Zum einen werden Theorien und Konzepte, die über den Bereich des Kulturmanagements hinausreichen, in anderen Kapiteln dieser Arbeit behandelt.[4] Zum anderen ist der Fokus auf kulturmanageriale Arbeiten und der weitgehende Verzicht auf Literatur aus angrenzenden Fachgebieten, beispielsweise aus den Kommunikations-, Medien- oder Sozialwissenschaften, in diesem Kapitel damit zu begründen, dass hier der Schwerpunkt auf den Argumentationsmodellen liegt, die an den deutschsprachigen Kulturbetrieb bisher herangetragen wurden, um diesem den Einsatz neuer Medien nahezubringen. Da es um das Nachzeichnen, in gewisser Weise auch um eine produktive De-Konstruktion (vgl. dazu Abschnitt 3.8) geht, spielt es nur am Rande eine Rolle, dass viele der Arbeiten, insbesondere die der ersten Phase – entstanden Ende der neunziger Jahre und publiziert Anfang 2000 bis etwa 2003 – aus der technologischen Perspektive als veraltet und überholt anzusehen sind und in dieser Hinsicht kein Erkenntnisgewinn zu erwarten ist. Der Nutzen steckt vielmehr in den herauszuarbeitenden Argumentationsmustern, die weiterhin diskursbestimmend sind – so zumindest eine These dieser Arbeit (vgl. Einleitung). Die neueren Arbeiten der Phase ab 2004, die im Kontext des „Web 2.0"-Diskurses entstehen, ergänzen viele zuvor erschienene Studien zwar um diesen neuen Aspekt, stecken aber weiterhin in ähnlichen Mustern fest. Und auch aktuelle Publikationen, in denen verstärkt kritische Positionen zu dem „Web 2.0"-Diskurs zu finden sind, lassen sich entlang der Muster gruppieren. Deshalb wurde hier keine durchgehend chronologische Darstellung gewählt, sondern nach drei Argumentationsmustern oder Modellen gegliedert: technikdeterministische Erklärungsmodelle (Abschnitt 2.1), ökonomische Argumentationen (Abschnitt 2.2) sowie kultur- und geisteswissen-

ties oder Websites verwiesen, da sich die Tendenzen und zentralen Ergebnisse dieser Online-Diskussionen in Tagungsbänden der regelmäßig stattfindenden kulturaffinen Social-Web Konferenzen (vor allem der MAI-Tagung und der stART-Konferenz, vgl. vorherige Fußnote) konzentriert wiederfinden, da hier die Bloggerinnen und Blogger und die an dem im *Social Web* stattfindenden Diskurs beteiligten Kulturmanagerinnen und Kulturmanager zu Wort kommen.

4 Zur *Social-Web*-Forschung außerhalb des Diskursfelds Kulturmanagement und vielen anderen Aspekten siehe Kapitel 1, zu den kunst- und medientheoretischen Ansätzen siehe Kapitel 3.

schaftliche Ansätze (Abschnitt 2.3), die dann jeweils chronologisch dargestellt werden.

Um die Chronologie zu verdeutlichen, wird im Folgenden von vier Phasen[5] gesprochen: zuerst die Frühphase des öffentlich nutzbaren Internets, die von Beginn der neunziger Jahre[6] bis etwa 1998 reicht und die durch die hauptsächliche Expertennutzung und durch hohe Experimentierfreudigkeit gekennzeichnet ist. In dieser Phase gewinnen nach einer nahezu nicht profitorientierten Nutzung in den siebziger und achtziger Jahren erste kommerzielle Aspekte für Unternehmen (B2B – „Business to Business") an Bedeutung. Der zweite, im Folgenden als „Dotcom-Boom-Phase" bezeichnete Zeitraum, der etwa von 1999 bis 2003 zu datieren ist, kann als die Periode gesehen werden, in der die Verbraucher das Netz erobern, Unternehmen Geschäftsmodelle für Endkunden (B2C – „Business to Consumer") aufbauen und in allen Bereichen des *Web* die Kommerzialisierung zu beobachten ist, die mit der Ernüchterung durch das Platzen der Dotcom-Blase begleitet wird. Auf diese folgt die „*Web 2.0*"-Phase (zur Begrifflichkeit vgl. Abschnitt 1.1.1) von etwa 2004 bis 2008, die sich durch den Mitmach-Web-Gedanken, die sozialen Netzwerke und die kostenfreien Angebote („Kostenlos-Kultur") hervorhebt, in der die Kommunikation unter Verbrauchern im Vordergrund steht (C2C – „Consumer to Consumer"). Die letzte Phase des „*Social Web*", die ab 2008 zu verorten ist, kennzeichnet unter anderem die Professionalisierung und Kommerzialisierung der vorherigen „*Web 2.0*"-Phase (vgl. Abschnitt 1.1.2).

2.1 TECHNIKDETERMINISTISCHE ERKLÄRUNGSMODELLE

Zugespitzt formuliert sehen technikdeterministische Erklärungsmodelle in dem Einsatz neuer Medien eine unvermeidliche Entwicklung, an der kein Weg vorbeiführt. Aufgrund dieser Annahme werden häufig Überlegungen

5 vgl. ähnliche Aufteilungen bei Ebersbach et al. 2011, S. 16ff und Warnke 2011, S. 33.

6 So wird 1991 das Werbeverbot aufgehoben und etwa zur gleichen Zeit in Deutschland der Zugang für Privatpersonen durch „Ortsnetze" und erste kommerzielle Provider möglich (vgl. Ebersbach et al. 2011, S. 16ff).

über die Vor- und Nachteile neuer Medien ausgeblendet, was teilweise zu einer unreflektierten und damit blinden Technikeuphorie führt. Dabei wird ohne kritische Analyse ein technikinhärentes Fortschreiten angenommen und davon ausgegangen, dass Technik in ihrer Entwicklung deterministisch sei. Zudem wird die Überzeugung vertreten, dass die technologische Entwicklung als Sachzwang[7] kulturelle Anpassung zur Folge habe. Auf die Kritik und Widerlegung des Technikdeterminismus aus Wissenschaftstheorie, Soziologie und Philosophie kann hier nur verwiesen werden[8], da sie für die folgende Analyse keine entscheidende Rolle spielen. Stattdessen sollen hier typische Argumentationsmuster und Erklärungsmodelle in kulturmanagerialen Arbeiten nachgezeichnet werden, um diese für eine spätere Analyse im Kontext des Kulturbetriebs problematisieren zu können (vgl. oben).

2.1.1 Frühphase (bis 1998)

Als ein typisches Beispiel für Technikdeterminismus in der frühen Phase kann Qubecks Studie zu „Museumsmarketing im Internet“[9] aufgeführt werden. Qubecks Vorgehen zur theoretischen Grundlegung der Argumentation ist exemplarisch für viele ähnliche Studien (vgl. unten), die sich implizit auf ein technikdeterministisches Erklärungsmodell berufen. Bei Qubeck wird von einem Sachzwang ausgegangen, der wie folgt begründet wird:

> „Kein Museum, das auf der Höhe der Zeit sein will, kommt mehr am Internet vorbei. Die rasante Entwicklung der Informations- und Kommunikationstechnologien erfasst alle Bereiche der Gesellschaft gleichermaßen. Museen, in ihrer Funktion als Kultur- und Bildungseinrichtungen, sind in besonderem Maße verpflichtet, auf diese Entwicklungen zu reagieren und diese entsprechend zu reflektieren.“[10]

---

7 Ausgehend von den in den sechziger und siebziger Jahren von Schelsky angestoßenen Debatten zu „Technik als Sachzwang“ (Schelsky 1965, S. 439ff) und den Publikationen des Technikdeterministen McLuhan (vgl. McLuhan 2007 orig. 1964 und andere).

8 Zur Theorie und Kritik des Technikdeterminismus vgl. Ropohl 1999 orig. 1978 und Degele 2002.

9 Qubeck 1999

10 Qubeck 1999, S. 59

Der Hinweis, den Umgang mit neuen Medien entsprechend zu „reflektieren", deutet zwar ein kritisches Herangehen an, jedoch macht Qubeck an vielen Stellen klar, dass es keine Alternativen zu der „Herausforderung" der neuen Medien gibt, da sich das Verhalten im Umgang mit Medien bereits geändert habe und Kultureinrichtungen nur noch darauf reagieren können:

> „Das sich verändernde Informationsverhalten, das vor allem in der jüngeren Generation Raum greift, stellt eine große Herausforderung für Museen dar und zugleich die Chance, sich insbesondere einer neueren Besuchergeneration zu öffnen"[11].

Dieser Beobachtung ist nicht zu widersprechen, jedoch erweckt sie den Anschein, dass eine kritische Bewertung des Informationsverhaltens der jungen Besuchergruppen nicht notwendig sei, da es hier eben kein Zurück mehr gebe. Solche technikdeterministische Positionen, die in vielen ähnlichen Ausprägungen im Diskursfeld zu finden sind, blenden also eine wichtige kritische Perspektive aus.

2.1.2 Dotcom-Boom-Phase (1999-2003)

Als ein weiteres signifikantes Beispiel für Technikdeterminismus kann Wehnerts Studie zu Literaturmuseen und neuen Medien aufgeführt werden[12], in der schwerpunktmäßig neue multimediale Technologien für die Ausstellungsgestaltung analysiert werden und am Rande auch Überlegungen zu Webpräsentationen von Literaturmuseen zu finden sind. Die Studie ist ein Plädoyer für den verstärkten Einsatz neuer Medien in Literaturmuseen, was mit der historischen Entwicklung der Medien begründet wird.[13] Da es sich bei dem Umgang mit PC und Internet inzwischen um die „vierte Kulturtechnik"[14] handle und diese in der Gesellschaft eine immer wichtigere Rolle spiele, sollten diese auch verstärkt im Museum Einsatz finden. Technologische Entwicklungen müssen von Literaturmuseen umgehend aufgegriffen werden, sobald sich diese als Trends in der breiten Masse etab-

11 Qubeck 1999, S. 9

12 Wehnert 2002

13 vgl. Wehnert 2002, S. 7

14 Wehnert 2002, S. 7

liert haben, da sonst das Hauptziel dieser Einrichtungen, das Hinführen zur Lektüre literarischer Texte, nicht erreicht werden kann:

„Wer sich den Trends der modernen Gesellschaft verschließt, trägt dazu bei, dass sich die Kluft zwischen gut informierten Lesern und lektüreabstinenten Unwissenden weiter vergrößert.“[15]

Einige Seiten zuvor wurde von Wehnert noch gemutmaßt, dass keine kritischen Impulse mehr von der Kunst ausgingen, wenn sich Ausstellungsmacher und Museumsgestalter ausschließlich der Akzeptanz der breiten Masse verpflichten würden.[16] Und auch ein indirekter Verweis[17] auf Walter Benjamin fehlt nicht, wenn die Frage aufgeworfen wird, ob die „Massenrezeption des Kunstwerks“ zur „Zerstörung seiner Aura“[18] führe, jedoch wird darauf nicht weiter eingegangen (zur Kritik der „Aura“ vgl. Abschnitt 4.2). Stattdessen wird mit Verweis auf Studien und Praxisbeispiele dargelegt, dass diese und andere Kritik nicht zutreffend sei:

„Die Argumentation der Gegner, dass Videopräsentationen oder Computeranimationen von der Literatur wegführen und der zunehmenden Visualisierung unserer Gesellschaft zu starken Tribut zollen, konnte nicht überzeugen.“[19]

Die Arbeit schließt darauf mit der Feststellung, man solle sich den Medien zuwenden, die potentielle Besucher eines Literaturmuseums primär nutzen, um somit die breite Masse zu erreichen: „Für die Kulturmanager sollte das Hauptziel ihrer Tätigkeit zukünftig also darin bestehen, bei weiteren Publikumsschichten als bisher Interesse für ihre Inhalte zu generieren.“[20] Auch wenn diesen Aussagen prinzipiell zuzustimmen ist, kann die sich teilweise selbst widersprechende Argumentation von Wehnert nicht klären, welche

15 Wehnert 2002, S. 67

16 vgl. Wehnert 2002, S. 23

17 Wehnert zitiert hier Glaser, der sich wiederum auf Benjamin bezieht (vgl. Glaser 1990).

18 Wehnert 2002, S. 19

19 Wehnert 2002, S. 192

20 Wehnert 2002, S. 183

Funktion hierbei die neuen Medien übernehmen können beziehungsweise sollen.

Ein anderes technikdeterministisch argumentierendes Vorgehen, das diese Perspektive ebenso ausblendet, ist häufig zu beobachten. Exemplarisch hierfür sei der Sammelband „Atelier und Dichterzimmer in neuen Medienwelten" genannt, der eine im Mai 2004 durchgeführte Tagung zu Literaturmuseen und Künstlerhäusern unter gleichem Titel dokumentiert.[21] Obwohl im Titel ausdrücklich auf die „Neuen Medienwelten" verwiesen wird, sind in zehn von siebzehn in diesem Band versammelten Beiträgen keinerlei Überlegungen zu dieser Thematik zu finden. Stattdessen werden in diesen Artikeln die aktuellen, mit traditionellen Medien gestalteten Ausstellungskonzepte diverser Museen und Künstlerhäuser vorgestellt. Nur in einem Nebensatz findet sich in dem einen oder anderen Aufsatz eine kurze Bemerkung, dass der Einsatz neuer Medien sicherlich „irgendwie" (vgl. unten) denkbar und wünschenswert wäre. In dem Beitrag der Mitherausgeberin findet sich zwar noch der Hinweis, dass die „für die Medienumbrüche kennzeichnenden Prozesse der Technisierung und Digitalisierung [...] sich paradigmatisch in der Ausstellungsinszenierung in Künstlerhäusern nachvollziehen und beschreiben [lassen]."[22] Doch in den meisten Beiträgen fehlt eben diese geforderte Reflexion und Beschreibung. So heißt es beispielsweise in dem letzten Satz des Artikels über das Brecht-Haus in Berlin, dass ein multimedialer Bereich für das Haus angedacht sei.[23] Dieser „soll und kann natürlich den Besuch der Gedenkstättenräume nicht ersetzen, wäre aber eine ideale Ergänzung und gleichzeitig eine Einstimmung auf den Museumsbesuch."[24] Anhand dieser kurzen Aussage werden exemplarisch mehrere Problemstellen sichtbar: So scheint vorausgesetzt, dass die neuen Medienwelten aufgrund der technischen Entwicklung „irgendwie" einbezogen werden müssen, da diese etwas „ergänzen", was von den bisherigen Medien nicht geleistet werden konnte. Jedoch fehlen Analysen und Überlegungen, welche Leerstellen gefüllt werden sollen. Man beschäftigt sich mehr oder weniger zwangsweise in einem Nebensatz mit der Thematik, sie wird jedoch nicht als notwendig erachtet. Dies lässt sich beispielsweise an den

21 Autsch et al. 2005

22 Autsch 2005, S. 50

23 vgl. Pfeil 2005, S. 151

24 Pfeil 2005, S. 151

Ausführungen von Seibert in diesem Sammelband zeigen.[25] Ausgehend von einer kurzen Auseinandersetzung mit Inszenierungen im Kontext des Aura-Konzeptes, das im Abschnitt 4.2 noch einer ausführlichen Kritik unterzogen wird, stellt Seibert folgende Frage:

> „Wenn Aura und Authentizität nur Effekte von Inszenierungen sind, warum sollten – gegen die These Benjamins – nicht auch den neuen Medien solche Inszenierungen gelingen?“[26]

Allerdings ist dies der letzte Satz des Beitrags. An der eigentlich entscheidenden Stelle wird abgebrochen und der Anschein erweckt, dass hier nicht weitergedacht werden müsse. Denn geht man davon aus, dass die neuen Medien unvermeidlich ein Teil des Museums werden, wird sich schon zeigen, ob dies zutrifft. Es ist offensichtlich, dass eine solche Haltung eine kritische Reflexion im Vorfeld ausblendet.

Zudem bleibt noch zu bemerken, dass die sieben Beiträge in dem Tagungsband, die sich intensiv mit der Thematik beschäftigen und sich um eine reflektierte Analyse bemühen, letztlich auch bei einer technikdeterministischen Haltung enden. So stellt Zeuch beispielsweise die Fragen,

> „[...] ob sich durch die Präsenz von audiovisuellen und elektronischen Medien im Alltag die Erwartung der Besucher an Museen verändert [...] und ob das Rezeptionsverhalten der Besucher dadurch anders geworden ist.“[27]

Beides wird bejaht, wenn auch betont wird, dass die „Möglichkeiten von Multimedia nicht überschätzt werden sollen.“[28] Anhand der weiteren Argumentation wird das technikdeterministische Verständnis noch deutlicher. Da sich das Besucherverhalten durch die technische Entwicklung verändert, hat bei Museumsbesuchern „die Bereitschaft, große Textmengen aufzunehmen und reflexiv zu bewältigen, abgenommen und die Erwartung, Inhalte medial aufbereitet präsentiert zu bekommen, ist gestiegen.“[29] Gefol-

---

25 Seibert 2005

26 Seibert 2005, S. 258

27 Zeuch 2005, S. 201

28 Zeuch 2005, S. 202

29 Zeuch 2005, S. 204

gert wird dann, dass das Museum eben deshalb Häppchen liefern müsse, weil der Besucher ansonsten überfordert werde. Eine solche Argumentation zeigt damit erneut die Problematik solcher technikdeterministischen Positionen auf. Die Überlegung, dass ein Museum vielleicht gerade deswegen große Textmengen präsentieren sollte, weil diese eben die „kulturelle Bildung" wichtig sein könnten, wird ausgeblendet. Anhand solcher Argumentationsmuster wird ersichtlich, welche Optionen durch eine solche Haltung aus dem Blickfeld geraten.

2.1.3 „Web 2.0"- Phase (2004-2008)

Als aktuelles Beispiel für technikdeterministische Positionen soll der 2009 erschienene Sammelband „Virtuelle Welten als Basistechnologie für Kunst und Kultur?"[30], der im Rahmen des kulturwissenschaftlichen Forschungskollegs der Universität Siegen im Jahr 2008 entstanden ist, kurz Erwähnung finden, da sich auch hier ähnliche Muster ablesen lassen.[31] Viele der Autorinnen und Autoren dieses Sammelbandes forschen überwiegend im Bereich der Schnittstelle zwischen Informatik und Kulturwissenschaft und legen deshalb den Schwerpunkt auf die technischen Aspekte „virtueller Welten", worauf hier nicht weiter eingegangen werden muss. Entscheidend ist auch hier wieder, die Argumentationsmuster herauszufiltern, die als Begründung für den Einsatz solcher Technologien im Kulturbereich genannt werden. Exemplarisch hierfür ist folgender Abschnitt aus einem Beitrag, der sich mit der Gestaltung der Interfaces für Anwendungen im Kunst- und Kulturbereich auseinandersetzt und damit die Notwendigkeit wie folgt begründet:

> „In der Post-PC-Ära werden Computer- und Netzwerktechnologien zunehmend in räumliche Kontexte integriert [...] darüber hinaus werden sie Bestandteil von alltäglichen Gegenständen wie Rollläden oder Türschlösser [...] und Tätigkeiten wie Telefonieren, Fotografieren, Musik hören oder Lösen eines Billets am Fahrkartenautomat und sind, genau betrachtet, Interaktionen mit einem Computer."[32]

---

30 Bogen et al. 2009

31 Vergleichbares ist in vielen ähnlichen Tagungsdokumentationen zu finden, zum Beispiel Sieck und Herzog 2006.

32 Doulis et al. 2009, S. 56

Aufgrund dieser Entwicklung, dass alles überall von den Computerwelten erfasst wird und letztendlich nahezu alles Interaktion mit Computern ist, wird gefolgert, dass hier auch der Kulturbetrieb mithalten und mitmachen muss. Wenn der Einsatz neuer Medien unausweichlich ist, wird die Frage nach dem „Warum" überflüssig. In einem anderen Beitrag des Tagungsbandes wird ebenso deutlich, dass man, gefangen in einer solchen technikdeterministischen und euphorischen Haltung, nicht zu einer kritischen Bewertung kommen kann:

> „Schon seit einigen Jahren scheint es, dass Künstler den Anschluss an den technischen Fortschritt verloren haben und mit der immer schneller werdenden Entwicklung von Technologien nicht mehr Schritt halten können."[33]

Im Weiteren wird ausgeführt, dass diese Haltung der Künstler nicht zu begrüßen ist. Hier zeigt sich erneut die Schwäche eines technikdeterministischen Verständnisses: Es wird gar nicht in Betracht gezogen, dass diese zögerliche Haltung der Künstler und des Kulturbetriebs durchaus positiv bewertet werden könnte. Der Hinweis, dass es virtuelle Welten immer schon gegeben habe und diese eine „Mitrealität einer jeden künstlerisch-malerischen Betätigung"[34] seien und bereits im Paläolithikum in Form der Höhlenmalerei, zum Beispiel[35] die Tierwelt von Lascaux, zu identifizieren seien, scheint berechtigt, löst aber die Problematik nicht auf. Die darauf folgende positive Hervorhebung, dass sich noch vor einigen Jahrzehnten die Künstler an den technologischen Entwicklungsprozessen aktiv beteiligten[36], zeigt erneut die Schwäche eines solchen argumentativen Vorgehens auf. Blickt man etwa auf den italienischen Futurismus[37], um nur ein Beispiel zu nennen, so wird deutlich, dass diese Technikeuphorie der Künstler einer differenzierteren Bewertung unterzogen werden muss und nicht per se positiv gesehen werden kann.

---

33 Wacker et al. 2009, S. 87

34 Wacker et al. 2009, S. 87

35 vgl. Winter 2009, S. 7

36 vgl. Winter 2009, S. 7

37 vgl. dazu etwa Bartsch 2002

2.1.4 Social-Web-Phase (seit 2008)

Abschließend soll hier noch eine Publikation betrachtet werden, die im Rahmen einer Kooperation des Historischen Museums Frankfurt mit der Schweizer Kulturinstitution, dem Ausstellungshaus „Stapferhaus Lenzburg" entstanden und 2012 unter dem Titel „Das partizipative Museum. Zwischen Teilhabe und User Generated Content"[38] erschienen ist. In diesem Sammelband finden sich Beiträge, die im Kontext zweier Tagungen im Jahre 2010 und 2011 entstanden sind und in denen vor allem die geplante „partizipative" Neuausrichtung der zwei genannten Einrichtungen sowie die Idee des „partizipativen Museums" im Allgemeinen thematisiert werden.[39] In den knapp vierzig Beiträgen, die überwiegend von (wissenschaftlichen) Museumsmitarbeiterinnen und Mitarbeitern verfasst sind, wird – von wenigen Ausnahmen[40] abgesehen – beinahe ausschließlich technikdeterministisch argumentiert. Nahezu alle Autorinnen und Autoren gehen davon aus, dass sich die Gesellschaft durch die Technologien verändert habe und sich deshalb das Museum ebenfalls verändern müsse: einerseits, um „zeitgemäß" zu bleiben, und anderseits, um weiterhin für Besucher attraktiv zu sein. Ein solches Verständnis impliziert, dass Kultureinrichtungen die gesellschaftlichen Veränderungen nicht mitgestalten, sondern nur darauf reagieren. In einem Beitrag des Leiters des Historischen Museums Frankfurt heißt es beispielsweise, sein Haus „reagiert [...] auf die gesellschaftlichen Veränderungen der letzten Jahrzehnte."[41] Ausgelöst wird die Reaktion durch die Veränderungen, die das *Web 2.0* hervorgerufen hat. Da das Internet nun „partizipatorisch" sei, müsse die Museumsarbeit ebenfalls „partizipatorisch" werden:

> „Mit der partizipatorischen Ausrichtung der Museumsarbeit reagieren wir auch auf die Herausbildung der Wissensgesellschaft. Durch das Web 2.0 wird eine neue Wis-

38 Gessner et al. 2012a

39 vgl. Gessner et al. 2012c, S. 10

40 Insbesondere sind als Ausnahme zu nennen: Hächlers Beitrag zur Szenografie (vgl. Hächler 2012) sowie die Artikel von Jank 2012, Vogelsang 2012 und das kritische „Plädoyer" von Imhof (vgl. Imhof 2012). Bis auf Hächler werden die Beiträge dieser Autoren deshalb an anderer Stelle dieser Arbeit aufgegriffen.

41 Gerchow et al. 2012, S. 25

senskultur geprägt. Der Internetuser ist mehr als nur ein Besucher von Websites und diese im Netz gemachten Erfahrungen überträgt er auch auf die etablierten Kulturinstitutionen. Partizipation und Integration von Benutzern in die Generierung von Ausstellungen und Programmen, in die Dokumentation und Publikation von Sammlungen, das ist der Weg, den das Web 2.0 weist."[42]

Ebenfalls sei durch das *Web 2.0* ein „gewachsener Anspruch auf Partizipation entstanden"[43], was unter anderem auch dazu geführt habe, dass weniger lebenslange Bindungen zu Parteien, Kirchen, Vereinen und vielen ähnlichen „Institutionen" eingegangen werden. Die Schlussfolgerung ist, dass ein Museum auf „all diese Veränderungen [...] reagieren [muss]. Wenn es Teil der Gesellschaft sein will, muss es auch Möglichkeiten dafür bieten, dass man teil-haben (sic!) kann, das heißt, es muss Anknüpfungspunkte bieten und Möglichkeiten, sich zu engagieren, seine Erfahrung und seine Expertise einzubringen."[44]

Und dies ist, wie bereits angemerkt, keine Einzelposition. In dem Beitrag der Leiterin des Stapferhaus sind ähnliche Argumentationsmuster zu erkennen. Hier wird beispielsweise an einer Stelle festgestellt: Die „Gegenwart verlangt nach Partizipation."[45] Auch in der Einführung des Sammelbands, in der versucht wird, die Positionen der einzelnen Artikel zusammenzufassen, heißt es dann:

„Die Forderung nach mehr Partizipation im Museum kommt nicht aus heiterem Himmel, sondern ist die Folge von gesellschaftlichen Transformationsprozessen [...] Es ist Aufgabe des Museums, sich in dieser komplexen Gegenwartsgesellschaft ein zeitgemäßes Profil zu geben."[46]

Die Schwäche solcher Argumentation kann ein kleines Gedankenexperiment aufzeigen: Nach dieser Logik müssten Kultureinrichtungen auf jeden Trend der Medien reagieren und ebenfalls so agieren, da sie sonst kein Teil der Gesellschaft sein können. Wenn also im Privatfernsehen Casting-Shows

---

42 Gerchow et al. 2012, S. 27

43 Gerchow et al. 2012, S. 28

44 Gerchow et al. 2012, S. 28

45 Handschin et al. 2012, S. 34

46 Gessner et al. 2012b, S. 72

dominieren, müsste eine Kultureinrichtung ebenso ihren Beitrag in Form von Casting-Shows leisten, um „zeitgemäß“ und „Teil der Gesellschaft“ zu sein.[47]

Und noch eine zweite technikdeterministische Anschauung wird von Grechow, Gessner et al. proklamiert. Da das *Social Web* zur Aufwertung der Amateure und des Erfahrungswissens gegenüber dem Expertentum tendiere (vgl. Abschnitt 1.2), wird im Anschluss an Nowotny und Scott[48] eine „Krise der Wissenschaften“[49] ausgerufen. Grechow et al. sind deshalb davon überzeugt, dass man sich nun von dem falschen Glauben befreien könne, „dass die Wissenschaft alle Probleme lösen wird.“[50] Auch hier ist anzumerken, dass ein kritischer Umgang mit dem Nutzen von Wissenschaft und wissenschaftlichen Erkenntnissen sicherlich prinzipiell eine gewisse Berechtigung hat (vgl. dazu auch Abschnitt 4.4), die Begründung mit Rückgriff auf technikdeterministische Positionen jedoch wenig überzeugt und für den kritischen Umgang mit den neuen Medien keine Hilfe darstellen kann.

Wie bereits angedeutet, soll der Weg aus der Misere durch das in den letzten Jahren vor allem von Simon proklamierte Konzept des „partizipativen Museums“ gefunden werden.[51] In ihrem 2010 erschienenen Buch „The participatory museum“ argumentiert die amerikanische Museumsexpertin, dass sie für Museen nur eine Zukunft sehe, wenn sich diese auch[52] partizipatorischer Mittel bedienen. Die Ursache erklärt sie folgendermaßen:

---

47 Wie bereits angemerkt, ist dies nur ein Gedankenexperiment und keine Aussage über das Privatfernsehen – vgl. Enzensberger „Das Nullmedium oder Warum alle Klagen über das Fernsehen gegenstandslos sind“ (Enzensberger 1988 sowie ausführlicher in Abschnitt 3.4).

48 vgl. Nowotny et al. 2004

49 Gerchow et al. 2012, S. 27

50 Gerchow et al. 2012, S. 27

51 In dem Sammelband von Gessner, Handschin et al. findet sich auch ein Beitrag von Nina Simon, der einer gekürzten Fassung des ersten und zweiten Kapitels ihres Buches entspricht (vgl. Simon 2012, S. 95ff). Im Folgenden wird aus dem Originaltext zitiert.

52 Simon betont, dass partizipative Methoden andere Methoden nicht komplett ersetzen sollten, sondern parallel zu diesen bestehen sollten oder diese ergänzen müssten (vgl. Simon 2010, S. 3).

„The cultural and technological shifts that accompanied the rise of the social Web have changed people's expectations of what makes experiences worthwhile or appealing. People assume the right to co-opt and redistribute institutional content, not just look at it."[53]

Simon definiert deshalb eine partizipatorische Kultureinrichtung als einen Ort des Schaffens, Teilens, Zusammenkommens im Kontext von Inhalten („a place where visitors can create, share, and connect with each other around content"[54]). Sie möchte damit die Besucher aus der Rolle der „passive consumers" befreien und zu „cultural participants" machen:

„As more people enjoy and become accustomed to participatory learning and entertainment experiences, they want to do more than just 'attend' cultural events and institutions. The social Web has ushered in a dizzying set of tools and design patterns that make participation more accessible than ever. Visitors expect access to a broad spectrum of information sources and cultural perspectives, they expect the ability to respond and be taken seriously. They expect the ability to discuss, share and remix what they consume."[55]

Auch wenn diese Idee des „partizipativen Museums" sicherlich grundsätzlich zu begrüßen ist, ist die technikdeterministische Begründung, wie aufgezeigt, fraglich. Denn – wie eigentlich auch Simon treffend bemerkt – „Participation is not new."[56] Es hat deshalb viele Vorteile und eröffnet zudem im Kontext von Kunst und Kultur einen anderen Blick, wenn ein Plädoyer für partizipative Ansätze auf einer anderen theoretischen Ebene geführt wird (vgl. dazu Kapitel 4). Vogelsang ist einer der wenigen[57] in dem Sammelband, der indirekt auf diese Determinismus-Problematik hinweist.[58] So versieht er die Frage nach gesellschaftlicher Notwendigkeit von *Social Media* mit einem Fragezeichen[59] und erklärt mit Blick auf die „Pauschalkri-

53 Simon 2010, S. 350

54 Simon 2010, S. 2

55 Simon 2010, S. 2

56 Simon 2010, S. 2

57 Zu weiteren Ausnahmen vgl. auch Fußnote oben.

58 vgl. Vogelsang 2012, S. 203ff

59 vgl. Vogelsang 2012, S. 208

tiker" und die Web-Enthusiasten das Determinismus-Problem folgendermaßen:

„Sowohl die Paulschalkritiker von Social Media als auch diejenigen, die sie als treibende Kraft des Guten betrachten, müssen sich den Vorwurf des Determinismus gefallen lassen. Medien schaffen zwar einen gewissen Rahmen, können die eigene Nutzung jedoch nur bedingt determinieren. So kann man im Museumsbereich Social Media als reines Marketingtool nutzen [...] Man kann aber auch in neue Formen des Dialogs mit dem Besucher treten, kann ihn in die Hintergründe der Museumsarbeit einführen und ihn um seine Meinung bitten und so zu einer intensiven Auseinandersetzung kommen, die sonst nur im persönlichen Gespräch möglich ist."[60]

Mit dem Verweis auf Simon und deren partizipativen Ansatz bemerkt Vogelsang, dass hier vielmehr die Rolle der Kuratoren und der Museumsmitarbeiter angegriffen wird. Denn Beteiligung der Besucher heißt letztendlich immer, dass sich die Beteiligung der Museumsmitarbeiter zumindest verschiebt, wenn nicht sogar komplett ändert. „Es handelt sich letztendlich wieder um die klassische Machtdiskussion Kurator vs. Publikum, die sich zur Abwechslung die sozialen Medien als Spielfeld ausgesucht hat."[61]

Abschließend ist nochmals zu betonen, dass die hier geübte Kritik an technikdeterministischen Ansätzen nicht als Aufruf zum Verzicht auf sämtliche technologischen Neuerungen verstanden werden darf. Auch soll damit nicht negiert werden, dass durch Technologien Veränderungsprozesse angestoßen werden. Vielmehr soll lediglich die Problematik dieser Argumentationsmuster aufgezeigt werden. Treffend brachten dies bereits Clemens und Wolters in einem bereits im Jahr 1996 erschienenen Artikel zur Zukunft des Museums „auf dem Weg vom Papier zum Computer" auf den Punkt:

„Wie in allen anderen Arbeitsbereichen wird der Computer auch im Museum die Arbeit und die Arbeitsplätze peu à peu sehr stark verändern, nicht zuletzt die Arbeitsteilung zwischen Wissenschaft und Verwaltung. Und wenn man sich dabei von den Sirenenklängen der Computerenthusiasten betören lässt und ‚computer'- und nicht ‚museumsgerecht' vorgeht, werden – schon wegen der schier unüberwindli-

---

60 Vogelsang 2012, S. 208

61 Vogelsang 2012, S. 208

chen Blödheit des Geräts – einige Dinge, die uns lieb und wert waren, auf der Strecke bleiben."[62]

2.2 ÖKONOMISCHE ARGUMENTATIONSANSÄTZE

Als „ökonomische Argumentationsmodelle" sollen solche Ansätze verstanden werden, die Kostenersparnisse bei Kunstvermittlung und Kulturmarketing mit neuen Medien in den Vordergrund stellen und den Einsatz von IT und Internet primär deshalb empfehlen, um Wettbewerbsnachteilen zu entgegnen. Die Verwendung des Begriffs „Kosten" beschränkt sich in diesem Abschnitt nicht nur auf monetäre Größen, bei den in diesem Abschnitt untersuchten Arbeiten sind auch andere „ökonomische" Aspekte wie Ressourcenverfügbarkeit, Zeit, Aufwand und Ähnliches im Blick.

Die zuvor erwähnte Studie von Qubeck verstärkt beispielsweise die technikdeterministische Argumentation mit Hinweis auf die Kostenersparnis. Da sich die Museen „in einem verschärften Konkurrenzkampf um das begrenzte Budget öffentlicher und privater Geldgeber [befinden]"[63], sollen diese verstärkt die Möglichkeiten des Internets nutzen. Qubeck fordert eine „stärkere Professionalisierung des Marketings"[64], das insbesondere durch die neuen Medien kostengünstiger zu realisieren sei.

2.2.1 Frühphase (bis 1998)

In dem Ende der Neunziger entstandenen[65] und 2001 im Jahrbuch für Kulturmanagement erschienenen Aufsatz von Jürgens, in dem sich wohl erstmals in dieser Form mit der Frage nach dem Internet als Forschungsfeld für das Kulturmanagement auseinandergesetzt wird, ist Ähnliches nachzulesen: Jürgens stellt darin fest, dass es unter

62 Clemens und Wolters 1996, S. 8.

63 Qubeck 1999, S. 54

64 Qubeck 1999, S. 54

65 Der auf Ergebnisse eines Projektes mit Studierenden im Jahr 1999/2000 zurückreicht (vgl. Jürgens 2001, S. 100).

„[...] den frühen Internet-Publikationen (seit Mitte der 90er Jahre) [...] bemerkenswert viele Titel [gibt], die das neue Multimedium unter ‚Marketing'-Gesichtspunkten erörtern."[66]

Anders als in vielen anderen Arbeiten zu dieser Zeit merkt Jürgens jedoch an, dass dies nur ein mögliches Forschungsfeld sei.[67] Neben dem „anwendungsinteressierte[n] (Stichwort: Kommerzialisierung)"[68] Gesichtspunkt sieht Jürgens kommunikationswissenschaftliche und medienspezifische Forschungsrelevanz. Selbst widmet er sich in diesem Artikel dann nahezu ausschließlich dem zuerst genannten Gesichtspunkt und geht der Frage nach den Einsatzmöglichkeiten von Websites für Marketing und PR im Kulturbereich nach.[69] Der Artikel ist jedoch bemerkenswert, da hier das Defizit einer einseitig ökonomischen Argumentation erkannt wird, was viele andere Arbeiten vermissen lassen.

2.2.2 Dotcom-Boom-Phase (1999-2003)

Die 2001 unter dem Titel „Museumsinformatik und digitale Sammlungen" erschienene Studie von Krämer ist ebenfalls beachtenswert. Obwohl hier der Schwerpunkt auf Collection-Management-Systemen für Museen liegt und nur am Rande die Möglichkeiten des Internets für die Kunstvermittlung behandelt werden, ist diese Arbeit dennoch deshalb erwähnenswert, da sie sich besonders deutlich auf ökonomische Gründe für den Einsatz neuer Medien im Museum beruft:

„Angesichts der Knappheit öffentlicher Mittel ist in letzter Zeit eine Verschärfung der Situation eingetreten. Die Museen stoßen an ihre Grenzen. Können sie ihre traditionellen Aufgaben des Sammelns, Bewahrens, Forschens und Vermittelns heutzutage überhaupt noch umfassend wahrnehmen? Die Antwort dieser Frage liegt, so scheint es, in der zukunftsträchtigen Innovationskraft der Informations- und Kommunikationstechnologien."[70]

66 Jürgens 2001, S. 97

67 vgl. Jürgens 2001, S. 97

68 Jürgens 2001, S. 97

69 vgl. Jürgens 2001, S. 97

70 Krämer 2001, S. 24

Der Hinweis auf die „Innovationskraft“ deutet zwar an, dass hier nicht ausschließlich Kostenersparnisse gesehen werden, sondern ebenso die neuartigen Möglichkeiten, die sich durch den Einsatz von IT im Kulturbereich ergeben könnten. Trotzdem betont Krämer immer wieder die ökonomischen Aspekte; und im Unterschied zu vielen ähnlichen Studien geht diese Arbeit, die noch vor dem Platzen der ersten Dotcom-Blase entstanden ist, sogar so weit, durch den Einsatz elektronischer Medien für Museen neue Einkommensquellen zu prognostizieren:

> „In einer Gesellschaft, die mit Informationen wie mit Rohstoffware handelt, besitzen digitale Sammlungen und deren Eigentümer einen unschätzbaren ökonomischen Wert [...] Dies ist ein Kapital, dessen sich die Museen, Archive, Bibliotheken und auch andere kunstwissenschaftliche Institute bewusst werden müssen.“[71]

Es soll hier nicht abgestritten werden, dass Informationen und „Content“ einen Wert (oder sogar einen Marktwert) haben und durchaus als begehrte „Handelswaren“[72] verstanden werden können und man in diesem Kontext die Rolle der Museen als „Content-Provider“[73] sehen könnte. Jedoch stellt sich die Frage, ob solche ökonomischen Aspekte primär entscheidend sind. In der Arbeit wird diese Frage nur am Rande thematisiert. Aber Krämer stellt dar, dass es entscheidend sei, „museumsgerecht“ vorzugehen und sich nicht von den „Computerenthusiasten“ überrennen zu lassen[74] und verweist somit auf die fehlende, aber eigentlich notwendige weitere tiefergreifendere (kultur)theoretische Auseinandersetzung.

Als ein weiteres exemplarisches Beispiel für einen primär ökonomisch argumentierenden Ansatz sei hier die 2003 erschienene Arbeit von Schlemm genannt, in der für den verstärkten Einsatz von IT im Kulturbereich mit Hinweis auf die Notwendigkeit durch die Veränderung des Marktes sowie durch das sich dadurch geänderte Verbraucherverhalten verwiesen wird:

---

71 Krämer 2001, S. 170

72 vgl. Krämer 2001, S. 170

73 Krämer 2001, S. 170

74 vgl. Krämer 2001, S. 25

„Insbesondere Kulturanbieter sehen sich einer größer werdenden Konkurrenz von Freizeit- und Unterhaltungsangeboten der Medienindustrie und kommerzieller Veranstalter gegenüber. Die Konsumenten haben eine immer vielfältigere Auswahl, ihre Zeit auf verschiedene Freizeitangebote zu verteilen. Doch die hohen Aufwendungen für die Gewinnung von Kunden durch Werbung laufen zunehmend ins Leere."[75]

Um diese hohen Marketing-Aufwendungen effektiver zu gestalten, empfiehlt Schlemm, „dass jedem (auch kleineren) Theatern das Setzen auf kundenorientierte Informationssysteme anzuraten ist, damit es in absehbarer Zukunft nicht gravierende Wettbewerbsnachteile in Kauf nehmen muss."[76] Sicherlich ist dies zutreffend, jedoch stellt sich die Frage, ob ein Ansatz, der Kultureinrichtungen im Blickpunkt hat, überzeugen kann, wenn ausschließlich die ökonomischen Vorteile von Informationssystemen genannt werden.

Ein weiteres Beispiel für die Berufung auf betriebswirtschaftliche Notwendigkeiten ist die 2003 erschienene Studie von Narayan-Schürger zur Bedeutung von Informationssystemen im Marketing und in der Pädagogik von Kunstmuseen. Auch diese Arbeit ist ein Plädoyer für den verstärkten Einsatz neuer Medien in der „Schnittmenge zwischen Museumsmarketing und Museumspädagogik."[77] Grundlage bieten die in der Einleitung treffend dargestellten Forschungsdefizite in diesem Bereich, und es wird ausführlich dargestellt, dass

„[...] die wissenschaftliche Beachtung neuer Medien und auch neuer Informationstechnologie im Kontext klassischer Kunstmuseen und Kunsthallen nur sehr zögernd erfolgt. Ihre Wirkung auf das Besucherverhalten unter pädagogischen Betrachtungsweisen und Gesichtspunkten des Marketings wurde in wissenschaftlichen Veröffentlichungen bisher kaum oder nur am Rande thematisiert."[78]

Jedoch wird daraus nicht gefolgert, dass genau diese geringe Beachtung in der Wissenschaft dazu führt, dass neue Medien in Kunstmuseen eine geringe Rolle spielen. Vielmehr nimmt Narayan-Schürger an, dass

75 Schlemm 2003, S. 13

76 Schlemm 2003, S. 102

77 Narayan-Schürger 2003, S. 12

78 Narayan-Schürger 2003, S. 1

„[...] viele Kunstmuseen und Kunsthallen [...] die Auffassung [vertreten], dass Besucher in erster Linie aufgrund eines authentischen Erlebens der ausgestellten Kunstwerke das Museum besuchen und eine zusätzliche Vermittlung unter Nutzung neuer Medien eher störend wirkt.“[79]

Neben dieser Annahme werden noch drei weitere Punkte genannt: erstens die Unklarheiten über die Einsatzmöglichkeit neuer Medien, zweitens die fehlenden technologischen Entwicklungsstandards beziehungsweise teilweise fehlende Kenntnisse über vorhandene Möglichkeiten und drittens die hohen Kosten beziehungsweise eine unklare „Kosten-Nutzen-Relation“, die nach Narayan-Schürger viele Kunstmuseen von Einzelrealisierungen abschrecken[80]. Gerade der Hinweis auf eine „Kosten-Nutzen-Relation“ macht deutlich, wie hier ökonomische Überlegungen im Vordergrund stehen. An einer anderen Stelle, an der über die Medienstrategie im Allgemeinen reflektiert wird, ist ebenfalls deutlich zu erkennen, dass zu Gunsten eines erfolgreichen Marketings primär die Vorstellungen der Museumsbesucher berücksichtigt werden sollen:

„Zu einer erfolgreichen Medienstrategie gehört insbesondere eine Ausrichtung auf die Ziele, Bedürfnisse und Erwartungen des Konsumenten. Bezogen auf die Museumsarbeit bedeutet dies, dass sich neue Medien in der Vermittlungsarbeit und im Marketing nur dann erfolgreich einsetzen lassen, wenn bei ihrer Gestaltung die Wünsche und Vorstellungen der Besucher berücksichtigt werden.“[81]

Im Grundansatz ist dies auch nicht zu kritisieren, für ein besucherorientiertes Konzept sprechen sicherlich viele Gründe, jedoch ist hier durchaus nachvollziehbar, dass einer solchen Argumentation, die von „Konsumenten“ spricht, deren „Wünsche“ möglichst zu erfüllen sind, einige Akteure im Kulturbetrieb, insbesondere aus der Kulturvermittlung und Wissenschaft, mit Kritik begegnen. Auch bei aktuelleren Publikationen ist dieses Argumentationsmuster weiterhin präsent und dominant. In der bereits genannten Publikation zum „Partizipative[n] Museum“[82], die, wie bereits in

79 Narayan-Schürger 2003, S. 1

80 vgl. Narayan-Schürger 2003, S. 2

81 Narayan-Schürger 2003, S. 60

82 Gessner et al. 2012a

Abschnitt 2.1 beschrieben, primär technikdeterministisch argumentiert, kommen ergänzend ökonomische Argumente hinzu:

„[...] zu den gestiegenen inhaltlichen Ansprüchen kommt der finanzielle Druck – die Museen müssen ihr Dasein je länger, je mehr mit einem konkreten Nutzen legitimieren können, um weiter mit der Unterstützung durch die öffentliche Hand rechnen zu dürfen. Und schließlich muss das Museum verstärkt um die Gunst des Publikums buhlen. Im ‚Kampf um Aufmerksamkeit' müssen sie nach neuen Wegen suchen, das Publikum längerfristig an sich zu binden."[83]

2.2.3 „Web 2.0"-Phase (2004-2008)

Als weiteres Beispiel sei hier ein Tagungsband genannt, der die Ergebnisse einer im September 2009 durchgeführten Tagung („stART-Conference") zum Thema „Kultur 2.0", also den Kulturbetrieb und dessen Aktivitäten im *Web 2.0* zusammenfasst und exemplarisch die Argumentation der „Web 2.0"-Phase im Kulturbereich von etwa 2004 bis 2008 dokumentiert.[84]

Auch wenn sich in diesem Band, in dem neben Wissenschaftlerinnen und Wissenschaftlern auch viele einflussreiche Social-Media-Expertinnen und Experten sowie Bloggerinnen und Blogger[85], Online-Verantwortliche von Kultureinrichtungen zu Wort kommen, nicht ausschließlich ökonomisch argumentierende Beiträge befinden (Details siehe Abschnitt 2.3), sind diese jedoch in der Überzahl. Meist werden die monetären Vorteile des Online-Marketings gegenüber dem klassischen Marketing betont und auf die knappen Kassen im Kulturbereich und die Weltwirtschaftskrise verwiesen. Trotzdem müssten die Kulturinstitutionen Leistung erbringen – und „das alles mit einem oftmals sehr geringen Budget für Marketing/PR und bei steigender Anzahl konkurrierender Kulturangebote."[86] Mit den neuen

83 Gessner et al. 2012b, S. 72

84 Scheurer und Spiller 2010

85 Unter anderem Christian Henner-Fehr (kulturmanagement.wordpress.com), Karin Janner (www.kulturmarketingblog.de), Gerd Leonhard (www.medifuturis.com), Patrick Breitenbach (brainblogger.de), Christian Holst (kulturblog.net), Kerstin Hoffmann (www.kerstin-hoffmann.de/pr-doktor/), Ulrike Schmid (kulturzweinull.eu) und Frank Tentler (www.franktentler.com).

86 Janner 2010, S. 119

Möglichkeiten von *Web 2.0* und *Social Media* haben nach Janner die Kultureinrichtungen „nun Werkzeuge in der Hand, mit denen sie auch mit einem kleinen Budget sehr viel erreichen können."[87] Auch wenn diesen Argumenten zumindest grundsätzlich nichts entgegenzusetzen ist, zeigt sich hier erneut, dass solch eine ökonomische Argumentation nur einen Teilbereich der Problematik erfasst und zentrale, nicht direkt monetär messbare Aspekte ausklammert.

2.2.4 Social-Web-Phase (seit 2008)

Der im darauffolgenden Jahr erschienene Band „Social Media im Kulturmanagement", in dem die stART-Konferenz im September 2010 dokumentiert wird, zeigt ein ähnliches Bild[88], auch hier überwiegen ökonomische[89] Argumente. Bei 18 der 24 Artikel stehen die Vorteile des *Social Web* für das Online-Kulturmarketing im Fokus.[90] Zudem werden viele Projekte vorgestellt und auch hier primär der finanzielle Nutzen, beispielsweise bei der Besuchergewinnung betont.[91] Exemplarisch ist Winters Beitrag „Von der Push- zur Pull-Kultur(-innovation)" – der Keynote-Sprecher der Konferenz 2011, der als Professor an der Hochschule für Musik, Theater und Medien Hannover lehrt und forscht. Mit Verweisen auf soziologische, kommunikations- und wirtschaftswissenschaftliche Forschungen wird folgende These formuliert:

87 Janner 2010, S. 119

88 Neben den in der vorherigen Fußnote genannten sind hier Beiträge von vielen weiteren einflussreichen Bloggerinnen und Bloggern und Social-Media-Expertinnen und -Experten zu finden, unter anderem von David Röthler (www.netzkompetenz.at), Norbert Hayduk (hayduk.de), Sebastian Hartmann (museumsreif.posterous.com) und Axel Vogelsang (blog.hslu.ch/audienceplus/).

89 Ausnahmen sind unter anderem die Forschungsberichte (unter anderen Kaul 2011, Schmid 2011 und Frank 2011d)

90 So etwa Janner 2011, Kaiser und Hopf 2011, Kopka und Weber 2011 und Sonneburg 2011.

91 Beispielsweise bei Hartmann 2011, Lachermeier und Wach 2011, Drda-Kühn und Marschall 2011, Röthler und Wenzlaff 2011 sowie Simon 2011.

„Hier wird die These vertreten, dass sich verändernde und neue Herausforderungen und Möglichkeiten konkreter Leute, ihr kulturelles Leben im 21. Jahrhundert zu entwickeln und zu legitimieren, der wichtigste Bezugspunkt zur Entwicklung neuer Geschäftsmodelle ist.“[92]

An dieser Stelle ist noch schwer zu bestimmen, was unter „Geschäftsmodellen“ zu verstehen ist, was später präzisiert wird (vgl. unten). Mit „Veränderung“ wird auf die von Lull eingeführte historische Entwicklung von der „Push-Kultur“ (der Zeit vor dem *Social Web*) zur „Pull- oder On-Demand-Kultur“ durch die Möglichkeiten der sozialen Medien verwiesen.[93] Dabei versteht Winter unter „Push-Kultur“ ähnlich wie Lull eine Kultur „die wenige für viele gemacht haben“, während die Pull-Kultur eine Kultur ist, die „sich Leute selbst zusammengestellt haben.“[94] Und dies ist nicht technikdeterministisch gedacht, also nicht dadurch zu erklären, dass es die technischen Möglichkeiten gibt, sondern „weil sozial immer mehr erwartet wird, dass jeder irgendwie beteiligt wird.“[95] Doch die Analyse dieser gesellschaftlichen Veränderungen wird nicht genutzt, um die mögliche neue Rolle von Kunst und Kultur in der „On-Demand-Kultur“ zu verorten, sondern ist letztendlich nur Marktforschung. Denn Winter betont, dass es wichtig sei, den Unterschied zwischen der Push- und Pull-Kultur zu verstehen, denn dies sei die „Voraussetzung für die Entwicklung neuer Geschäftsmodelle für die Kultur im 21. Jahrhundert.“[96] Dass mit „Geschäftsmodelle“ es für Winter nur um ökonomische Aspekte geht, erfährt man kurz darauf:

„Am Ende des Tages geht es ja nicht um Kunst, sondern es soll Wert so geschöpft werden, dass Geld verdient werden kann.“[97]

An dieser Stelle sei noch auf die Publikationen des Deutschen Kulturrats verwiesen, die im Kontext der neuen Medien nahezu ausschließlich diesem ökonomischen Argumentationsmuster zuzuordnen sind. In der 2010 er-

92 Winter 2011, S. 153

93 vgl. Lull 2002 und Winter 2011, S. 153

94 Winter 2011, S. 175

95 Winter 2011, S. 175

96 Winter 2011, S. 154

97 Winter 2011, S. 178

schienenen Publikation „Digitalisierung: Kunst und Kultur 2.0“[98] wurden von den Herausgebern von „politik und kultur“ aus den letzten 50 Ausgaben dreizehn Artikel zum Thema Digitalisierung[99] ausgewählt. In den einleitenden Worten wird betont, dass sich die „Beschäftigung mit den Auswirkungen der Digitalisierung auf den Kunst- und Kulturbereich [...] seit einigen Jahren wie ein roter Faden durch die Arbeit des Deutschen Kulturrates [zieht].“[100] Jedoch wird schnell deutlich, dass es hier überwiegend[101] nur um die ökonomischen Auswirkungen geht. So drehen sich die Artikel um das Urheberrecht[102], um die Kulturflatrate[103], um die neuen Herausforderungen für Verwertungsgesellschaften[104] und die Enquete-Kommission „Internet und digitale Gesellschaft“[105] – wobei in dem Sammelband, anders als bei vielen der bisher erwähnten Arbeiten, primär die finanziellen Nachteile für Künstler und den Kulturbetrieb gesehen werden, insbesondere in den Beiträgen von Zimmermann, dem Geschäftsführer des Deutschen Kulturrates. So werden die „vermeintlich unbegrenzten Möglichkeiten der neu-

---

98 Zimmermann und Geißler 2010

99 Mit „Digitalisierung“ ist hier ein weiterer Bereich gemeint als nur das Internet, nämlich auch die Veränderungen der Arbeitsabläufe durch den Einsatz elektronischer Medien und Werkzeuge (vgl. Zimmermann und Schulz 2010c). Zur Auswahl der Artikel vgl. Schulz und Ernst 2010, S. 8.

100 Schulz und Ernst 2010, S. 8

101 Beispielsweise in dem Beitrag aus dem Jahre 2002 von Bolwin, dem Direktor des Deutschen Bühnenvereins, über die Zukunft des Theaters in digitalen Zeiten. Bolwin kommt ohne ökonomische Argumentation aus, stattdessen bedient er sich einer einfachen Erklärung: Das Theater sei mehrfach für tot erklärt worden – zuletzt etwa bei der Einführung des Fernsehens – und habe stets überlebt. Deshalb werde es auch im „digitalen Zeitalter“ bestehen (Bolwin 2010, ursprünglich 2002).

102 Beispielsweise die Beiträge von Zypries 2010 und Schulz 2010.

103 Beispielsweise Zimmermann und Schulz 2010a und Grassmuck 2010.

104 Beispielsweise Melichar 2010.

105 In der, wie angemerkt, zu Beginn der Kulturbetrieb und vor allem die Kulturwirtschaft keine Erwähnung findet (vgl. Zimmermann und Schulz 2010b, S. 191) und nur wenige Impulse für das Thema „Kunst und Kultur“ in der digitalen Gesellschaft zu finden sind (vgl. unten zum Bundeskongress der Kulturpolitischen Gesellschaft).

en Technologien und Chancen für Kunst und Kultur"[106] meist im selben Satz den dadurch entstehenden „Gefahren für die ökonomische Verwertung von Kunst und Kultur"[107] gegenübergestellt. Zudem wird die Rolle der neuen Medien sehr skeptisch bewertet, was teilweise zu ungewöhnlichen Sichtweisen führt. So wird von Zimmermann und Schulze beispielsweise behauptet, dass die neuen Medien keine bestimmende Rolle bei der Vermarktung von Künstlern spielen würden: „Träume, dass das Internet einen entscheidenden Beitrag zur Vermarktung der Künstler leisten kann, haben sich zum größten Teil in Luft aufgelöst."[108] Diese ungewöhnliche Position wird nicht weiter belegt, jedoch kann man in den darauffolgenden Ausführungen erkennen, dass wohl damit eher gemeint ist, dass in den letzten Jahren erkannt worden sei, dass die neuen Medien kein Wundermittel sind, um allen Künstlern (und nicht nur den „Stars") neue Einkommensquellen zu erschließen.[109] An dieser Stelle wird wie an vielen anderen deutlich, dass die neuen Medien primär nur aus einer ökonomischen Perspektive bewertet werden. Es scheint einzig und allein wichtig, „dass auch im digitalen Zeitalter Künstler sowie die Verwerter künstlerischer Leistungen aus der Verwertung einen ökonomischen Nutzen ziehen können."[110]

Zusammenfassend zu den primär ökonomisch argumentierenden Arbeiten kann man hier auf eine aktuelle Einschätzung von Jank verweisen, die seit vielen Jahren die Social-Media-Vorhaben kultureller Einrichtungen begleitet und erforscht:

> „Vorrangig bei solchen Vorhaben sind tradierte marketingstrategische Ziele, wie die Besucherzahlen zu erhöhen oder neue Zielgruppen zu erschließen und weniger offene, dialogische Prozesse zu initiieren [...] dazu ist festzuhalten, dass kulturelle Einrichtungen heute nur einen minimalen Anteil der vom *Social Web* angebotenen Möglichkeiten nutzen."[111]

106 Zimmermann und Schulz 2010c, S. 15

107 Zimmermann und Schulz 2010c, S. 15

108 Zimmermann und Schulz 2010c, S. 15

109 vgl. Zimmermann und Schulz 2010c, S. 16

110 Zimmermann und Schulz 2010c, S. 18

111 Jank 2012, S. 152f

2.3 GEISTES- UND KULTURWISSENSCHAFTLICHE ANSÄTZE

Neben den zwei bisher ermittelten Argumentationsmodellen, die zusammen etwas weniger als die Hälfte der erschienenen Studien dominieren, bilden geistes- und kulturwissenschaftliche Ansätze, die sich auf kunst-, kultur- oder medientheoretische Überlegungen berufen, um den Einsatz neuer Medien in Museen und Theatern zu klären, die Mehrzahl. Das Vorgehen ist äußerst unterschiedlich und lässt sich nur teilweise auf einen gemeinsamen Nenner bringen, jedoch sind die Problem- und Schwachstellen ähnlich, was im Folgenden anhand der wichtigsten Studien gezeigt wird.

2.3.1 Frühphase (bis 1998)

Insbesondere Anfang und Mitte der neunziger Jahre, also noch vor beziehungsweise zu Beginn der allgemeinen Verbreitung des Internets, wurde sich der Frage des Umgangs mit neuen Medien im Theater- oder Museumsbereich von Seiten der Kulturwissenschaft, Philosophie und Medienwissenschaft auf eine Art und Weise genähert, die sehr auf theoretische Aspekte fokussiert war. Möglicherweise ist dies auch dem Entstehungszeitraum geschuldet, da zu Beginn dieses Jahrzehnts nur wenige konkrete Projekte mit elektronischen Medien vorzuweisen und somit zu untersuchen waren. Exemplarisch dafür soll hier ein 1995 erschienener, von Fehr herausgegebener Tagungsband mit dem Titel „Platons Höhle. Das Museum und die elektronischen Medien“[112] näher betrachtet werden, in dem viele Beiträge von Wissenschaftlern und Museumsmitarbeitern zu finden sind, die insbesondere Mitte der neunziger Jahre, aber auch später, den Diskurs um neue Medien und Kultureinrichtungen prägen.[113] Es wäre aufgrund der Zielsetzung dieser Arbeit nicht gewinnbringend, im Einzelnen auf alle Artikel dieses Bandes einzugehen, vielmehr sollen auch hier vor allem die Argumentationsmuster herausgearbeitet werden.

Als exemplarisch für den theorielastigen Zugang, der von geisteswissenschaftlichen und philosophischen Überlegungen geprägt ist, kann der

---

112 Fehr 1995

113 Neben den folgenden unter anderem noch Brock 1995, Pircher 1995, Krümmel 1995 und Wiener 1995

Beitrag von Schmidt aufgeführt werden.[114] In dessen Artikel werden philosophiegeschichtliche und erkenntnistheoretische Probleme diskutiert und Überlegungen zu Konstruktivismus und Systemtheorie angestellt. Jedoch verliert Schmidt kein Wort zu der Problematik der neuen Medien, obwohl dies ja laut Titel des Bandes („Das Museum und die elektronischen Medien") eigentlich zu erwarten gewesen wäre. Hier zeigt sich also ein anderes Extrem. Während zuvor (vgl. Abschnitt 2.1 und 2.2) bei den technikeuphorischen oder ökonomischen Ansätzen gerade der unreflektierte Zugang, dem es an kultur- und geisteswissenschaftlichen oder philosophischen Überlegungen fehlt, konstatiert wurde, ist hier nun das Gegenteil anzutreffen. Das Stichwort „neue Medien" wird nur als Aufhänger genutzt, um über allgemeine Probleme des Museums im Diskurs der Wissenschaften zu reflektieren. Auch wenn der Beitrag von Schmidt in diesem Sinne durchaus erkenntnisreich ist, lassen sich jedoch aus diesem keine Rückschlüsse auf den Umgang mit neuen Medien im Kontext von Museen ziehen.

Rötzers Beitrag in dem Sammelband ist ähnlich angelegt, wobei hier der Zusammenhang von neuen Medien und philosophischen und kunsttheoretischen Überlegungen hergestellt wird. Bei Rötzer dreht sich alles um die Frage des „Bildes" beziehungsweise des „Abbildes", was in der Diskussion um virtuelle Museen durchaus eine zentrale Rolle spielt. Es ist an dieser Stelle nicht entscheidend, diese im Detail nachzuzeichnen, da auf diese Problematik in Kapitel 4 ausführlich eingegangen wird. Vielmehr soll hier nur ein zentrales Ergebnis wiedergegeben werden: Die Frage nach „neuen Medien" im Kulturbereich ist so komplex, dass es nicht möglich ist, diese aus einer singulären Perspektive zu betrachten. Die ausschließliche Fokussierung auf technische, künstlerische oder philosophische Aspekte wird der Problematik nicht gerecht. Vielmehr muss fächerübergreifend und interdisziplinär gedacht werden. Rötzer zieht hier einen historischen Vergleich: Um virtuelle Welten und Online-Präsenzen für Museen zu bauen „müssen Künstler, Techniker und Philosophen zusammenarbeiten, wie es schon einmal bei Erfindung der Perspektive in der Renaissance der Fall war."[115] Gerade der Vergleich mit der Renaissance verdeutlicht die vielschichtigen wirtschaftlichen, gesellschaftlichen und technischen Aspekte, die auch bei den neuen Medien zusammen gedacht werden. Zudem zeigt sich hier die

114 Schmidt 1995, S. 36ff

115 Rötzer 1995, S. 74

Stärke eines solchen argumentativen Vorgehens, das mit philosophischen Ansprüchen nach Lösungen sucht, gegenüber den sich auf Einzelaspekte konzentrierenden Ansätzen.

Als ein weiteres Beispiel, das die Stärke eines philosophisch-reflektierenden Zugangs aufzeigt, ist der Beitrag von Bolz in diesem Sammelband zu nennen. Auch hier geht es um erkenntnistheoretische und ontologische Fragen, jedoch findet hier ein direkterer Übertrag auf die Thematik der neuen Medienwelten statt. Bolz versucht darzulegen, dass man anhand des Umgangs mit den neuen Medien im ersten Schritt zu der im philosophischen Diskurs häufig anzutreffenden Einsicht kommen könne, dass unsere Wirklichkeit eine Wirklichkeit des Scheins sei.[116] Ausgehend von dieser Einsicht gelangt er dadurch zu folgender Fragestellung, die mit Blick auf die historische Entwicklung abgeleitet wird:

> „Seit die neuen Medien und Computertechnologien in unsere Lebenswelt eingedrungen sind, hat sich unser Wirklichkeitsbegriff dramatisch verändert. Man kann aus der Geschichte lernen, dass der Wirklichkeitsbegriff einer Lebenswelt immer dann problematisch wird, wenn sich die Bedeutung seines Gegenbegriffs ändert – und der Gegenbegriff zu ‚Wirklichkeit' ist natürlich ‚Schein'. Seit wir Techniken der Simulation und virtuelle Realität haben, wird fraglich, ob die alte Unterscheidung zwischen Realem und Imaginärem überhaupt noch einen Sinn hat."[117]

Was sich im ersten Moment wie ein „herber Verlust" anhört, ist bei genauerer Betrachtung für Bolz ein „emanzipatorischer Impuls", denn so bringen die neuen Techniken der virtuellen Simulation „die Befreiung vom Götzen ‚Wirklichkeit'."[118] Mit Blick auf den Diskurs, der dazu in der Philosophie geführt wird, ist dies, wie auch Bolz bemerkt, nichts Neues, denn dass das, „was wir ‚wirklich' nennen, eine Konstruktion ist, wissen Philosophen schon lange."[119] Führt man diese Überlegungen weiter, sind „Fiktionen" dann nicht das Gegenteil der „Wirklichkeit", sondern Instrumente ihrer Konstruktion. So könnte man nach Bolz „mit einer bewusst paradoxen For-

116 vgl. Bolz 1995d, S. 162

117 Bolz 1995d, S. 162

118 Bolz 1995d, S. 162

119 Bolz 1995d, S. 162

mulierung sagen: Die Realität ist fiktiv."[120] Entscheidend ist nun, dass solche Überlegungen, die in ähnlicher Form seit hunderten von Jahren in der Philosophie diskutiert werden und wie bereits erwähnt kaum Neuigkeitswert haben, hier jedoch im Kontext der Beschäftigung mit den Onlinewelten entwickelt werden. Wählt man einen solchen geisteswissenschaftlichen beziehungsweise philosophischen Zugang, wird man durch die Beschäftigung mit den neuen Medien dazu aufgefordert, über Fundamente nachzudenken, die andere und vielfältigere Probleme aufwerfen, die von technikdeterministischen oder ökonomischen Ansätzen nicht thematisiert werden können. Auch Bolz stößt bis auf die Fundamente vor. Ausgehend von der Beobachtung, dass unsere Lebenswirklichkeit zunehmend von den neuen Medien apparativ durchdrungen wird[121], bringt es Bolz, wie er selbst schreibt, auf folgende „einfache Formel":

> „Medienwirklichkeit absorbiert die Lebenswelt. Mediale Simulationen, die sogenannten virtuellen Realitäten, treten als mögliche Welten erfolgreich in Konkurrenz zur empirischen Welt."[122]

Mit Blick auf andere Publikationen der neunziger Jahre ist zu erkennen, dass die Begrifflichkeiten „Aura" und „Authentizität" diskursleitend waren. Exemplarisch wird hierfür ein Sammelband herangezogen, der ein internationales Symposium mit dem Titel „Informationstechnologie im Museum", das im Dezember 1997 im Haus der Geschichte Bonn stattfand, dokumentiert.[123] Bemerkenswert ist, dass hier mehrfach betont wird, dass die neuen Medien nicht primär aus ökonomischen oder technikdeterministischen Argumenten den Weg in das Museum finden sollten. So stellt beispielsweise Mosdorf deutlich klar, welche Leistungen vor dem Einsatz von Internet eigentlich zu erbringen wären:

---

120 Bolz 1995d, S. 162

121 vgl. Bolz 1995d, S. 164

122 Bolz 1995d, S. 164. Im Rahmen dieser Arbeit kann nicht die Frage gestellt werden, inwieweit solche Überlegungen zu kurz greifen. Es geht hier primär darum, die Argumentationsmuster aufzuzeigen und die Horizonte zu beschreiben, die mit einem solchen „philosophischen" Herangehen eröffnet werden können.

123 vgl. Rösgen 1999

> „Für den Einsatz von Technik und neuen Medien gilt, dass jeder Technikeinsatz zunächst eine intellektuelle und konzeptionelle Leistung erfordert. Es reicht nicht aus, Bildschirme aufzustellen oder Seiten ins Internet einzustellen.“[124]

Die geforderte „intellektuelle“ Vorleistung besteht jedoch dann teilweise darin, sich unreflektiert an problematische kunsttheoretische Positionen zu klammern (zur detaillierten Kritik vgl. Kapitel 4). So wird beispielsweise von Biermann beklagt, dass die durch das Internet mögliche Öffnung des Museums, ein Zugänglichmachen für alle, kein gewünschtes Ziel sei: „Das Museum wird so [als virtuelles Museum] zu einer gläsernen Kugel, das alle Geheimnisse preisgibt. Ich weiß nicht, ob diese Vision in ihrer Radikalität überhaupt erstrebenswert ist.“[125] Neben diesem Wunsch, die „Geheimnisse“ des Museums nur wenigen Auserwählten zu gestatten, wird der Einsatz neuer Medien als problematisch gesehen. Biermann stellt klar, dass die Stärken des Museums nicht im „virtuellen Raum“ liegen: „Das Internetangebot eines Museums, und sei es noch so aufwendig konzipiert, wird niemals in der Lage sein, den eigentlichen Museumsbesuch zu ersetzen.“[126] Als Ursache dafür wird neben der Interaktion die nicht vorhandene „Aura“ benannt:

> „Raumgefühl und Interaktion mit anderen Besuchern [...] und die fast körperlich erfahrbare Aura von Originalen machen aus jedem Museumsbesuch ein Erlebnis sui generis, das daheim am Computer nicht zu simulieren ist.“[127]

Biermann schließt daraus, dass in einer „hochtechnisierten Welt“ gerade das Museum den Gegenpol bilden müsse und für „Authentizität und Gemeinschaftserlebnis“[128] sorgen solle.

---

124 Mosdorf und Werth 1999, S. 164

125 Biermann 1999, S. 189

126 Biermann 1999, S. 189

127 Biermann 1999, S. 189

128 Biermann 1999, S. 189

2.3.2 Dotcom-Boom-Phase (1999-2003)

Die während der Dotcom-Boom-Phase entstandene und 2002 erschienene Monographie „Expanded Museum. Kulturelle Erinnerung und virtuelle Realitäten" von Hünnekens soll an dieser Stelle aus zweierlei Gründen ausführlicher betrachtet werden: zum einem, da auf diese in vielen kulturmanagerialen Arbeiten als wegweisende Studie verwiesen wird[129], und zum zweiten, da sich anhand dieser im Fachbereich Literaturwissenschaft eingereichten Dissertation exemplarisch zeigen lässt, was geistes- beziehungsweise kulturwissenschaftliche Ansätze zur kulturmanagerialen Forschung beigetragen haben und in welchen Spannungsfeldern sie sich damit bewegen.

Hünnekens Arbeit wird von der These geleitet, dass sich

> „[...] die Institution Museum mit dem Einzug der neuen elektronischen Medien grundlegend verändert. Sie ziehen unterschiedliche Formen der Ausdehnung und Erweiterung des Museums sowie der musealen Formen anhand neuer Medien nach sich."[130]

Begründet wird dies zwar ebenfalls technikdeterministisch, was sich an vielen Stellen ablesen lässt, etwa wenn die Frage nach Chancen und Risiken der neuen Medien gestellt wird. An dieser Stelle schreibt Hünnekens: „ob Segen oder Fluch – der Prozess lässt sich lediglich kritisch und offen begleiten, nicht aber aufhalten"[131] und macht deutlich, dass sie hier ebenfalls von einem Sachzwang ausgeht. Jedoch lässt es Hünnekens, anders als die im Abschnitt 2.1 vorgestellten technikdeterministischen Arbeiten, nicht dabei bewenden. Es wird darüber hinaus versucht, den Einsatz neuer Medien im Museum auf Basis kunst- und medienphilosophischer Überlegungen zu fundieren. Dass es sich dabei größtenteils um widersprüchliche Konstruktionen handelt, die zudem kunstphilosophisch sowie kulturtheoretisch äußerst problematisch einzustufen sind, wird bei einer genauen Lektüre deutlich. Dabei zeigt sich ein Grundproblem bisheriger Forschung mit eben diesem Herangehen, das man als „romantisch-geisteswissenschaftlichen" An-

129 vgl. Wall 2006, S. 12, Reussner 2010, S. 70 und Tröndle et al. 2009, S. 135

130 Hünnekens 2002, S. 16

131 Hünnekens 2002, S. 15

satz bezeichnen könnte. Charakteristisch hierfür ist der unreflektierte Bezug auf historische Konzepte sowie ein Vermischen synchroner und diachroner Analysen, was im Folgenden an einigen Beispielen veranschaulicht werden soll. So werden von Hünnekens die herausfordernden Fragen, die sich durch die neuen elektronischen Medien für Kunstmuseen stellen, wie folgt zusammengefasst:

> „Gibt es im numerischen Raum authentische Objekte? Wo sind die Garanten für die Echtheit in einem virtuellen Museum? Haben virtuelle Welten keine Referenzen mehr?“[132]

Dabei wird übersehen, dass es sich keineswegs um spezifische Probleme virtueller Museen handelt, sondern vielmehr um Probleme, die schon lange vor der Debatte um elektronische Welten in Philosophie und Kulturwissenschaften behandelt werden. Und es ist in diesem Diskursfeld bekanntlich umstritten, ob es bereits außerhalb virtueller Welten[133] dienlich ist, von „authentischen Objekten“ zu sprechen. So sind etwa die von Baudrillard und anderen (postmodernen) Theoretikern angestoßenen Überlegungen, sich von dem Begriff „Authentizität“ zu verabschieden, in den letzten vierzig Jahren vielfach in der Forschung aufgegriffen worden (vgl. Kapitel 4). Mit der Problematisierung der Möglichkeiten der Repräsentation der Wirklichkeit werden Authentizität und In-Authentizität als Realisierung oder Nichtrealisierung von Wesenskernen oder Essentialitäten unbrauchbar, weshalb alles sowohl authentisch wie nicht authentisch sein kann und (im Sinne Baudrillards formuliert) Signifikant und Signifikat zu einer „Hyperrealität“ verschmelzen, die keine Authentifizierung mit anderen „Realitäten“ mehr ermöglichen.[134] Ohne dies hier weiter zu vertiefen, soll an dieser Stelle nur festgehalten werden, dass der Versuch, solche „philosophischen“ Fragen an virtuelle Welten zu stellen, zum Scheitern verurteilt ist, wenn nicht der bisherige Stand der Forschung in Philosophie und Kulturwissenschaften mit einbezogen wird. Dies zeigt sich auch an Hünnekens Frage nach den Refe-

132 Hünnekens 2002, S. 33

133 Die Begrifflichkeit „numerischer Raum“ ist in diesem Kontext ungewöhnlich und ungebräuchlich, hier wäre es sicherlich hilfreicher gewesen, von dem „virtuellen Raum“ zu reden.

134 vgl. Baudrillard 1982 orig. 1976, S. 90

renzen der virtuellen Welten. Diese impliziert nämlich, dass man die Frage nach Referenzen in virtuellen Welten anders als in anderen (Medien-) Welten beantworten könne, was jedoch nicht unmittelbar nachvollziehbar ist. Denn unter „Referenz" versteht man üblicherweise die Beziehung zwischen einem Zeichen und dem von ihm bezeichneten Objekt, häufig auch für den Gegenstand oder Referenten, auf den Bezug genommen wird.[135] Die Verwendung des Begriffs „Referenz" setzt also erkenntnistheoretisch einen ontologischen (oder zumindest einen semantischen) Realismus voraus. In Modellen wie etwa im semiotischen Dreieck[136], die auf ein solches Theoriegerüst bauen, haben sämtliche Zeichen, egal welcher „Welten", eine Referenz – auch wenn oft schwer zu sagen ist, worauf. Möchte man auf die Vorstellung einer „Referenz" verzichten, so muss man eine erkenntnistheoretische Gegenposition einnehmen und antirealistisch argumentieren, was zur Folge hat, dass weder in virtuellen noch in „sonstigen" Welten Referenzen angenommen werden. Es zeigt sich also deutlich, dass das von Hünnekens angesprochene Problem kein Problem virtueller Welten ist, sondern eines der philosophischen Grundüberzeugung, das direkt an den Universalienstreit des Mittelalters anschließt und das schon Kant in der Kritik der reinen Vernunft so treffend als den „Skandal der Philosophie"[137] bezeichnete.

Eine weitere Aussage macht Hünnekens problematisches Vorgehen noch offensichtlicher. So wird in demselben Abschnitt die Frage gestellt, ob es bei Objekten im virtuellen Museum „eine Aura mit einer neuen Form der Kontemplation [gibt], die mit derjenigen der Tafelbilder vergleichbar ist."[138] Unreflektiert bleibt hier, dass das von Benjamin ausgehende „auratische" Kunstverständnis in den letzten siebzig Jahren aus den unterschiedlichsten philosophischen Lagern stark kritisiert wurde und meist als „esoterisch" und „metaphysisch" zurückgewiesen und deshalb eigentlich nur noch von philosophischen Laien gebraucht wird.[139] Dieses Verständnis auf virtuelle Museen zu übertragen, ist deshalb ebenso fraglich wie die zuvor beschriebene Ansicht, da der aktuelle Diskurs, von postmodernen Standpunk-

135 vgl. Reckwitz 1998, S. 454f

136 vgl. dazu das semantische Dreieck bei Eco 1991

137 Kant 1997 orig. 1781/1787, S. 38 (*Kritik der reinen Vernunft*, Vorwort).

138 Hünnekens 2002, S. 33

139 vgl. Simonis 1998, S. 44 und Abschnitt 4.2.

ten, etwa dem bereits erwähnten Standpunkt Baudrillards oder die Logozentrismus- und Metaphysik-Kritik Derridas (vgl. dazu Abschnitt 3.8), in der Medientheorie und Philosophie ausgeblendet wird. Trotzdem versucht Hünnekens, mit der „Aura" weiterhin zu operieren, und schreibt einige Seiten weiter:

> „Aus Sicht der multimedialen Darstellung besitzt jeder Gegenstand eine schier unendliche informative Aura. Diese bezieht sich auch auf den sog. traditionellen Kontext, in dem ein Artefakt steht: etwa seinen Entstehungs-, Verwendungs-, Verwertungs- oder Deutungszusammenhang etc. Dieser kann zum einen in der Reproduktion sichtbar werden, er kann aber auch unmittelbar in multimedialen Szenarios dargestellt und dem Artefakt beigestellt werden."[140]

Wie dieser in der Reproduktion oder in den erwähnten multimedialen Szenarios „sichtbar" werden kann, wird nicht weiter ausgeführt und bleibt deshalb im Unklaren, ebenso wie man die „Sicht" einer „multimedialen Darstellung" einnehmen kann. Wenn es dann wenige Seiten weiter zudem heißt, dass solche multimedialen Szenarien eigentlich genau Gegenteiliges bewirken, wird Hünnekens Ansatz vollkommen unverständlich:

> „Wird das Exponat in der Ausstellung zusätzlich durch interaktive Computerinstallation ergänzt, die dem Besucher erlauben, durch ein elektronisches Archiv zu blättern und Photos, Texte, Videos, Karten oder Originaltöne abzurufen, so wird gleichzeitig jedoch die Aussagekraft der materiellen Gegenstände bis zum Äußersten untergraben: Sie werden in diesem Kontext nicht nur stumm, sondern versteinern gänzlich zur Reliquie, zu Zeugen einer vergangenen Kommunikationskultur."[141]

Und nur wenige Seiten später wird erneut Widersprüchliches behauptet. So schreibt Hünnekens, dass „unter Ausschöpfung aller technologischen Möglichkeiten" erfahrbar werden kann „wie etwas noch realer ist, als sein musealer Überrest, oder etwas, das real nicht existieren kann, da es sich in seiner Konstruktion über die Grenzen von Raum und Zeit erhebt."[142] Auch hier muss man wohl von „metaphysischer", wenn nicht sogar „esoterischer"

140 Hünnekens 2002, S. 53f

141 Hünnekens 2002, S. 55

142 Hünnekens 2002, S. 67

Argumentation sprechen, jedoch ist hier noch ansatzweise nachzuvollziehen, welche Grundüberlegungen dahinterstehen. In einigen anderen Textabschnitten von Hünnekens ist dies nicht mehr der Fall, wenn beispielsweise versucht wird, mit unverständlichen, von Neologismen gespickten Ausführungen, die keinen Zusammenhang erkennen lassen, zu überzeugen. Um nur ein Beispiel hierfür zu nennen, folgt ein Zitat, in dem Hünnekens darlegt, wie sich das Museum diverser Technologien

„[...] bedient und sich umgekehrt museale Formen in dieselben einschreiben, eröffnet sich ein Wissensuniversum das, von einer kollektiven Intelligenz hervorgebracht, unter aktiver Beteiligung der Besucher, wieder in die Ebene der Immanenz der Bedeutung hineingeführt werden muss. Denn unmerklich wandelt sich dieses Feld der Simulationen und freien schöpferischen Kreationen anderer Subjektivitäten und Eigenschaften des Seins in semiotische Produktivität, welche die Wirklichkeit verändern kann – der Börsenkurs, das Börsenspektakel ist sinnigster Ausdruck für diese Zusammenhänge."[143]

Abgesehen von diesem theoretisch problematischen Unterbau darf nicht außer Acht gelassen werden, dass Hünnekens in den eher deskriptiven Teilen ihrer Studien (insbesondere zur Netzkunst) zu äußerst interessanten Ergebnissen kommt. Es werden unzählige Beispiele genannt, die das Herantasten der Kunstmuseen an das Internet Ende der neunziger Jahre und Anfang des neuen Jahrtausends aufzeigen. Dabei werden die Eigenschaften des neuen Mediums durchaus als Chance gesehen; und so kann die intendierte Stoßrichtung – anders als die theoretische Basis – durchaus als richtungsweisend bezeichnet werden:

„Das Netz kommt mit solchen Eigenschaften den spezifischen Absichten und Aufgaben der Museen, nämlich kulturelles Erbe zu sammeln, zu bewahren und zu präsentieren – in allen Richtungen deutlich entgegen. Die museale Expansion erreicht hier ihr Maximum [...] Nicht nur das Kunstmuseum, auch die Kunst selbst wird durch dieses Medium grundlegend verändert."[144]

143 Hünnekens 2002, S. 235

144 Hünnekens 2002, S. 154

Einen ähnlichen Ansatz wie Hünnekens verfolgt Wohlfromm in der ebenfalls 2002 erschienenen Studie „Museum als Medium – neue Medien in Museen". In dieser Arbeit werden, wie es im Untertitel heißt, „Überlegungen zu Strategien kultureller Repräsentation und ihre Beeinflussung durch digitale Medien" [145] entwickelt. Auch Wohlfromm setzt voraus, dass für Museen kein Weg an den neuen Medien, insbesondere den nichtlinearen rezipierbaren Hypermedien, vorbei führt. Wohlfromm versucht darzulegen, dass für „den Museumsbereich [...] Hypermedien großartige Möglichkeiten [offerieren], besonders, wenn deren interaktive Potentiale stärker genutzt werden."[146] Wohlfromm begründet dies damit, dass sich Museen

> „[...] mit schwindenden finanziellen Mitteln gegen vielfältige Konkurrenz behaupten [müssen]. Sie verorten sich als Institutionen der ‚Informationsgesellschaft' und das ist ohne Informationstechnologien nicht zu machen."[147]

Also auch hier finden sich erneut sowohl technikdeterministische Argumente gepaart mit Überlegungen zur finanziellen Notwendigkeit. Jedoch lässt es Wohlfromm nicht dabei bewenden und versucht, dies mit medientheoretischen und philosophischen Argumenten weiter zu begründen. Dabei wird von einem Ansatz ausgegangen, der verdeutlicht, dass Wohlfromm nicht nur die technischen Rahmenbedingungen der neuen Medien analysieren möchte, sondern den Untersuchungsrahmen in alle Richtungen erweitert:

> „Hypermedien sind mehr als technologische Erneuerungen. Sie verändern unser Verständnis von Realität und Imagination, unsere Erinnerungs- und Gedächtniskultur, unsere Vorstellung von Raum und Zeit, unsere Begriffe von wahr und falsch, unsere Kommunikationswege und -gepflogenheiten. Sie greifen nicht nur abstrakt, sondern konkret in unser Leben ein."[148]

Auch wenn von Wohlfromm nicht genau ausgeführt wird, was mit der etwas unklaren Gegenüberstellung von „abstrakt" und „konkret" gemeint ist,

145 Wohlfromm 2002

146 Wohlfromm 2002, S. 77

147 Wohlfromm 2002, S. 53

148 Wohlfromm 2002, S. 75

wird hier deutlich, dass er durch die neue Mediennutzung auch in den für den Kulturbetrieb entscheidenden Bereichen Veränderungsprozesse erwartet. Ein weiterer interessanter Aspekt dieses Ansatzes ist, dass davon ausgegangen wird, dass sich die Einsatzmöglichkeiten neuer Medien „nicht mehr lediglich als Bestandteil, Mittel, Werkzeug" beschreiben lassen, sondern dass diese bereits „in das Gebilde ‚Museum' ein[greifen]"[149] und deshalb das Gesamtgebilde Kulturbetrieb beziehungsweise Museum betrachtet werden muss. Gerade weil von Seiten der Kulturschaffenden die „Angst um die Exklusivität dessen, was das Museum zu bieten hat", sowie die Angst „vor Duplizierung, Verfremdung, Wertminderung des ‚Originals' [überwiegt]"[150], muss eben auch darüber nachgedacht werden, ob diese als besondere Eigenschaften des Museums verstandenen Werte nicht ebenfalls neu untersucht werden müssen. Angeregt von einem Aufsatz Weibels[151] wird die „Krise des Originals" und die „Krise der Aura" thematisiert. Während Weibel diese für die neuen Medien auf pragmatische Art und Weise als irrelevant bezeichnet und davon spricht, dass die Krise der Aura nur „akademische Streber"[152] interessiert, versucht Wohlfromm nichtsdestotrotz die Aura als Begrifflichkeit für die neuen Medienwelten zu retten. Sie bezieht sich dafür auf Baudrillard, der mit einem Bezug auf Benjamin von einer „Aura des Simulakrums"[153] spricht, überliest jedoch dessen ironischen Unterton, wenn er im postmodernen Gestus von „authentischer" und „nichtauthentischer" Simulation spricht und dies selbst als „paradox" bezeichnet.[154] Wohlfromm bemerkt zwar selbst, dass sich Baudrillard sehr allgemein hält und sich nicht speziell auf die digitalen Medien bezieht.[155] Aber trotzdem versucht Wohlfromm, diesen Teilaspekt ausschließlich auf die elektronischen Medienwelten zu übertragen. Hier muss deshalb die bereits bei Hünnekens (vgl. oben) geäußerte Kritik wiederholt werden. Es wird hier versucht, vermeintliche Probleme der neuen Medienwelten zu

149 Wohlfromm 2002, S. 53

150 Wohlfromm 2002, S. 51

151 vgl. Weibel 1995

152 Weibel 1995, S. 196

153 Baudrillard 1995, S. 93

154 vgl. Baudrillard 1995, S. 93

155 Wohlfromm 2002, S. 70

thematisieren, die jedoch keine spezifischen Probleme der neuen Medien sind, sondern das allgemeine Verständnis von Kunst betreffen.

Dies wird noch deutlicher, wenn Wohlfromm sich auf Schmidt bezieht und diesem zustimmt, dass es sich bei elektronischen Bildern im Gegensatz zu Fotografien nicht um Abbilder handele.[156] Hierbei wird von Wohlfromm vollkommen übersehen, dass die Rolle der Abbild- oder Mimesis-Funktion von Kunst unabhängig von den neuen Medien kontrovers diskutiert wird[157]. Um es auf den Punkt zu bringen: Weder bei Fotografien noch bei Tafelbildern ist es hilfreich, von „Abbildern" zu sprechen; die von Wohlfromm problematisierte „Unüberprüfbarkeit eines elektronischen Bildes"[158] mit seinem Original unterscheidet sich in keiner Weise von der Unüberprüfbarkeit eines Bildes, ob Tafelbild oder Fotografie. Hier lassen sich deutlich Spuren eines metaphysischen Konzepts[159] erkennen. Der Umgang mit elektronischen Welten wird also hier durch ein problematisches, impliziert transportiertes philosophisches Verständnis blockiert, das nicht erst durch die Diskussion beziehungsweise Dekonstruktion solcher philosophischen Ansätze überwunden werden kann (vgl. dazu Abschnitt 3.8, insbesondere Derridas Metaphysik-Kritik) und nicht, wie von Wohlfromm versucht, auf der Ebene der „neuen Medien" problematisiert werden kann. Jedoch muss man Wohlfromm zugestehen, dass sie zumindest die weitreichenden Folgen erkennt, wenn sie schreibt, dass „computergestützte Technologien [...] traditionelle Wirklichkeitsvorstellungen mehr und mehr in Frage [stellen]"[160] – wobei auch hier anzumerken ist (gerade wenn auf Siegfried J. Schmidt verwiesen wird), dass diese Kritik der Wirklichkeitsvorstellung nicht von den neuen Medien ausgelöst wurde.

Trotz dieser theoretischen Unschärfe ist ein wichtiges Ergebnis dieser Studie festzuhalten. Denn Wohlfromm hat überzeugend dargelegt, wie die „wissenschaftliche und die anwendungsbezogene Diskussion" – man könnte auch sagen die theoretische Grundlagenforschung und die anwendungsorientierte Forschung – in „nichtkompatiblen Kategorien"[161] stattfindet. Ge-

156 Schmidt 1996, S. 101

157 vgl. Abschnitt 4.4 und Reicher 2005, S. 128ff

158 Wohlfromm 2002, S. 70

159 vgl. zum abendländische Metaphysik-Verständnis Disse 2001

160 Wohlfromm 2002, S. 70

161 Wohlfromm 2002, S. 129

rade eine solche Auseinandersetzung in „kompatiblen" Kategorien auf einer gemeinsamen Basis wäre jedoch wünschenswert und denkbar (vgl. Kapitel 4). Dafür müssen sich Museen mit den neuen Medien anders auseinandersetzen. Der derzeitige Umgang, so Wohlfromm, führe zu einem Rückschritt ins 18. Jahrhundert, wenn das Internet nur zum Zwecke der Archivierung und nicht für die eigentliche Aufgabe des Museums verwendet werde:

> „Damit stellen sie ihre spezifische Aufgabe zurück, Inhalte durch Ausstellung, Interpretation und Kommunikation von exemplarischen Objekten zu vermitteln. [...] Durch Strategien vermeintlich ‚demokratischer' Öffnung ihrer Schatzkammer durch hypermediale Strategien fallen sie ideologisch zurück ins 18. Jahrhundert, als Schau- und Studiensammlungen im Museum noch nicht getrennt waren."[162]

Die 2001 erschienene Studie „Multimedia im Museum" von Schulze beschäftigt sich nur am Rande mit Onlinemedien. Vorrangig analysiert Schulze die Vor- und Nachteile des Einsatzes von multimedialer Präsentationstechnik und interaktiven Medien im Museum als Teil der Ausstellungsgestaltung. Trotzdem ist dieser Ansatz beachtenswert, denn auch Schulze sieht in der Verwendung neuer Technologien etliche Vorteile und versucht, diese auf Basis kultur- und medienwissenschaftlicher Ansätze zu begründen. Schulze geht davon aus, dass die hohe Skepsis im Bereich der Kunstmuseen gegenüber „Multimedia" nicht primär von ökonomischen Gesichtspunkten verursacht werde, sondern deshalb, weil die Verantwortlichen „durch die Einführung neuer Medien normative Umwälzungen im Charakter und in der Funktion von Museen [befürchten]."[163] Schulze beobachtet ein „Konfliktpotential" zwischen „neuen Medien und ‚alten' Institutionen" und sieht deshalb die Notwendigkeit, dieses Problemfeld aus „kommunikations- und medientheoretischen Gesichtspunkten [zu] analysieren."[164] Hier ist eine deutliche Parallele zu der Grundüberlegung der vorliegenden Arbeit zu erkennen. Wenn Schulze schreibt, dass sie damit „einen Beitrag zur theoretischen Fundierung"[165] leisten möchte, da ansonsten nicht davon ausgegangen werden kann, dass die Verantwortlichen in den Museen

---

162 Wohlfromm 2002, S. 130

163 Schulze 2001, S. 115

164 Schulze 2001, S. 2

165 Schulze 2001, S. 121

überzeugt werden können, ist eine weitere Gemeinsamkeit zu erkennen. Schulze orientiert sich dabei, wie Haumtmeier im Vorwort schreibt, an den „von Philologien und postmodernen philosophischen Diskursen gedrängten Medienwissenschaften."[166] Jedoch ist Schulze nicht konsequent, denn sie versäumt, ihre befürwortende Haltung gegenüber Multimedia ebenfalls einem kritischen Prozess zu unterziehen. Denn hierfür bedient sie sich eines technikdeterministischen Standpunkts, wenn sie etwa versucht, die Notwendigkeit zu begründen:

> „Die Mitglieder einer von Medien geprägten Gesellschaft erwarten in zunehmenden Maßen den Einsatz moderner Kommunikationstechnologien in allen Bereichen des Lebens und damit auch im Museum."[167]

Wenig später werden zudem noch ökonomische Begründungen herangezogen. Schulze spricht von „Multimedia – ein Erfolgsfaktor" und misst diesen an finanziellen Ergebnissen oder gestiegenen Besucherzahlen.[168] Jedoch endet hier nicht, wie bei den meisten in den zuvor betrachteten Arbeiten, das Nachdenken über neue Medien im Kulturbereich. Schulze versucht herauszuarbeiten, welche Stärken diese mitbringen, und betont vor allem die „Möglichkeit der Interaktion mit dem Publikum – also gegenseitigem Austausch."[169] Und hier wird nicht argumentiert, dass dies dazu führen solle, zu erneuten Museumsbesuchen anzuregen, auch wenn dies als Nebeneffekt durchaus wünschenswert ist. Es geht vielmehr darum, die Aufmerksamkeit auf die zu vermittelnden Inhalte zu lenken:

> „Interaktive, digitale Anwendungen im Museum aktivieren den Besucher. Sie sind dazu in der Lage, die Aufmerksamkeit des Besuchers und ihrer inneren Beteiligung am Geschehen zu erhöhen."[170]

Bereits weit vor der „Social-Media"- und „Web 2.0"-Debatte wird die Bedeutung der Einbeziehung der Museumsbesucher immer wieder als zentra-

166 vgl. das Vorwort von Haumtmeier in Schulze 2001, S. 1

167 Schulze 2001, S. 45

168 vgl. Schulze 2001, S. 102

169 Schulze 2001, S. 34

170 Schulze 2001, S. 113

ler Aspekt betont (vgl. auch oben in Abschnitt 2.2.2 zum „partizipativen Museum“). Im optimalen Fall sollten die Besucher nicht einfach dazu bestimmt sein, „fertig vorbereitetes ‚nachzuvollziehen‘, sondern sie können sich selbst als agierende Subjekte und essentielle ‚Mitwirkende‘ der Ausstellung erfahren.“[171] An mehreren Stellen wird betont, dass ohne solchen „aktiven Rezeptionserfolg“ eine Ausstellung „funktionslos“ sei und „einem Misserfolg gleich käme.“[172]

Ein weiterer aufschlussreicher Aspekt ist, dass Schulze nach Analyse diverser Aussagen und Studien von Kritikern neuer Medien im Museum erkennt, dass diese „konstatierten Wahrnehmungsveränderungen nicht wertneutral registriert, sondern vielmehr kritisch bewertet oder sogar eindeutig missbilligt werden.“[173] Sie beschreibt hier also die Tradition der unreflektierten Technikskepsis im Kulturbereich. Dazu werden mehrere Autoren zitiert, die sich mit dem Begriff der „Aura“ und dem der „Authentizität“ auseinandersetzten, und auch kurz Benjamin erwähnt.[174] Zwar wird dies nicht weiter vertieft, ist aber deshalb ein bemerkenswerter Ansatz, da von Schulze angedeutet wird, dass das Problem der Akzeptanz der neuen Medien eben auch mit dem kunsttheoretischen Grundverständnis in Zusammenhang steht. So steckt im individuellen Verständnis von „Authentizität“ und „Aura“, der laut Schulze im Museumsbereich zu wenig diskutiert wird, der „wunde Punkt vieler Überlegungen zu dem, was Museum sein sollte und wie es die ihm zugewiesenen Aufgaben auszuführen habe.“[175] Hier könnte nun gefolgert werden, dass eben dieses Verständnis von „Aura“ und „Authentizität“ verhindert, dass möglicherweise „Erkenntnisprozesse“ im Museum nicht durch diese metaphysischen Größen ausgelöst werden (vgl. dazu ausführlich den zweiten Teil dieser Arbeit). Stattdessen werden die Überlegungen an dieser Stelle abgebrochen: „Wie der so beschworene Erkenntnisprozess, der vom ‚Original‘ ausgelöst wird, beschaffen ist, bleibt unklar.“[176] Dass gerade dieser „unklare“ Bereich von zentraler Bedeutung für den Umgang neuer Medien sein könnte, wird von Schulze nicht weiter

171 Schulze 2001, S. 136

172 Schulze 2001, S. 136

173 Schulze 2001, S. 47

174 vgl. Schulze 2001, S. 51ff

175 Schulze 2001, S. 53

176 Schulze 2001, S. 54

untersucht, was exemplarisch für viele ähnliche Studien und Ansätze ist. Obwohl sich mit geistes- beziehungsweise kulturwissenschaftlichen oder philosophischen Ambitionen der Problematik genähert wird, bleiben gerade kunst- und kulturtheoretische Konzepte (wie in diesem Beispiel die „Aura“) unhinterfragt (zur Kritik der „Aura“ vgl. Abschnitt 3.1 und 4.2).

Anhand des 2001 erschienenen Tagungsbandes[177] „Euphorie digital? Aspekte der Wissensvermittlung in Kunst, Kultur und Technologie“[178] lässt sich ein weiteres, in vielen Publikationen thematisiertes Problem aufzeigen. In der Einleitung wird, wie in vielen anderen Veröffentlichungen, darauf hingewiesen, dass die modernen Informations- und Kommunikationstechnologien auch Kultureinrichtungen, insbesondere Museen, Archive und Bibliotheken in einem enormen Tempo erobern und einen neuen Kommunikationsstandard setzen würden.[179] Jedoch wird in diesem Zusammenhang auf eine Widersprüchlichkeit hingewiesen, die hierbei häufig anzutreffen ist:

> „Allerdings existiert vielfach eine nicht zu übersehende Diskrepanz zwischen den Ergebnissen der realisierten Multimedia-, Internet- und Datenbankprojekte und den mit ihrer Einführung verknüpften hochgespannten Erwartungen.“[180]

Diese Diskrepanz, die nahezu bei jedem Projekt mit neuen Medien im Kulturbereich zu beobachten ist, wird als Ausgangspunkt für die in dem Tagungsband erörterten Probleme gesetzt. Denn angesichts

> „[...] der verbreiteten Faszination, die von der vermeintlich unbegrenzten Machbarkeit des Technischen ausgeht, wird dieser Widerspruch von Museums- und anderen Kulturfachleuten viel zu wenig wahrgenommen und noch weniger kritisch reflektiert und in entsprechendes Handeln umgesetzt.“[181]

---

177 Dokumentiert eine gleichnamige Tagung, die bereits im September 1998 im Heinz-Nixdorf-Museum, Paderborn, stattfand.

178 Gemmeke et al. 2001a

179 vgl. Gemmeke et al. 2001b, S. 9

180 Gemmeke et al. 2001b, S. 9

181 Gemmeke et al. 2001b, S. 9

Hier wird also erkannt, dass gerade im Kulturbereich eine kritische Auseinandersetzung von besonderer Bedeutung ist. Doch diese Forderung wird in den Beiträgen dieses Tagungsbandes nur teilweise eingelöst, da an vielen Stellen Hinweise zu finden sind, dass von den Museumsfachleuten die neuen Medien nur als ein Nebenschauplatz gesehen werden, die eigentliche Museumsarbeit aber unberührt von der Medienentwicklung bleibt. So wird von Giesecke beispielsweise „für die Zukunft der Wissensvermittlung in Kunst, Kultur und Technologie schon einmal vorab fest[ge]halten, dass wir, auch wenn die neuen Medien tatsächlich revolutionär sind, dennoch mit den traditionellen Formen weiterleben."[182] Diese Aussage, die in ähnlicher Form vielfach in diesem Band zu finden ist, verdeutlicht, dass hier mit Berufung auf die (geisteswissenschaftliche) Tradition davon ausgegangen wird, dass Kultureinrichtungen zukünftig auch ohne den Einsatz neuer Medien ihrer Aufgabe nachkommen können und davon auch wenig beeinflusst werden. Ein von Giesecke angestellter Vergleich mit dem Naturschutz ist in diesem Kontext besonders aussagekräftig. In Zeiten, in denen neue Formen der Informationsverarbeitung und neue Medienwelten „euphorisch" aufgenommen werden, hat die Kulturpolitik sozusagen „ökologische Gesichtspunkte zu berücksichtigen."[183] Dies wird von Giesecke dann weiter expliziert:

> „Die Erhaltung, Modifikation und das Umfunktionieren traditioneller Medien ist das Pendant zum Arten- und Naturschutz. Manche Museen werden ihr Überleben gerade nicht durch die Anpassung an die Multimedia-Technologie, sondern durch eine offensive Kultivierung ihrer Eigenart sichern, die aus anderen Zeitumständen herrührt."[184]

Anzumerken ist hierzu, dass zumindest der technikdeterministische Standpunkt überwunden ist. Jedoch erschwert die Berufung auf die „Tradition" ebenso wie die radikale Gegenposition die eigentlich geforderte kritische Haltung und verhindert somit, über mögliche Chancen der neuen Medien für Kunst und Kultur nachzudenken. Vieles wird im Vorhinein als kurzle-

182 Giesecke 2001, S. 65

183 Giesecke 2001, S. 65

184 Giesecke 2001, S. 65

biger Trend abgestempelt und deshalb für eine genauere Analyse als nicht lohnenswert eingestuft:

„Multimedia und Internet gelten als verheißungsvolle Schlüsselwörter. Sie versprechen neue Adressatengruppen, eine neue Besucheransprache, eine unterhaltsame Informationsvermittlung, Erlebnissteigerung, gar mehr Besucher."[185]

Doch dieses Versprechen wird meist nicht erfüllt – so zumindest die überwiegende Meinung der Autorinnen und Autoren dieses Sammelbandes. Die Ursache ist dafür auch, wie Staarmann schreibt, dass hier „sowohl kunstwissenschaftliche und kunstpädagogische Ansprüche als auch strategische Überlegungen des Marketings"[186] an die neuen Medien gestellt werden, die eben in gewissem Widerspruch stehen und schwer zu vereinbaren sind. Aber trotz dieser Betonung eines wissenschaftlichen Anspruchs, der ein reflektiertes und kritisches Vorgehen impliziert, lässt sich an einigen der Beiträge dieses Sammelbandes eine gewisse Nähe zum technikdeterministischen Verständnis ablesen. In vielen Aufsätzen finden sich dann doch Bemerkungen wie die folgende. Nach einer Analyse der Möglichkeiten der Vermittlung mit digitalen Medien schreibt Gemmeke:

„Den digitalen Medien, vor allem aber dem Internet, wird eine zunehmend größere Bedeutung innerhalb der menschlichen Alltagswelt zukommen. Dementsprechend sind auch die Museen gefragt, diesem Medium in ihrer Bildungs- und Vermittlungsarbeit einen größeren Stellenwert einzuräumen."[187]

Letztendlich sind die teilweise widersprüchlichen Aussagen in diesem Band und innerhalb einzelner Beiträge wohl auch der Zeit geschuldet. Im Zeitraum zwischen 1999 und 2003, in dem die Beiträge verfasst wurden, waren etliche Entwicklungen noch nicht abzusehen.

185 Gemmeke 2001, S. 183

186 Staarmann 2001, S. 191

187 Gemmeke 2001, S. 189

2.3.3 Web-2.0-Phase (2004-2008)

Die während der „Web 2.0“-Phase entstandene und 2008 erschienene Studie „Vom traditionellen zum virtuellen Museum. Die Erweiterung des Museums in den digitalen Raum des Internets“[188] von Schweibenz nimmt diese Entwicklungen auf, die in der Dotcom-Phase noch nicht überblickt werden konnten (vgl. oben). Aus dem Fachbereich der Informationswissenschaft kommend und mit großem Interesse an museologischen Fragestellungen, wird in dieser Arbeit die Erweiterung des Museums in die neuen Medienwelten aus unterschiedlichsten Perspektiven detailreich diskutiert. Bemerkenswert an dieser Arbeit ist die Vielschichtigkeit der Argumentation, die sich unterschiedlicher Muster bedient. Wegen der teilweise technikeuphorischen und deterministischen Argumente hätte die Arbeit auch in Abschnitt 2.1 eingeordnet werden können, denn Schweibenz ist überzeugt, Museen müssten neue Medien deshalb einsetzen, um „neue und erweiterte Kommunikationsmöglichkeiten mit ihrem Publikum aufzubauen und zu unterhalten.“[189] Als Erklärung folgt, dass Museen dazu „aber im Internet präsent sein [müssen], weil dies das elementarste Medium der Informationsgesellschaft darstellt.“[190] Hier muss angemerkt werden, dass Schweibenz diese Position nicht unbegründet vertritt und sich auch mit Argumenten der Gegenseite beschäftigt, die eine absichtliche Absenz der Museen in den neuen Medien sozusagen als Gegenschlag („counter medium“) zur Informationsgesellschaft sehen.[191] Die Entwicklung hin zur Informationsgesellschaft wird mit der industriellen Revolution verglichen, die Veränderung der Gesellschaft durch die Informationstechnologie philosophisch-materialistisch dargelegt, allerdings ohne die Begründungen oder die Auswirkungen zu thematisieren:

„Diese Veränderungen haben auch Einfluss auf Medien und Kultur, wobei sich die kulturellen Folgen noch nicht voll erschließen lassen [...] Fest steht jedoch, dass sich

188 Schweibenz 2008

189 Schweibenz 2008, S. 117

190 Schweibenz 2008, S. 117

191 vgl. Schweibenz 2008, S. 237

das Internet zunehmend als Medium für kulturelle Inhalte etabliert und dass neue Formen für Vermittlung dieser Inhalte entstehen."[192]

Als Folge wird prognostiziert, dass sich das Verständnis vom Museum grundlegend verändern wird. Schweibenz sieht langfristig die traditionelle Trennung der Institutionen in Archiv, Bibliothek und Museum als nicht haltbar. Diese Institutionen werden vielmehr „zu einer die Institutionen übergreifenden Gedächtnisinstitution (engl. „memory institutions") im Internet zusammenwachsen."[193] Um dies zu begründen und um sich argumentativ im Rahmen einer kommunikations- und informationswissenschaftlichen Arbeit der Gesamtproblematik nähern zu können, wird als eine Entwicklung in der Museumswelt herausgearbeitet, dass Wissenschaftler und Museologen die Hauptfunktion des Museums nicht mehr nur im Bewahren und Vermitteln ihrer Objekte sehen, sondern „vielmehr im Bewahren und Vermitteln der Informationen dieser Objekte."[194] Dieses Vorgehen ist ausschlaggebend dafür, dass die Studie nicht unter den technikdeterministischen Ansätzen in Abschnitt 2.1, sondern neben den geistes- und kulturwissenschaftlichen Arbeiten analysiert wird, da hier Resultate erzielt werden, die denen solcher Arbeiten ähnlich sind. Denn Schweibenz erkennt, dass das Problemfeld nicht allein die neuen Medien sind, sondern die gesamte Institution Museum unter neuen Gesichtspunkten gesehen werden muss, wenn eben nicht mehr das Objekt, sondern die Information im Mittelpunkt steht. Dadurch kommen neben der Begriffsbestimmung „Museum" auch andere zentrale Eigenschaften des Museums in den Blick; und es wird deutlich, dass es „neben der Definition als solcher auch die traditionellen Eckpfeiler des Museums [sind] und deren Tragfähigkeit kritisch hinterfragt werden müssen."[195] Schweibenz versteht dabei als „Eckpfeiler"

„[...] die Materialität, die Originalität und Authentizität des Museumsobjekts sowie die Autorität des Museums bei der Interpretation und Kommunikation seiner Objekte und der dazugehörigen Information. Diese sicher geglaubten Kennzeichen der Institution Museum werden sowohl durch den Wandel zur Informationsgesellschaft,

192 Schweibenz 2008, S. 237

193 Schweibenz 2008, S. 117

194 Schweibenz 2008, S. 12

195 Schweibenz 2008, S. 63

durch die Digitalisierung und den Internet-Einsatz im Museum als auch durch neuere Forschungen und Entwicklungen in der Museologie zunehmend in Frage gestellt."[196]

Konsequenterweise wird in dieser Arbeit deshalb auch auf theoretischer Ebene geprüft, wie sich dieser Wandel zur Informationsgesellschaft gestalten lässt. Hier werden etwa lerntheoretische und informationswissenschaftliche Theorien angeführt, jedoch nur am Rande auf kultur- und kunsttheoretische Aspekte verwiesen. Zwar wird kurz die Aura-Debatte in der Museologie und Kunstwissenschaft erwähnt, jedoch in diesem Zusammenhang als nicht zentral gesehen:

„Diese Diskussionen können an dieser Stelle nicht dargestellt werden, weil sie einerseits noch keineswegs abgeschlossen sind und weil diese andererseits den Rahmen dieser Arbeit sprengen würden. Es sind jedoch spannende Auseinandersetzungen, die unbedingt verfolgt werden müssen."[197]

Dieses unterstreicht zum einen das Vorhaben dieser Arbeit, die den unzureichenden Diskurs über eben diese kunst- und kulturtheoretischen Aspekte als ein Hauptproblem im Umgang mit neuen Medien im Kulturbereich vermutet. Zum anderen wird deutlich, dass ein Ansatz, der durch kommunikations- und informationswissenschaftliche Fragegestellungen erweitert ist, sich besser der Gesamtproblematik nähern kann als eine rein technikdeterministische Argumentation.

In einem 2007 durchgeführten Symposium zum Thema „Theater und Medien", das in einem Sammelband[198] dokumentiert wurde, stellen sich in den Beiträgen, die sich mit dem Einfluss der neuen Medien auf das Theater befassen, ebenfalls ähnliche Fragen. Hier werden ökonomische oder technikdeterministische Aspekte ebenso nahezu vollkommen ausgeklammert, stattdessen richten hier Theaterwissenschaftler den Blick auf kulturwissenschaftliche und medientheoretische Aspekte. An mehreren Stellen wird betont, dass die neuen Medien vor allem neue ästhetische Dimensionen eröffnen und die bisherigen Konzepte wie die Simultanität oder das Performati-

196 Schweibenz 2008, S. 63

197 Schweibenz 2008, S. 85

198 Schoenmakers et al. 2008

ve neu denken lassen. So heißt es beispielsweise in dem Beitrag von Elzenheimer:

„In dieser durch elektronische Medien eröffneten Dimension des ‚Möglichen' schießen ästhetische Kategorien der Simultanität, der Immaterialität und des Performativen zusammen."[199]

Ob dies für die zukünftige Praxis des Theaters wünschenswert ist, bleibt ebenso offen wie die Frage, inwieweit solche Kategorien überhaupt „zusammenschießen" können. Jedoch zeigen solche Überlegungen, dass sich der Diskurs sehr nahe an den Kernfragen bewegt, die für das Theater von Bedeutung sind. Ebenso werden immer wieder die erweiterten Möglichkeiten der Interaktion hervorgehoben, die sich durch die technologischen Entwicklungen ergeben. So heißt es in dem Beitrag von Vill:

„Die Technologieentwicklung der neuen Medien hat die virtuelle Bühnenraumgestaltung um eine Fülle von Möglichkeiten bereichert, die dem Zuschauer vielfältige Interaktionen in multimediale Installationen, Environments oder im Internet anbieten."[200]

Zu betonen ist bei diesem Ansatz nun, dass diese Entwicklungen nicht einfach nur beschrieben werden, sondern es wird jeweils dargestellt, was die Auswirkungen der neuen Technologien für das Theater beziehungsweise die Theaterbesucher sein könnten. So wird in diesem Beispiel der neuen Interaktionsmöglichkeiten argumentiert, dass die „aktive Beteiligung des Zuschauers als Mitakteur [...] das Erlebnis und die Reflexion über Sinn und Bedeutung des Kunstwerks [intensiviert]."[201] Hier und bei dem Beitrag von Dombois wird stets eine kritische Haltung bezogen, die nicht in unreflektierte Technikeuphorie umschlägt. Denn bevor eine Durchdringung (im positiven Sinne) des Theaters durch Technik geschieht „geht ein Riss durch die Einheit von Kunst und Technik, die in einem erweiterten Sinne auch eine Einheit von Theorie und Praxis sein sollte."[202]

199 Elzenheimer 2008, S. 346

200 Vill 2008, S. 457

201 Vill 2008, S. 457

202 Dombois 2008, S. 347

In diesem Zusammenhang ist auch Glesners Studie aus dem Jahr 2005 zu erwähnen, in der Internet und Theater im Übergang zum 21. Jahrhundert mit besonderem Augenmerk auf virtuelle Theateraufführungen und Performances untersucht werden. Während Glesners Versuch, eine Kategorisierung von „Internet Performances" aufzustellen, hier nicht weiter von Belang ist, zeigt eine Analyse der dafür verwendeten Argumentationsmuster, an welchen Diskurslinien sich diese theaterwissenschaftliche Arbeit orientiert. Glesner geht von der These aus, dass „über das Verhältnis, das Theater und Internet in den verschiedenen Kategorien von Internet Performances eingehen, eine Aussage zum Verhältnis von Kultur und Technologie im Übergang zum 21. Jahrhundert möglich werden kann."[203] Die Untersuchung beginnt nicht mit dem ersten Auftreten von „Internet Performances", sondern greift weit ins frühe 20. Jahrhundert zurück, was durch das gewachsene Verhältnis von Technologie und Kunst begründet wird:

> „Aus diesem Grund bindet die Arbeit den Untersuchungsgegenstand aus kulturhistorischer Perspektive in die beginnende Annäherung von Kunst, Technologie und Wissenschaft insbesondere seit der zweiten Hälfte des 20. Jahrhunderts ein und reflektiert die wissenschaftstheoretischen und historischen Grundlagen, die unsere Wahrnehmung von Internet Performances beeinflussen."[204]

Trotz des Widerspruchs von Technologie und Kunst und der eigentlichen Unvereinbarkeit von neuen Kommunikationsmedien und der Theaterpraxis wird eine Gemeinsamkeit herausgearbeitet, die im ersten Moment überrascht, es Glesner aber ermöglicht, Internet Performances in die theatergeschichtliche Tradition zu integrieren. Die bisher wohl allen theatralischen Aufführungen gemeinsame Eigenschaft, der gleichzeitigen Präsenz von Darsteller und Zuschauer an einem Ort, fehlt in der Regel bei Internet Performances. Wird dies jedoch als notwendige Eigenschaft zur Bestimmung von Theater gesehen, könnten Internet Performances nicht mehr als darstellende Kunst verstanden werden und wären letztendlich auch kein Untersuchungsgegenstand der Theaterwissenschaft. Genau dies möchte Glesner vermeiden und versucht deshalb, eine Verbindung darüber herzustellen,

203 Glesner 2005, S. 15

204 Glesner 2005, S. 15

dass sowohl Theater als auch Performances in neuen Medienwelten eben genau die Gemeinsamkeit des Bruchs mit den Traditionen haben:

„Indem Internet Performances in einer Gesellschaft, deren Kommunikation in zunehmendem Maße von den Möglichkeiten der Telekommunikation und des Internets bestimmt wird, mit der physischen Kopräsenz von Darstellern und Zuschauern brechen, stehen auch sie wieder innerhalb einer theatergeschichtlichen Tradition: der Tradition, mit einer Tradition zu brechen."[205]

So plausibel dies im ersten Moment scheint, ist es auf den zweiten Blick voller Widersprüche. Reiht sich nun alles, was in den neuen Medien geschieht und Traditionen bricht, in die „theatergeschichtliche Tradition" ein? Und ist es wirklich theatergeschichtliche Tradition, mit der Tradition zu brechen? Oder ist dies eine Besonderheit, die die Geschichte des Theaters seit dem 18. Jahrhundert prägt? Es ist hier nicht entscheidend, die Frage bis ins Details zu beantworten. Festzuhalten bleibt, dass trotz dieser Unbestimmtheiten hier eine Argumentationsstrategie deutlich wird, die für viele kultur- und geisteswissenschaftliche Arbeiten, die sich mit neuen Medien befassen, bezeichnend ist. Es wird hier nicht mit technikdeterministischen oder ökonomischen Erklärungen argumentiert, sondern versucht, die Möglichkeiten der neuen Medien im kunst- beziehungsweise theaterwissenschaftlichen Theoriediskurs zu beschreiben. Dass Glesner dies nicht detaillierter ausführt und in dieser Hinsicht nur bei oberflächlichen Überlegungen bleibt, ist verständlich, da die Arbeit, wie bereits erwähnt, einen anderen Schwerpunkt setzt. Jedoch wird die Notwendigkeit eines solchen Vorgehens erkannt und auf die über das Thema hinausgehende Bedeutung verwiesen, denn eine Untersuchung von Internet Performances eröffnet laut Glesner

„[...] ein neues Kapitel innerhalb der Geschichte der Performing Arts. Sie stellen sich die Frage, wie Theater unter der Bedingung Internet-basierter Kommunikation fortgeführt werden kann, genauso aber auch der Frage, wie sich die jüngsten technologischen Entwicklungen auf unser Verständnis von Kultur auswirken."[206]

205 Glesner 2005, S. 11

206 Glesner 2005, S. 243

Diese zwei Fragen lassen sich durchaus auf Theater und Museen im Allgemeinen übertragen. Damit zeigt sich, dass sich mit einem solch Ansatz entscheidende Fragen für die Zukunft entwickeln können. Jedoch müssen, was hier ebenfalls deutlich wurde, auch dahinterstehende kunst- und kulturtheoretische Konzepte auf ihre Vereinbarkeit geprüft werden. Glesner sieht diese unhinterfragt als gegeben und bestimmt „Internet Performance als Theaterform der Netzwerkgesellschaft“[207], sieht also den gesellschaftlichen Diskurs der aktuellen Kunst- und Kulturtheorie und Internet Performances als sich gegenseitig bedingend.[208] Und die Kunstproduktionen forderten in den letzten Jahren eben genau ein Medium. Glesner folgert deshalb, dass „das Internet und keine andere Technologie für diese Produktionen notwendig war.“[209]

2.3.4 Social-Web-Phase (seit 2008)

Als erstes soll hier auf eine Publikation verwiesen werden, die zu Beginn der *Social-Web*-Phase entstanden ist und die bereits in Abschnitt 2.2 bei den ökonomischen Argumentationsansätzen kurz angesprochen wurde: der 2010 erschienene Tagungsband zur „Kultur 2.0“[210], aus dem sich ablesen lässt, dass sich die geistes- und kulturwissenschaftlichen Überlegungen zu dieser Thematik nur leicht verschoben haben. Aus vielen der dort publizierten Beiträge mit kulturwissenschaftlichen Ambitionen[211] ist herauszulesen, dass weiterhin Unklarheit besteht, wie Marketing, Kunst- und Kulturvermittlung aus kulturwissenschaftlicher Perspektive in Einklang gebracht wer-

---

207 Glesner 2005, S. 341

208 Eine Studie von 2011 zum Thema „Internet-Auftritte“ kommt zu ähnlichen Ergebnissen und beklagt, dass die Theaterwissenschaft gerade dazu neige, „ihren Begriff von Theater in Abgrenzung zu den Medien zu gewinnen“ (Otto 2012, S. 12). Da in dieser Studie insbesondere eine Theatergeschichte der neuen Medien skizziert wird, ist hier im Detail nicht weiter darauf einzugehen. Die darin entwickelten Überlegungen zur Interaktivität werden jedoch erneut im vierten Kapitel dieser Arbeit aufgegriffen (vgl. Abschnitt 4.5).

209 Glesner 2005, S. 341

210 Herausgegeben von Scheurer und Spiller 2010.

211 Etwa bei Holst 2010, S. 138, Weber und Kopka 2010, S. 187ff, Breidenich 2010, S. 101ff sowie Meyer 2010, S. 82ff.

den sollen. Zum einen werden die Möglichkeiten, die die neuen Medien für die Kultur bieten, in höchsten Tönen gepriesen:

> „Das Internet bietet also heute und in Zukunft die technologische Grundlage, um Kultur und das darin schlummernde Wissen in einer enormen Vielfalt und Tiefe wesentlich sichtbarer zu machen, als es jemals zuvor in der uns bekannten Geschichte der Menschheit möglich war."[212]

Zum anderen ist jedoch kein Ansatz in diesem Sammelband zu erkennen, der dies tatsächlich „sichtbar" macht, was verdeutlicht, dass auch hier noch erheblicher Forschungsbedarf besteht.

Nicht unerwähnt sollen in diesem Zusammenhang die Publikationen und Forschungsarbeiten des Zentrums für Kunst und Medientechnologie (ZKM) in Karlsruhe bleiben, dass zu einer der größten Einrichtungen für Medienkunst weltweit zählt.[213] In Kooperation mit der benachbarten Staatlichen Hochschule für Gestaltung Karlsruhe wird dort neben der Ausstellung, Aufführung und Produktion von Kunst unter Einbeziehung neuer Technologien ebenso an der Erforschung derselben gearbeitet. Das ZKM wird deshalb vielfach als eine zentrale Plattform der Begegnung von Kunst, Wissenschaft, Politik und Wirtschaft bezeichnet, die großen Einfluss auf den Diskurs um neue Technologien im deutschsprachigen Raum ausübt.[214] Seit der Eröffnung im Jahre 1997 sind in dem Umfeld viele Publikationen entstanden, eine der neuesten soll hier kurz Erwähnung finden. Anhand des 2007[215] erschienenen Sammelbands „Vom Betrachter zum Gestalter. Neue Medien in Museen – Strategien, Beispiele und Perspektiven für die Bildung"[216], der eine in demselben Jahr abgehaltene Tagung[217] dokumentiert, lassen sich einige zentrale Positionen exemplarisch herausarbeiten. Im Vor-

212 Breitenbach 2010, S. 93

213 vgl. Schwarz 1997 und www.zkm.de

214 vgl. Mangold et al. 2007b

215 Da 2007 erschienen, wäre diese auch der „Web 2.0"-Phase zuzuordnen gewesen; jedoch sprechen die zukunftsweisenden Untersuchungen für die Zuordnung für die Social-Web-Phase.

216 Mangold et al. 2007b

217 Die bereits erwähnte Tagung „Museum and Internet" (MAI-Tagung), www.mai-tagung.de

wort wird darauf hingewiesen, dass sich daran erkennen lasse, ob eine (Kultur-)Einrichtung überhaupt zukunftsfähig sei, inwieweit sie in der Lage sei, ihre Aktivitäten „vor dem Hintergrund der jeweils aktuellen gesellschaftlichen Situation und der daraus resultierenden Möglichkeiten zu reflektieren und gegebenenfalls Neuerungen umzusetzen.“[218] Der Hinweis auf „Reflexion“ und die Einfügung „gegebenenfalls“ verdeutlicht, dass es sich hier eben nicht um ein technikdeterministisches Verständnis handelt. Weiter heißt es, dass dies insbesondere für Museen gelte, da diese zu den Einrichtungen zu zählen seien, die sich mit Bildung befassen.[219] Als die zukünftige Aufgabe der Forschung und der Museumsarbeit wird eine reflektierende Integrationsarbeit gesehen:

> „Es gilt nun, diese (inter)aktiven Mediennutzungen einer bereits im Entstehen begriffenen hochdynamischen Kultur Neuer Medien in das Museum und die Bildungseinrichtungen der Zukunft zu integrieren.“[220]

Es wird erkannt, dass sich dabei neben dem zweifelsfrei vorhandenen Potential neuer Medien auch ganz eigene Herausforderungen stellen, aus denen sich nach Mangold unter anderem folgende Fragen entwickeln lassen:[221]

- Welches Medienspektrum kann eingesetzt werden, um neue Besucher zu gewinnen, ohne den Verlust der traditionellen Klientel zu riskieren?
- Wie wird die – für Bildungseinrichtungen unverzichtbare – Qualität der Beiträge trotz aller Interaktivität und Nutzerbeteiligung gewahrt?
- Welche Beteiligungsformen eignen sich überhaupt für (unterschiedliche) Museen?

An der Formulierung dieser Fragestellung lässt sich bereits erkennen, dass hier mehrere Ebenen bedacht werden. Neben der Frage nach „Qualität“ wird hier zudem auch überlegt, inwieweit pauschale Antworten für den doch so vielfältigen Bereich der unterschiedlichsten Museumsformen gege-

218 Mangold et al. 2007a, S. 13

219 vgl. Mangold et al. 2007a, S. 13

220 Mangold et al. 2007a, S. 15f

221 vgl. Mangold et al. 2007a, S. 15f

ben werden können. Zudem werden stets die Kernaufgaben der Museen im Blick behalten und die Möglichkeiten der neuen Medien in diesem Kontext gesehen. Zwar wird an vielen Stellen betont, dass sich durch den Einsatz elektronischer Medien auch für Museen neue Möglichkeiten ergäben, „ihren Auftrag als Bewahrer und Vermittler von kulturellen Informationen neu zu gestalten“[222], jedoch werden dann für solche Aussagen, im Gegensatz zu anderen Arbeiten (vgl. oben), ausführliche Begründungen gesucht und diese detailliert erörtert. Ein zentraler Punkt, der dabei mehrfach betont wird, ist, dass es nicht ausschließlich darum gehen sollte, die neuen Medien alleine für das Marketing zu nutzen und den „Erfolg“ an harten Zahlen wie verkauften Eintrittskarten zu messen. Bei Kultur- und Bildungsinstitutionen müssten hier andere Schwerpunkte gesetzt werden:

> „Jenseits statistischer Größen wie Besucher- oder Teilnehmerzahlen geht es daher um die für alle Bildungsinstitutionen in spezifischer Weise zu beantwortende Schlüsselfrage: Wie können neue Personengruppen erreicht werden, ohne dass man gleichzeitig den Verlust der traditionellen Klientel riskiert?“[223]

Für die Beantwortung dieser hier formulierten Schlüsselfragen werden mehrere Optionen angeboten. Wichtig bei allen sei ein professionelles *Digital Storytelling*, was hier[224] als ein medienspezifischer Einsatz des Erzählens beziehungsweise des Vermittelns von Inhalten verstanden wird. An dieser Stelle zeigt sich das vorherrschende Argumentationsmuster: Die Verwendung des *Digital Storytellings* wird deshalb empfohlen, weil es eine Technik ist, die im Kulturbetrieb bereits „offline“ verankert ist. Ausstellungen und Aufführungen, aber auch Kataloge und Programmhefte nutzen seit jeher auf unterschiedliche Weise narrative Strategien zur Vermittlung der (Bildungs-)Inhalte. Deshalb ist eine Fokussierung auf *Storytelling* in den neuen Medienwelten ein konsequenter nächster Schritt[225]. Mangold führt detailliert aus, warum zukünftige Formen des *Digital Storytelling*, insbesondere im Zusammenhang mit Bildungseinrichtungen, als spezielle For-

---

222 Eirund et al. 2007, S. 185

223 Mangold und Woletz 2007, S. 33

224 Aufgrund der äußerst vielschichtigen Verwendung des Begriffs Digital Storytelling ist diese spezifische Verwendung zu betonen.

225 Mangold und Woletz 2007, S. 33

men der Mediennutzung ins Zentrum gestellt werden sollten, da diese „bereits aus der Alltagspraxis den Besuchern bekannt und etabliert sind und auf vorhandene Medienkompetenzen und Technologien aufbauen.“[226] Die Argumentation hat zwar Anklänge an technikdeterministische Herangehensweisen (vgl. Abschnitt 2.1), jedoch ist sie diesen nicht zuzuordnen, da dies hier nur als eine Möglichkeit gesehen wird und nicht als unausweichliche Entwicklung durch die Veränderung der Medienwelten. Das veranschaulicht insbesondere folgende von Mangold formulierte Hypothese, mit der nochmals betont wird, dass hier bereits vorhandene, sozusagen „offline“ erprobte Strategien in die neuen Medienwelten übertragen[227] werden:

> „Dabei wird von folgender Hypothese ausgegangen: Die Kombination von narrativen Strategien und Neuen Medien im Digital Storytelling bildet durch den hohen Aufforderungscharakter beziehungsweise die niedrige Hemmschwelle besonders bei gebräuchlichen Technologien und bereits bestehenden Medienkompetenzen einen breiten Lösungshorizont für zentrale Aufgaben im gesamten Bereich der Bildung.“[228]

Der 6. Bundeskongress der Kulturpolitischen Gesellschaft (KuPoGe), der zum Thema „netz.macht.kultur“ im Juni 2011 in Berlin stattfand, sowie die im selben Jahr erschienene Kongressdokumentation im Jahrbuch für Kulturpolitik 2011 mit dem Themenschwerpunkt „Digitalisierung und Internet“[229] verdienen an dieser Stelle ebenfalls Erwähnung. In dem Kongress wurde, wie der Schirmherr Neumann, damalig Staatsminister und Beauftragter der Bundesregierung für Kultur und Medien, zusammenfasst

226 Mangold und Woletz 2007, S. 44

227 Äußerst anschaulich lässt sich dieses Argumentationsmuster auch durch Weibels Beitrag in diesem Band aufzeigen (vgl. Weibel 2007). Da darauf in Abschnitt 4.7 detailliert eigegangen wird, soll an dieser Stelle darauf verzichtet werden. Ebenso kann hier auf die weiteren wichtigen Publikationen des ZKM zu dieser Thematik nur verwiesen werden (unter anderem Diemand et al. 2007; Hochmuth et al. 2009), da eine detaillierte Analyse aufgrund der Zielsetzung dieser Arbeit nicht weiter von Relevanz ist.

228 Mangold und Woletz 2007, S. 44

229 Wagner 2011

„[...] die gesamte Bandbreite der digitalen Kulturpolitik abgebildet und gezeigt, dass die Themen Internet sowie digitale Technologien auch im Bewusstsein der Kulturbranche eine zentrale Rolle spielen [...] War die Thematik bis vor einigen Jahren noch technologiebegeisterten Eingeweihten vorbehalten, hat sie sich inzwischen zu einer Angelegenheit von gesamtgesellschaftlichem Interesse entwickelt."[230]

Dabei ist es nach Neumann Aufgabe der Kulturpolitik, „dass die Chancen der digitalen Technologien für die Kultur genutzt, deren Risiken aber minimiert werden."[231] Für Neumann eröffnet das Internet „bisher ungekannte Möglichkeiten der kulturellen Vermittlung."[232] Unzweideutig ist hier, dass ökonomische Aspekte nicht an erster Stelle stehen, was bei der überwiegenden Zahl der Beiträge zu beobachten ist.[233] In Neumanns abschließender Forderung für die Zukunft ist zu erkennen, dass es nicht primär um die neuen Möglichkeiten der Vermarktung von Kunst und Kultur im *Social Web* geht, sondern gerade die nichtökonomischen Aspekte im Kontext des kulturpolitischen Diskurses eine Rolle spielen:

„Wir müssen diese Chance ergreifen und die Voraussetzung dafür schaffen, dass Zugang zur Kultur, zu traditionellen und innovativen Werken, zur Auseinandersetzung mit Kunst insgesamt auch über das Netz und mit modernen Techniken stärker möglich ist."[234]

Auch Scheytt, der Präsident der Kulturpolitischen Gesellschaft, stimmt dieser These in seinen einleitenden Worten im Großen und Ganzen zu, gibt jedoch abschließend Folgendes zu bedenken:

230 Neumann 2011, S. 9

231 Neumann 2011, S. 9

232 Neumann 2011, S. 10

233 Auch wenn diese in einzelnen Beiträgen des Bandes, insbesondere zum Urheberrecht (vgl. beispielswiese Kreutzer 2011 und Pfenning 2011) oder Online-Marketing (vgl. beispielswiese Henner-Fehr 2011 und Bamberger 2011), thematisiert werden.

234 Neumann 2011, S. 10

„Digital ist nicht alles. Der unmittelbare Austausch unter leibhaftigen Individuen, die Begegnung mit dem Kunstwerk als Original, das Erlebnis von Aura und Authentizität – all dies bleibt ein Grundbedürfnis des Menschen.“[235]

Auch hier erfolgt also wieder ein Rückgriff auf das bereits mehrfach angesprochene und kritisierte Aura-Konzept (vgl. oben und Abschnitt 4.2). Deutlich wird an dieser Stelle, dass aus einer kultur- und geisteswissenschaftlichen Perspektive mit spätromantischen und metaphysischen Anlehnungen argumentiert wird.

Im Folgenden soll noch der Beitrag von Sievers, dem Geschäftsführer der Kulturpolitischen Gesellschaft, betrachtet werden. Sievers versucht darin, wie er selbst schreibt, „Thesen und Debatten zusammen[zufassen]“[236], die im Vorfeld der Planung, aber auch während des Kongresses diskutiert wurden und somit einen guten Überblick über die Diskursfelder geben, an denen die Kulturpolitische Gesellschaft beteiligt ist.[237]

Sievers zieht historische Vergleiche und meint, dass sich jetzt die „Netzeuphoriker und -skeptiker“ wie früher die „Modernisten und Traditionalisten“ gegenüberstünden.[238] Wie viele Autoren bemerkt auch er, dass die Geschwindigkeit der technischen Innovationen extrem hoch sei.[239] Jedoch ergänzt er dazu eine weitere wichtige Beobachtung, nämlich dass „die ausgetauschten Argumente [...] nicht immer neu und oft schnell überholt [sind]. Nicht immer wird klar, wer mit wem über was und mit welcher Perspektive streitet“[240] – ein Punkt, den auch diese Arbeit aufzeigen möchte, indem hier unter anderem die technikdeterministischen, ökonomischen und geisteswissenschaftlichen „Ansätze“ im kulturmanagerialen Diskurs gegenüberge-

235 Scheytt 2011, S. 14

236 Sievers 2011, S. 16

237 Viele andere Artikel wären an dieser Stelle einer Erwähnung wert gewesen, da hier einige Wegbereiter der Kulturpolitik und des Kulturmanagements im Kontext der neuen Medien zu Wort kommen, unter anderem zum „Strukturwandel der Öffentlichkeit 2.0“ (Schulze 2011), zum Online-Kulturmarketing (Klein 2011a), zur Online-Kulturvermittlung (Mandel 2011), zur kulturellen Medienbildung (Zacharias 2011) und zum Urheberrecht (Grassmuck 2011).

238 vgl. Sievers 2011, S. 16

239 vgl. Sievers 2011, S. 16

240 Sievers 2011, S. 16

stellt werden. Als Beispiel für das Problem der unterschiedlichen Perspektiven nennt Sievers folgende Konflikte:

„Während die Optimisten mit den neuen Optionen der Digitalisierung einen Zugewinn an Freiheit und politischer Beteiligung verbinden, warnen die Skeptiker vor dem ‚gläsernen Menschen' und ‚digitaler Überforderung'. Die einen preisen Kooperation, Kollaboration, Crowdsourcing und Enthierarchisierung als neue Prinzipien einer kommenden Partizipations- und Wissensgesellschaft, während die Gegner über die ‚Weisheit der Massen', deren ‚Schwarm-Intelligenz' und der damit verbundenen Amateurkultur die ‚Nase' rümpfen."[241]

Letztendlich ist ersichtlich, dass die Ursache der Kontroverse nicht so sehr die technischen Neuerungen sind, sondern die Perspektive, aus welcher diese kritisiert werden, von Bedeutung ist. Es klingt jedoch auch an, dass Sievers davon überzeugt ist, dass es kein Zurück gibt. Die neuen Medien schaffen unausweichlich „neue Produktionsbedingungen im ‚Betriebssystem Kunst' und ermöglichen neue Formen der Vermittlung kultureller Werke und ihrer medialen Rezeption."[242] Dabei wird insbesondere die „Option auf eine bisher nicht gekannte egalitäre Kommunikation und Partizipation [herausgestellt]"[243], die das Internet und insbesondere auch das *Social Web* eröffnen. Aber auch hier ist dies eine Sache der Perspektive, denn es ist eine Frage, die unabhängig von den Medien zu klären ist, ob beispielsweise eine Kultureinrichtung eine Partizipation ihrer Besucher überhaupt wünscht oder zulassen möchte. Bezüglich der offenen und drängenden Fragen, die im Kontext der neuen Medien als Aufgabe für die Kulturpolitik entstehen, schlägt Sievers neun Aufgaben zur Diskussion vor:[244]

- Programm- und Wertedebatten initiieren;
- Qualitätsstandard kultureller Öffentlichkeit schützen;
- Kulturnutzer zu Koproduzenten machen;
- Kulturelle (Medien-)Bildung intensivieren;
- Kulturmarketing digital qualifizieren;

---

241 Sievers 2011, S. 16

242 Sievers 2011, S. 16

243 Sievers 2011, S. 16

244 vgl. Sievers 2011, S. 17ff

- Urheberrecht reformieren;
- Kulturelles Erbe digital sichern und vermitteln;
- Digitale Kulturfinanzierung stärken;
- Kulturelle Interessenspolitik demokratisieren.

Diese Aufgaben und Forderungen geben ein gutes Bild davon ab, was in den weiteren Beiträgen des Sammelbandes diskutiert wird. Wie Sievers selbst bemerkt, sind keine endgültigen Antworten zu erwarten, sondern es sind Punkte, die auch in Zukunft weiter diskutiert werden müssen. Deutlich wird jedoch hier, dass sich die Fragestellungen auf eine andere Ebene verschieben. Es geht nicht, wie bei vielen ökonomisch oder technisch argumentierenden Ansätzen um die Frage, ob dieses oder jenes *Social-Media-Tool* oder diese und jene Technologie auch in einer Kultureinrichtung zum Einsatz kommen soll. Vielmehr wird gefragt, ob die neuen Entwicklungen mit dem eigenen Verständnis von Kultur beziehungsweise Kulturpolitik zu vereinbaren sind. Sievers liefert auch einen Begründungsversuch, warum die Fragen so drängend seien:

> „Selten zuvor war die Neue Kulturpolitik als Gesellschaftspolitik programmatisch und konzeptionell so herausgefordert wie gegenwärtig und zwar nicht nur wegen der Skepsis gegenüber einigen Folgen der Digitalisierung, sondern gerade auch wegen ihrer Nähe zu zentralen Philosophien, die mit ihr verbunden sind.“[245]

Als Beispiel wird hier „Kultur für alle“ (und „Kultur von allen“) genannt, was nun mit den neuen Medienwelten eben möglicher erscheint als in den siebziger Jahren.[246] Es sind hier also auch Parallelen zu einer der zentralen Überlegungen dieser Arbeit zu sehen: Die „Philosophie“ der neuen Medien ist nicht neu, sondern zeigt Ähnlichkeiten – oder Kompatibilitäten – mit philosophischen beziehungsweise kunsttheoretischen Konzepten, die schon seit vielen Jahrzehnten das kulturelle Leben in Deutschland prägen. Doch dies soll detaillierter erst im nächsten Kapitel ausgearbeitet werden.

An dieser Stelle geht es primär darum, die Argumentationsmuster aufzuzeigen und die Horizonte zu beschreiben, die mit einem solchen „philosophischen“ Herangehen eröffnet werden können. Um dies zu unterstrei-

245 Sievers 2011, S. 22

246 vgl. Sievers 2011, S. 22

chen, sei abschließend noch kurz auf einen älteren Sammelband aus der Frühphase verwiesen, der ebenfalls von Fehr herausgegeben wurde[247]. Hier bringt Siepmann, der sich ebenfalls mit der Problematik beschäftig, die Überlegungen auf den Punkt. Für Museen geht es darum, zu erkennen, dass derzeit eine bestimmte Gestalt der Wirklichkeit von der „Medienwirklichkeit“ abgelöst wird, also nach Bolz die „empirische Welt“ von den „virtuellen Welten“. Jedoch ist diese „empirische Welt“, so Siepmann „dummerweise gerade die, der sie [die Museen] ihr Selbstverständnis verdanken“[248], und erfordert, dass sich die Kultureinrichtungen deshalb „unbequemerweise transformieren müssen.“[249] Und diese Transformation erfolgt eben nicht aus technikdeterministischen oder ökonomischen Gründen oder

> „[...] um irgendwie zeitgemäß zu sein, sondern weil in der neuen Wirklichkeit unverhofft wirklich wichtige Aufgaben auf die gesellschaftliche Institution Museum zukommen. Aufgaben, die völlig veränderte Potentiale erfordern. Es geht bei der Konfrontation mit den neuen Medien nicht um eine Technisierung des Museums, sondern um die Erneuerung seiner Episteme.“[250]

Mit „Episteme“ meint Siepmann hier (in Anlehnung an Foucault[251]) die Struktur des Denkens der aktuellen Epoche, die von dem Diskurs der Wissenschaft geprägt wird. Vereinfacht[252] gesagt kann hieraus gelesen werden, dass es nicht nur um die Einführung neuer Medien im Kulturbereich geht, sondern eben um ein Umdenken im (wissenschaftlichen) Diskurs des Kulturbetriebs, das durch die neuen Medienwelten erforderlich wird. An dieser Stelle sollen aus den bereits erwähnten Gründen noch nicht die Konsequenzen einer solchen Überlegung im Detail erörtert werden (vgl. dazu 4. Kapitel), sondern erneut die Relevanz einer philosophischen Argumentation hervorgehoben werden.

---

247 Fehr 1998

248 Siepmann 1998, S. 341

249 Siepmann 1998, S. 341

250 Siepmann 1998, S. 341

251 vgl. dazu Foucault 2003 orig. 1966, S. 254ff und Abschnitt 3.8.

252 Eine detaillierte Analyse dieser Thematik findet sich im zweiten Teil dieser Arbeit (Kapitel 3 und Kapitel 4).

2.4 ZUSAMMENFASSUNG UND FAZIT

In diesem Kapitel wurden zum einen die Anknüpfungspunkte dieser Arbeit an den kulturmanagerialen Forschungsdiskurs aufgezeigt. Zum anderen wurden hier die unterschiedlichen Argumentationsmuster zum Umgang mit neuen Medien im Kunst- und Kulturbereich im Forschungsdiskurs des Kulturmanagements und der angewandten Kulturwissenschaft in den letzten fünfzehn bis zwanzig Jahren herausgearbeitet. Dabei konnten insbesondere drei Argumentationsansätze gehäuft verortet werden:

(1) Technikdeterministische Ansätze sehen in dem Einsatz neuer Medien eine unvermeidliche Entwicklung, an der kein Weg vorbeiführt. Aufgrund dieser Annahme können sämtliche Überlegungen über die Vor- und Nachteile neuer Medien nahezu vollkommen ausgeblendet werden, was teilweise zu einer unreflektierten und damit blinden Technikeuphorie führt. (2) Ökonomische Argumentationsmodelle stellen die Kostenersparnisse bei Kunstvermittlung und Kulturmarketing mit neuen Medien in den Vordergrund. Dies führt bei einigen Ansätzen ebenso wie beim technikdeterministischen Verständnis dazu, dass auch hier keine weiteren Reflexionen über mögliche Nachteile oder andere Vorteile notwendig erscheinen, da der ökonomische Aspekt als so gewichtig angesehen wird. (3) Geistes- und kulturwissenschaftliche Ansätze berufen sich auf kunst-, kultur- oder medientheoretische Aspekte, um den Einsatz neuer Medien zu bewerten. Es konnte gezeigt werden, dass ein solches Vorgehen gegenüber den beiden anderen Positionen von Vorteil ist, da es dem Gegenstand des Kulturbetriebs gerecht wird und zudem keine oder weniger Fragestellungen ausgeblendet werden. Aber es überwiegt bei Vertretern dieser Herangehensweise eine kritische Haltung gegenüber neuen Medien. Deren Einsatz für die Kunst- und Kulturvermittlung wird oft deshalb abgelehnt, weil theoretische Standpunkte eingenommen werden, die im Diskurs der Kunst- und Kulturtheorie als überholt angesehen werden, etwa durch metaphysische Argumente bei Vertretern eines auratischen Kunstverständnisses. Gerade dadurch kann gefolgert werden, dass die Auseinandersetzung mit neuen Medien in Kunst und Kulturbetrieb Hand in Hand mit dem Diskurs über allgemeine kunst-, kultur- und medientheoretische Ansätze geführt werden muss, was in den folgenden Kapiteln dieser Arbeit unternommen wird.

Teil B: Revision – Kunstkonzepte und das *Social Web*

3 Kunsttheoretische Konzepte des Kulturmanagement-Diskurses

Wie im letzten Kapitel dieser Arbeit erörtert wurde, dominieren bei der Bewertung der Einsatzmöglichkeit neuer Medien im Kulturmanagement kultur- und geisteswissenschaftliche Argumentationsmuster, die sich überwiegend kritisch gegenüber dem Einsatz des *Social Web* für Kunst und Kultur äußern. Es konnte im letzten Kapitel ebenfalls gezeigt werden, dass der Umgang mit den elektronischen Welten letztendlich von kunsttheoretischen Konzepten bestimmt wird. Um hier nur an ein Beispiel zu erinnern: Über die möglichen Vor- und Nachteile einer Präsentation von Kunstwerken in einem virtuellen Museum zu diskutieren, ist nahezu ziellos, wenn von einem auratischen Kunstverständnis ausgegangen wird. Ein solches Kunstverständnis bestimmt und beherrscht das Reden über virtuelle Welten aus einer bestimmten Perspektive. Um aber die Möglichkeiten und Risiken eines virtuellen Museums in voller Breite analysieren zu können, muss eine Ebene tiefer angesetzt werden und das Kunstverständnis einer genaueren Betrachtung unterzogen werden, welches den kritischen Umgang mit neuen Medien möglicherweise blockiert oder im positiven wie negativen Sinne beherrscht. Missverständnisse und Fehlinterpretationen sollen aufgedeckt und erörtert werden. Im Folgenden werden deshalb die zentralen kunsttheoretischen Konzepte analysiert und einer Revision unterzogen. Betrachtet werden einflussreiche Theorien und Konzepte von Künstlern und Philosophen, die im Kulturmanagement-Diskurs im Kontext der neuen Medien als kunsttheoretische Konzepte prägend sind. Die Auswahl erfolgte primär[1] auf Basis der Befunde im 2. Kapitel. Alle in den untersuchten kulturmanagerialen Studien häufig erwähnten und zitierten kunst- und medientheoretischen Ansätze und Konzepte des 20. und 21. Jahrhunderts werden im Folgenden aufgegriffen.[2] Betrachtet werden Konzepte wie Aura und Reproduzierbarkeit (Benjamin), Kultur- und Bewusstseinsindustrie (Horkheimer, Adorno, Enzensberger), Brechts Radiotheorie, Ansätze von offenen und schreibbaren Kunstwerken (Barthes, Eco) bis hin zu postmodernen Theorien (Lyotard, Deleuze, Derrida). In einem kurzen Exkurs werden im vorletzten Abschnitt zentrale Technikphilosophien der Medien[3] im Kontext von Kunst und Kultur erörtert. Aufgrund der bereits erwähnten Einschränkungen und

1 Zum Zweiten wurden aktuelle Einführungen in die Ästhetik, Kunsttheorie und Philosophie der Kunst (und angrenzende Bereiche) ausgewertet. Kunsttheorien, die in den meisten dieser Grundlagenwerken Beachtung in ähnlichem Umfang fanden, werden als „diskursprägend" verstanden. Ausgewertet wurden Schneider 1996, Zima 1995, Bertram 2005, Eagleton 1994, Majetschak 2007, Reicher 2005, Held et al. 2007, Nünning 1998, Schanze und Pütz 2002, Renner und Habekost 1995, Helmes und Köster 2002, Kimmich et al. 1996 und Weber 2010d.

2 Auch ähnliche Konzepte wurden bewusst ausgeklammert. So findet beispielsweise Danto in Grundlagenwerken vielfach Erwähnung, sein Konzept der „aboutness" ist jedoch – wie beispielsweise bei Benjamin – eine letztendlich metaphysisch argumentierende und essentialistische Kunsttheorie, die auf gleiche Weise zu kritisieren ist (vgl. Schneider 1996, S. 226, Danto 1991).

3 Nach Margreiter speist sich die Mediendiskussion der letzten Jahre vornehmlich aus vier verschiedenen Quellen (vgl. Margreiter 1999, S. 9 und Weber 2010a, S. 28): Neben den postmodernen Medientheorien, der Systemtheorie (sowie dem radikalen Konstruktivismus) nennt Margreiter als dritte die philologische und historische Forschung und als vierte die sprach- und symboltheoretische (vgl. Margreiter 1999, S. 9 und Weber 2010a, S. 28). Weber erweitert diese vier Diskursfelder auf über zehn, da seiner Ansicht nach beispielsweise Cultural Studies und Zeichentheorien noch unberücksichtigt bleiben (vgl. Weber 2010a, S. 28). Sämtliche Diskursfelder hier abzuhandeln, würde nicht nur den Rahmen sprengen, sondern auch nicht zielführend sein, da dies nicht die zentralen Episteme sind, die das kulturmanageriale Diskursfeld in Sachen neue Medien bestimmen (zur Auswahl vgl. Fußnote zuvor).

aus forschungspragmatischen Aspekten finden einige Ansätze, insbesondere naturalistische Theorien, nur am Rande Erwähnung.[4]

3.1 KUNSTWERK, AURA, REPRODUZIERBARKEIT (BENJAMIN)

Während Benjamin von seinen Zeitgenossen kaum wahrgenommen wurde und nur ein kleiner Kreis (unter anderem Brecht, Adorno und Scholem, vgl. unten) seinen, wie Schneider schreibt, „überragenden Rang als Kunsttheoretiker“[5] bereits zu Lebzeiten erkannte, zählt sein Werk gut 70 Jahre nach seinem Tod laut Kramer „mittlerweile zum Grundinventar der geisteswissenschaftlichen Diskurse“[6]. Der 1935 entstandene und ab 1936 in mehreren Fassungen erschienene[7] Essay *Das Kunstwerk im Zeitalter seiner technischen Reproduzierbarkeit* ist zweifellos Benjamins bekanntester Aufsatz[8], in dem zum einen die vielzitierte Idee der „Aura“ entwickelt wird und zum anderen Reproduktionstechniken von Kunst einer kritischen Analyse unter-

4 Ausgeklammert werden die Hauptströmungen sämtlicher naturalistischer Kunst- und Medientheorien. Gemeint sind hier Ansätze, die Forschungsergebnisse aus den Naturwissenschaften übernehmen und, wie Quine formuliert, von der „Naturalisierung der Erkenntnistheorie“ geprägt sind (vgl. van Quine 1987 orig. 1960 und Weber 2010a, S. 29). Damit ist gemeint, dass die einst von den Geisteswissenschaften hochgehaltenen Konzepte wie „Geist“, „Willensfreiheit“ und auch „Kultur“ auf rein naturwissenschaftlicher Basis gesehen werden (vgl. Weber 2010a, S. 30). Kybernetik und Systemtheorie sind in diesem Verständnis in gewisser Weise als naturalistische Theorien zu verstehen, da sie, wie Weber deutlich macht, „versuchen, naturwissenschaftliche Denklogiken wie auch Befunde auf (medien-)kulturelle Dynamik zu übertragen“ (Weber 2010a, S. 30). Im Gegensatz dazu orientieren sich die „kulturalistischen“ Kunst- und Medientheorien an der „genuinen Begrifflichkeit der Kulturwissenschaften; sie beobachten nicht eine Naturalisierung der Kultur, sondern vielmehr eine Kulturalisierung der Natur“ (Weber 2010a, S. 30).

5 Schneider 1996, S. 180

6 Kramer 2010, S. 7

7 Zu den unterschiedlichen Versionen vgl. Kramer 2010, S. 144

8 vgl. Kramer 2010, S. 90

zogen werden. Insbesondere wegen der inzwischen sehr „populär gewordenen Aura“[9] gilt der Essay heute als „theoretischer Basistext“[10].

Die ab Mitte der fünfziger Jahre einsetzende intensive Benjamin-Rezeption ist Brecht (vgl. Abschnitt 3.3) und insbesondere Adorno (vgl. Abschnitt 3.2) zu verdanken, deren Beschäftigung[11] mit Benjamins Schriften den deutschen Kunst- und Kulturbetriebsdiskurs bis heute prägen. Leider fehlt es in der aktuellen Diskussion häufig an einer kritischen Auseinandersetzung (vgl. die diversen Beispiele im 2. Kapitel und Abschnitt 4.2). Vielfach wird sich nur an Bruchstücken und Theoriefragmenten bedient und dabei Benjamins problematisches „philosophisches“ Herangehen übersehen – nicht selten deshalb, da Benjamins Sprachgewandtheit und die literarische Ausdrucksfähigkeit, gespickt mit überzeugenden Bildern und Metaphern[12], davon ablenken. Benjamins Förderer und späterer Herausgeber Scholem veranschaulichte dies treffend, indem er den Kunstwerk-Aufsatz als eine „hinreißend falsche Philosophie“[13] bezeichnete. Ursache für diese Kritik ist Benjamins philosophisches Herangehen, das nach Schneider nicht frei von einem „metaphysischen, um nicht zu sagen: religiösen Einschlag [ist].“[14] Während es über die „esoterischen“[15] und „religiösen“ Einflüsse in Benjamins Schriften unterschiedliche Einschätzungen gibt[16], besteht in der Forschung ein Konsens, dass seine Philosophie in einer „metaphysisch geprägten Gedankenwelt“[17] ihren Ursprung hat und deshalb Benjamin über-

9 Kramer 2010, S. 91

10 Schneider 1996, S. 180

11 Adorno betätigte sich als Herausgeber und „entdeckte“ dabei viele unveröffentlichte Schriften, vgl. Schneider 1996, S. 180.

12 Eine neuere Studie beschreibt Benjamins Ansatz mit dem Bild der „Porosität“, das als „Charakterisierung für die chaotische Vielfalt“ gesehen wird und Benjamins Denken charakterisiert: „Nichts ist festgefügt, alles darf sich in improvisierten und überraschenden Wendungen vermischen“ (Mittelmeier 2013, S. 38).

13 Scholem 1963, S. 214

14 Schneider 1996, S. 182

15 Benjamin selbst beschreibt in einer seiner späten Aufzeichnungen seine Textform als die des „esoterische[n] Essay[s]“ (nach Kramer 2010, S. 63).

16 vgl. Horst 1995, S. 103

17 Horst 1995, S. 102

wiegend als „Metaphysiker“ bezeichnet wird.[18] Kramer betont jedoch, dass zwei Werkphasen zu beobachten sind und teilt Benjamins Gesamtwerk „in ein frühes metaphysisches und ein spätes, materialistisches ein.“[19] Die verstärkte Annäherung an marxistische Theorien ab Mitte der zwanziger Jahre, unter anderem durch die Auseinandersetzung und spätere Freundschaft mit Brecht, verschiebt teilweise sein philosophisches Grundverständnis, verzichtet aber keineswegs auf metaphysische Argumente (vgl. unten). Auch die Anlehnung an „Theoreme der romantischen Ästhetik“[20], mit welchen sich Benjamin intensiv auseinandergesetzt hatte[21], ist in dem Kunstwerk-Aufsatz wie in vielen anderen seiner Texte präsent[22] und hat wohl ebenfalls zu seiner Popularität beigetragen. Damit lässt sich ein weiteres Motiv für Benjamins technikkritische Haltung benennen. Horst beschreibt Benjamins Philosophie auch deshalb als ein Resultat aus einem

> „[...] negativen Verhältnis zum naturwissenschaftlich-technischen, durch den Prozess der Industrialisierung geprägten Weltbild, zum anderen aus der unvermittelten, radikalen Wiederaufnahme von Grundpositionen der großen spekulativen Systeme des Idealismus.“[23]

Im Folgenden sollen nun einige zentrale Ansätze aus Benjamins Kunstwerk-Essay genauer betrachtet werden, die für den aktuellen Diskurs um neue Medien und Kunst von Bedeutung sind. Benjamin beginnt seine Überlegungen mit der Feststellung, dass ein Kunstwerk historisch betrachtet immer schon reproduzierbar gewesen sei. Genannt werden als Beispiele in der Antike der Guss und die Prägung, im späten Mittelalter der Holzschnitt sowie in der frühen Neuzeit der Druck, der neue Dimensionen der technischen Reproduzierbarkeit von Schrift und damit auch der Literatur ermög-

---

18 vgl. Horst 1995, S. 102

19 Kramer 2010, S. 76

20 Horst 1995, S. 103

21 Beispielsweise in seiner 1919 eingereichten Dissertation über den Begriff der Kunstkritik in der deutschen Romantik (vgl. Kramer 2010, S. 158).

22 Neben vielen indirekten Verweisen wird an einer Stelle beispielsweise die „blaue Blume“ als Vergleich herangezogen (vgl. Benjamin 1981 orig. 1936, S. 11).

23 Horst 1995, S. 102

lichte.[24] Zu Beginn des 20. Jahrhunderts haben die Möglichkeiten durch die Fotografie und den Film jedoch enorm zugenommen, was Benjamin wie folgt darstellt:

„Um Neunzehnhundert hatte die technische Reproduktion einen Standard erreicht, auf dem sie nicht nur die Gesamtheit der überkommenen Kunstwerke zu ihrem Objekt zu machen und deren Wirkung den tiefsten Veränderungen zu unterwerfen begann, sondern sich einen eigenen Platz unter den künstlerischen Verfahrungsweisen erobert."[25]

Mit dem Verweis auf die „Filmkunst" stellt Benjamin dar, dass hier nun eine Praxis entstanden sei, die ohne das Prinzip der technischen Reproduktion nicht denkbar wäre. Wie sich auch an anderen Textstellen zeigt, wird hier durchaus ein positiver Aspekt der Reproduktion gesehen (vgl. unten). Doch bevor Benjamin auf diesen genauer eingeht, versucht er zu erklären, was durch die Reproduktion verloren geht. Benjamin meint, dass bei Kunstwerken „die Echtheit nicht reproduzierbar [ist]."[26] Dabei ist jedoch nicht die materielle Seite gemeint. Benjamin weist ausdrücklich darauf hin, dass beispielsweise auch bei Tafelmalerei die (Fälschungs-)Techniken so weit fortgeschritten sind, dass auch hier auf materieller Basis das Original nicht mehr von der Reproduktion unterschieden werden kann.[27] Aber das ist nicht das, was Benjamin unter Echtheit versteht, wenn er schreibt, dass der „gesamte Bereich der Echtheit [...] sich der technischen – und natürlich nicht nur der technischen – Reproduzierbarkeit [entzieht]."[28] Der Hinweis in Parenthese ist entscheidend: die „Echtheit" ist für Benjamin eine immaterielle Eigenschaft des Kunstwerks, insbesondere die Anknüpfung an eine „Tradition":

24 vgl. Benjamin 1981 orig. 1936, S. 10

25 Benjamin 1981 orig. 1936, S. 11

26 Benjamin 1981 orig. 1936, S. 12

27 vgl. Benjamin 1981 orig. 1936, S. 12

28 Benjamin 1981 orig. 1936, S. 12

„Die Reproduktionstechnik [...] löst das Reproduzierte aus dem Bereich der Tradition ab. Indem sie die Reproduktion vervielfältigt, setzt sie an die Stelle seines einmaligen Vorkommens sein massenweises.“[29]

Dies führt „zu einer gewaltigen Erschütterung des Tradierten“[30], was Benjamin anhand des Films zu veranschaulichen versucht. Der Film wird als der „machtvollste Agent“[31] der Massenbewegung bezeichnet, der zwar für die Gesellschaft auf der einen Seite eine „positive Gestalt“ hat (vgl. unten), jedoch „nicht ohne seine destruktive, seine kathartische Seite denkbar [ist]: die Liquidierung des Traditionswertes am Kulturerbe.“[32] Hier ist es erforderlich, Benjamins Verständnis genauer zu hinterfragen, um die ganze Reichweite dieser Vorstellung zu überblicken. So zerstört nach Benjamin beispielsweise eine Fotografie eines Kunstwerks das „Tradierte“, da die „Echtheit“ bei der technischen Reproduktion verloren gehe. Das „echte“ Original zeichnet sich nach Benjamin dadurch aus, dass durch die „materielle Dauer“ eine „geschichtliche Zeugenschaft“ dem Objekt innewohnt.[33] Da durch die Reproduktion die materielle Dauer nicht reproduziert wird, die Fotografie eines Gemäldes beispielsweise nur einige Jahre alt ist, das Original selbst aber mehrere hundert Jahre, kommt für Benjamin auch „die geschichtliche Zeugenschaft der Sache ins Wanken.“[34] Da Benjamin nicht weiter erklärt, warum er annimmt, dass die „geschichtliche Zeugenschaft“ an die „materielle Dauer“ gebunden sei, kann dies nur bei oberflächlicher Lektüre überzeugen. Ein Gegenbeispiel lässt sich einfach konstruieren: Ist nicht anzunehmen, dass eine Fotografie Picassos *Guernica,* die in einem Schulbuch technisch reproduziert und damit massenhaft rezipiert werden kann, mindestens ebenso gut als historischer „Zeuge“ des verheerenden deutschen Luftangriffs im spanischen Bürgerkrieg fungieren kann wie das Original?[35]

29 Benjamin 1981 orig. 1936, S. 13

30 Benjamin 1981 orig. 1936, S. 14

31 Benjamin 1981 orig. 1936, S. 14

32 Benjamin 1981 orig. 1936, S. 14

33 vgl. Benjamin 1981 orig. 1936

34 Benjamin 1981 orig. 1936, S. 13

35 vgl. ähnliche Beispiele bei Bertram 2005, S. 124f

Um einer solchen Argumentation entgegenzuwirken und die Einzigartigkeit des Originals zu bewahren, greift Benjamin auf den Begriff der „Aura“ zurück, die seiner Vorstellung nach jedes „echte“ Kunstwerk umgibt. Benjamin liefert für die Aura von Kunstwerken keine genaue Definition, versucht aber, seine Vorstellung anhand der Aura von natürlichen Gegenständen zu illustrieren: Diese „definieren wir als einmalige Erscheinung einer Ferne, so nah sie sein mag“[36] – ein Oxymoron, das vielfach zitiert wird, obwohl dessen Aussagekraft sehr gering ist. Zu anderen „Eigenschaften“ der Aura äußert sich Benjamin deutlicher. So sei diese nicht technisch reproduzierbar und könne somit nicht materiellen[37] Ursprungs sein. Dass die Reproduktion eines Kunstwerks nicht mehr über eine Aura verfüge, bewertet Benjamin an dieser Stelle negativ: „Was im Zeitalter der technischen Reproduzierbarkeit des Kunstwerks verkümmert, das ist seine Aura.“[38] Dies führt Benjamin weiter aus, indem er versucht zu erklären, was hier „verkümmert“. Dabei kommt er wieder auf die Einzigartigkeit beziehungsweise „Einzigkeit“ des Kunstwerks zurück und erklärt, dass man statt „Einzigkeit [...] mit einem anderen Wort“ auch „Aura“ sagen könne.[39] Die „Einzigkeit“ (und damit letztendlich auch die „Aura“) „des Kunstwerks ist identisch mit seinem Eingebettetsein in den Zusammenhang der Tradition.“[40] Dafür nennt Benjamin ein konkretes Beispiel: Eine „antike Venusstatue“ stand in der Antike beispielswiese in einem anderen Traditionszusammenhang als im Mittelalter. Während die Griechen die Statue „zum Gegenstand des Kultus machten“, erblickten die mittelalterlichen Kleriker in ihr „einen unheilvollen Abgott.“[41] Hiergegen ist nichts einzuwenden, jedoch klärt dies nicht die eigentliche Frage, warum eine technische Reproduktion der Venusstatue nicht ebensolche unheilvollen Assoziationen auslösen könne. Entscheidender ist, dass der Traditionszusammenhang dem Rezipienten bekannt ist. Benjamin ist sich dessen durchaus bewusst, was an einer

36 Benjamin 1981 orig. 1936, S. 15

37 Wobei Benjamin an einer anderen Stelle schreibt, dass die Aura „geatmet“ Benjamin 1981 orig. 1936, S. 15 werden könne – was im Widerspruch dazu steht, da dies für einen materiellen Charakter spreche.

38 Benjamin 1981 orig. 1936, S. 13

39 Benjamin 1981 orig. 1936, S. 16

40 Benjamin 1981 orig. 1936, S. 15

41 Benjamin 1981 orig. 1936, S. 15

anderen Stelle deutlich wird, an der er ein Beispiel aus der darstellenden Kunst wählt:

„Denn die Aura ist an [das] Hier und Jetzt [des Menschen] gebunden. Es gibt kein Abbild von ihr. Die Aura, die auf der Bühne um Macbeth ist, kann von der nicht abgelöst werden, die für das lebendige Publikum um den Schauspieler ist, welcher ihn spielt.“[42]

Für den „lebendigen“ Rezipienten wird die Aura erfahrbar, während beim Film für Benjamin die Aura deshalb nicht vorhanden ist, da statt dem Publikum der leblose Apparat, also die Filmkamera, den Macbeth-Darsteller erfasst. Spätestens an dieser Stelle wird deutlich, dass sich ein solches Aura-Konzept nur noch mit metaphysischen Argumenten begründen lässt. Denn der „lebendige“ Rezipient des Films kann die „Aura“ nicht mehr erfahren – somit ist in Benjamins Konzept auch ausgeschlossen, dass die „Aura“ durch den Rezeptionsprozess generiert wird.

Benjamin erklärt die Ursache der Aura historisch: Da seiner Ansicht nach die ersten Kunstwerke im religiösen Kontext zu verorten sind, ist damit auch deren besondere „auratische“ Eigenschaft zu begründen, denn der „einzigartige Wert des ‚echten‘ Kunstwerks hat seine Fundierung im Ritual, in dem es seinen originären und ersten Gebrauchswert hatte.“[43] Da nach Benjamin die ersten Kunstwerke „angebetet“ wurden, sieht er hier den Ursprung für die „Aura“, der bis zu den Zeiten der technischen Reproduzierbarkeit erhalten bleibt. Während eine vielfach anzutreffende verkürzte Vorstellung von Benjamins Aura-Konzept ausschließlich betont, dass der Verlust der Aura zu bedauern sei, (vgl. die diversen Beispiele im 2. Kapitel), sieht Benjamin an technisch reproduzierten Kunstwerken ohne „Aura“ jedoch mehrere positive Gesichtspunkte. Selbst bezeichnet er dies als seine „entscheidende Erkenntnis“[44], die wie folgt begründet wird:

„[...] die technische Reproduzierbarkeit des Kunstwerks emanzipiert dieses zum ersten Mal in der Weltgeschichte von seinem parasitären Dasein am Ritual. Das re-

42 Benjamin 1981 orig. 1936, S. 25

43 Benjamin 1981 orig. 1936, S. 16

44 Benjamin 1981 orig. 1936, S. 17

produzierte Kunstwerk wird in immer steigendem Maße die Reproduktion eines auf Reproduzierbarkeit angelegten Kunstwerks.“[45]

Diese Entwicklung der Kunst wird erneut historisch erklärt: Ist das im Ritual eingebundene Objekt nur Herrschern, Fürsten oder eingeweihten Priestern zugänglich, so wächst mit „der Emanzipation der einzelnen Kunstübungen aus dem Schoße des Rituals [...] die Gelegenheiten zur Ausstellung ihrer Produkte“[46], denn spätestens ab dem 18. Jahrhundert ist „Kunst“ in Museen oder Theatern sozusagen jedermann zugänglich. Und mit der technischen Reproduktion Ende des 19. Jahrhunderts schreitet diese Entwicklung eine weitere Stufe voran. Die Einmaligkeit des Kunstwerks wird diesem genommen, man muss nicht an einen bestimmten Ort reisen oder zu einem genauen Zeitpunkt ein Ereignis verfolgen, um etwa Filmkunstwerke zu erleben – und das Internet könnte hier als nächste Stufe verstanden werden. Es ändert sich also die Funktion der Kunst, die für Benjamin durch die Möglichkeiten der Reproduktion nun eine „soziale Funktion“[47] hat. Statt sich wie bisher auf den religiösen Kult oder das Ritual des Kunsttempels zu berufen, trifft nun die „Fundierung [der Kunst] auf eine andere Praxis: nämlich ihre Fundierung auf Politik.“[48] Damit soll darauf hingewiesen werden, dass durch die Befreiung von der religiös-mystischen Verehrung nun die kommunizierten Inhalte mit gesellschaftlicher beziehungsweise „politischer“ Relevanz im Mittelpunkt stehen – ein Punkt, der insbesondere von Brecht aufgegriffen wird (vgl. Abschnitt 3.3).

Durch die neuen Techniken ist es für Benjamin nicht nur einfacher geworden, Kunst rezipieren zu können, vielmehr bietet sich dadurch auch die Möglichkeit zu partizipieren. Benjamin schreibt: „Jeder heutige Mensch kann einen Anspruch vorbringen, gefilmt zu werden“[49], und meint damit, dass nun auch ein weiterer Aspekt den Privilegierten entzogen wurde. War es beispielsweise in der Malerei meist den Wohlhalbenden und Mächtigen vorbehalten, portraitiert zu werden, so ist nun durch die einfachen Produktionsmöglichkeiten dieser „demokratische“ Aspekt gestärkt – ein Punkt, der

45 Benjamin 1981 orig. 1936, S. 17

46 Benjamin 1981 orig. 1936, S. 20

47 Benjamin 1981 orig. 1936, S. 18

48 Benjamin 1981 orig. 1936, S. 18

49 Benjamin 1981 orig. 1936, S. 29

immer wieder im aktuellen Netzpolitik-Diskurs angesprochen wird, denn im 21. Jahrhundert sind die Apparaturen (Digitalkameras) und Veröffentlichungsmöglichkeiten, beispielsweise auf Videoportalen, noch einfacher zugänglich.

An dieser Stelle erwähnt Benjamin noch einen weiteren Punkt: Seines Erachtens war es nach der Erfindung des Fotoapparates unpassend, darüber zu diskutieren „ob die Photographie eine Kunst sei.“[50] Dieser Fehler wird für Benjamin von den zeitgenössischen Filmtheoretikern wiederholt, auch hier ist es nicht zielführend zu debattieren, ob der Film als „Kunst“ verstanden werden muss oder nicht.[51] Vielmehr wäre es nach Benjamin wichtiger gewesen zu fragen, „ob nicht durch die Erfindung der Photographie der Gesamtcharakter der Kunst sich verändert habe.“[52] Versucht man, wie von Benjamin gefordert, ein Verständnis von Kunst zu entwickeln, das von ihrer gesellschaftlichen und politischen Relevanz ausgeht, dann spielt die Form genauso wenig wie die Frage der Reproduzierbarkeit eine Rolle – eine Perspektive, die ähnlich bei Brecht zu finden ist (vgl. Abschnitt 3.3) und prinzipiell auch von Adorno aufgegriffen wird, jedoch hier mit genau gegenteiliger Zielsetzung (vgl. Abschnitt 3.2).

Abschließend[53] versucht Benjamin, das Verhältnis von Kunst zu technischen Neuerungen zu bestimmten:

> „Es ist von jeher eine der wichtigsten Aufgaben der Kunst gewesen, eine Nachfrage zu erzeugen, für deren volle Befriedigung die Stunde noch nicht gekommen ist. Die Geschichte jeder Kunstform hat kritische Zeiten, in denen diese Form auf Effekte hindrängt, die sich zwanglos erst bei einem veränderten technischen Standard, d.h. in einer neuen Kunstform ergeben können.“[54]

---

50 Benjamin 1981 orig. 1936, S. 22

51 Benjamin selbst spricht von „Filmkunst“ (vgl. oben)

52 Benjamin 1981 orig. 1936, S. 22

53 In einem später hinzugefügten Nachwort wird auch noch die Rolle der „neuen“ Kunst im Faschismus thematisiert. Während der Faschismus eine „Ästhetisierung der Politik“ betreibt, antwortet der „Kommunismus [...] mit der Politisierung der Kunst“ (Benjamin 1981 orig. 1936, S. 44).

54 Benjamin 1981 orig. 1936, S. 36f

Nicht nur an dieser Stelle wird von Benjamin der progressive Charakter der Kunst betont. Auch wenn neue Technologien das bisherige Kunstverständnis verändern können, ist die Auseinandersetzung mit ihnen zu begrüßen. Dies muss nicht zwangsläufig zu positiven Ergebnissen führen, kann aber dazu beitragen, bisherige Konzepte wie das der „Aura“ zu überdenken. Deshalb geht es für Benjamin nicht darum, die Aura künstlich wieder aufleben zu lassen.[55] Kramer zieht deshalb folgendes treffendes Fazit zum Kunstwerk-Aufsatz:

> „Unter den Bedingungen der technischen Reproduzierbarkeit verlangt er [Benjamin] von der Kunst vielmehr die Destruktion und die Zertrümmerung der Auraimitation. Sein Verhältnis zur Aura läuft also nicht in ein melancholisches Nachsinnen hinaus. Vielmehr sieht er in der Eliminierung des Kultwertes auch eine Chance.“[56]

3.2 KUNST, KOMMERZ, KULTURINDUSTRIE (ADORNO UND HORKHEIMER)

Aus mehreren Gründen ist es im Anschluss an Benjamin hilfreich, einen Blick auf die Kritische Theorie der frühen Frankfurter Schule zu werfen, insbesondere auf Adorno und Horkheimers Analyse der „Kulturindustrie“. Wie bereits erwähnt, beeinflussten sich Benjamin und Adorno wechselseitig (vgl. Abschnitt 3.1). Nach Schneider hat Adorno „von Benjamin […] den Problemaspekt der Homologie von Produktivkräften und künstlerischer Produktion übernommen.“[57] Und wie ebenfalls mehrfach gezeigt wurde, ist auch Benjamins mystisch-magisches Aura-Konzept in Spuren bei Adorno zu finden. Schneider schreibt dazu:

> „Auch Adorno betont wie Benjamin das heute noch immer residual vorhandene magische Potential der Kunst, das bei allen […] Rationalisierungsprozessen in der Moderne sich nicht hat vollends vertreiben lassen.“[58]

---

55 vgl. Benjamin 1981 orig. 1936

56 Kramer 2010, S. 94

57 Schneider 1996, S. 200

58 Schneider 1996, S. 199

Neben diesen Gemeinsamkeiten sind dennoch große Differenzen zu sehen, insbesondere, wie Schneider betont, dass „Adorno stets eine materialistische Theorie der Kunst und des Ästhetischen [prätendiert].“[59] Neben inhaltlichen und theoretischen Überschneidungen spricht ein zweiter Grund für die Beschäftigung mit Adornos und Horkheimers Überlegungen zur „Kulturindustrie“ im Rahmen dieser Arbeit. Auch wenn der Einfluss der Kritischen Theorie in den letzten Jahren zurückgegangen und nicht mehr so diskursbestimmend wie in den sechziger und siebziger Jahren ist, beeinflussen Theorieelemente weiterhin den Kunst- und Kulturbereich.[60] Wie etwa Wyss darstellt, liegt dies unter anderem daran, dass die heute in Leistungsfunktionen befindlichen Personen im Bildungs- und Kulturbetrieb damit „sozialisiert“[61] wurden. Im letzten Kapitel wurde bereits gezeigt, wie sich mehrfach auf Positionen der Kritischen Theorie berufen wird. Während Begriffe wie „Entfremdung“ und „Verblendung“ nur seltener zur Anwendung kommen, ist von „Ideologie“ und „Ideologiekritik“ sowie von dem Manipulationspotential des Mediums Internet vielfach zu lesen. „Falsches Bewusstsein“, „Massenbetrug“ und „Entmündigung“ sind weitere Begriffe, die häufig im Kontext von kritischen Schriften zum *Internet* oder *Social Web* zu finden sind (vgl. dazu Abschnitt 2.2).

Im Folgenden soll deshalb auf den „Kulturindustrie“-Text aus der von Adorno und Horkheimer kurz nach dem Zweiten Weltkrieg herausgebrachten Aufsatzsammlung „Dialektik der Aufklärung“ (1947) eingegangen werden, der ähnlich wie die Texte Benjamins nicht zum Zeitpunkt seiner Veröffentlichung, sondern erst gut zwanzig Jahre später im Kontext der 1968er-Bewegung große Aufmerksamkeit fand.[62] Im Folgenden sollen jedoch nur ausgewählte Aspekte aus Adornos und Horkheimers Text extrahiert und genauer betrachtet werden, denn auch bei diesem Text sind viele Details, wie häufig bei Adorno zu beobachten, ohne Blick auf das gesamte, bewusst diskrepant angesetzte Theoriegebäude nur schwer zugänglich. Be-

---

59 Schneider 1996, S. 200

60 vgl. Haselbach et al. 2012, S. 103

61 vgl. Wyss 2009, S. 45ff

62 Anders als bei Benjamin nicht nur positive. Ein Teil der Protestbewegung warf Adornos Theorie Praxisfeindlichkeit vor, 1969 kam es zu einer „Sprengung“ von Adornos Vorlesung (vgl. Lang 1995, S. 12).

reits zeitgenössische Kollegen[63] sowie die heutige Forschung kritisieren zudem Adornos „schwierig lesbare, eigenwillig konstellativ-musikalische Ausdrucksweise."[64] Die diskontinuierliche Struktur der Texte, der „antisystematische Charakter"[65] und die teilweise widersprüchlichen Argumentationsreihen, die den Zugang zu vielen Aspekten des Theoriekonzeptes mit herkömmlicher Logik versperren, sind jedoch, wie Schneider darstellt, das „Strukturprinzip"[66] Adornos. Nach Mittelmeier kann als „zentraler Begriff"[67] für Adornos Philosophie der Begriff der „Konstellation" gesehen werden. Adornos Kritikern zufolge haftet im negativen Sinne „[d]er Konstellation etwas Undeutliches an, das macht sie in der Rezeption vielfach verwendbar, dadurch wird sie auch eigentümlich unscharf."[68] Doch sie kann nicht nur als ein „Freibrief für ein wildes Denken" und ein „Gegensatz zum linearen Denken" gesehen werden, sondern im positiven Sinne ein „Formprinzip eines ästhetischen Denkens", das „wechselnde Versuchsanordnungen"[69] erlaubt und gerade deshalb für diese Arbeit von Interesse ist, da hier mit der Frage nach der Kompatibilität von Kunst und neuen Medien ebenfalls unterschiedlichste „Versuchsanordnungen" unternommen werden (insbesondere in Kapitel 4).

Doch zuerst zum Kulturindustrie-Aufsatz: Anders als zu erwarten wäre, findet sich zu Beginn des Textes keine explizite Erklärung, was Adorno und Horkheimer unter „Kulturindustrie" verstehen.[70] Deutlich wird nur,

---

63 So wurden beispielsweise die ersten beiden Habilitationsschriften Adornos abgelehnt (vgl. Lang 1995, S. 11).

64 Lang 1995, S. 12

65 Wyss 2009, S. 55

66 „Das Prinzip freier Atonalität, das der Komponist Adorno in jungen Jahren (1925) in Wien bei Alban Berg kennengelernt hatte, ist auch das Strukturprinzip seiner Argumentationen, die oft etwas Zirkuläres an sich haben, nicht gradlinig verlaufen, sondern eher diskontinuierlich, und damit einer von außen aufgezwungenen Logik sich zu entziehen suchen." (Schneider 1996, S. 193)

67 Mittelmeier 2013, S. 62

68 Mittelmeier 2013, S. 62

69 Mittelmeier 2013, S. 62f

70 Liessmann versucht in einer Annäherung an den Begriff „Kulturindustrie" diesen als die „Gesamtheit der industriell erzeugten und distribuierten Kulturgüter

dass „Kulturindustrie“ nicht mit „Massenkultur“ gleichzusetzen[71] ist, vielmehr bedient sich die Kulturindustrie nach Adorno und Horkheimer bei zufällig auftretenden Massenkultur-Prozessen, um diese für eigene Zwecke zu verwerten.[72] Wie bereits an dem Titelzusatz des Aufsatzes zu erkennen, sehen Adorno und Horkheimer Kulturindustrie[73] als eine Form der „Aufklärung als Massenbetrug“. Zum einen handelt es sich um „Aufklärung“, da unter anderem auch Werte und Errungenschaften der „bürgerlichen Kultur“ durch die technischen Reproduktionsmöglichkeiten und Vermarktung der „Masse“ zugänglich gemacht werden. Zum anderen ist dieses jedoch „Betrug“, da Adorno und Horkheimer die „Kunst“ und „Kultur“ durch die Vervielfältigung entwertet sehen.[74]

Die Vervielfältigung und Reproduktion wird von der Kulturindustrie jedoch deshalb befördert, weil nur so die gesamte „Masse“ der Bevölkerung angesprochen werden kann, was zwangsweise zu einer Serienproduktion führt, was Adorno und Horkheimer folgendermaßen formulieren:

> „Die Teilnahme der Millionen an ihr [der Kulturindustrie] erzwinge Reproduktionsverfahren, die es wiederum unabwendbar machten, dass an zahllosen Stellen gleiche Bedürfnisse mit Standardgütern beliefert werden.“[75]

Während Adorno und Horkheimer bei den massenhaft produzierten Gütern der Kulturindustrie die Gefahr der Verdinglichung und Entfremdung se-

---

sowie die dazugehörigen Rezeptionsformen“ (Liessmann 1998, S. 292) zu umschreiben.

71 Der Begriff geht ebenfalls über den der „Unterhaltungsindustrie“ hinaus, zumindest im heutigen Verständnis. Unter „Kulturindustrie“ sollen auch Segmente erfasst werden, die sich selbst nicht als unterhaltend verstehen (vgl. Liessmann 1998, S. 292). Adorno und Horkheimer werfen diesen jedoch vor, dass sie letztendlich doch nur „Amüsement“ sind (vgl. unten).

72 vgl. Liessmann 1998, S. 292

73 Primär haben diese dabei nicht den deutschen Kulturbetrieb, sondern den US-amerikanischen im Blick, den beide in der Emigration in den dreißiger und vierziger Jahren intensiv erfahren hatten.

74 vgl. Adorno und Horkheimer 1995 orig. 1947, S. 129

75 Adorno und Horkheimer 1995 orig. 1947, S. 129

hen[76], haben „große“[77], „avancierte“[78] und „ernste“[79] Kunstwerke andere Qualitäten. Sie sind der Ort, in dem es um Sinnlichkeit, nicht jedoch um kulinarischen Konsum geht und durch die Loslösung von den Zwängen der Natur ein Glücksversprechen in Aussicht gestellt wird.[80] Aber auch bei „ernster“ Kunst bleibt diese Realisierung des Glücks nur eine Verheißung. In Adornos Ästhetischer Theorie heißt es dazu: „Kunst ist das Versprechen des Glücks, das gebrochen wird“[81], was auch im Kulturindustrie-Aufsatz anklingt.[82] Hier lohnt auch ein kurzer Blick auf Adornos „Negative Dialektik“ (1966), die von ihm selbst als sein bedeutendstes Werk bezeichnet wurde.[83] Hier stellt Adorno als ein zentrales Moment seiner Ästhetik den „Doppelcharakter der Kunst als autonom und als fait social“[84], also als „soziale Tatsache“ dar. Die Widersprüche der Realität kehren nach Adorno „in den Kunstwerken als die immanenten Probleme ihrer Form [wieder].“[85] Mit diesem Ansatz kann er die marxistische Sicht[86] konstruktiv erweitern, die in dem Kunstwerk nur die Widerspiegelung des Sozialen sieht. Die dialektische Verbindung von „Realität“ und „Form“ ermöglicht aber auch die Überwindung der bürgerlichen Vorstellung einer Kunstreligion, die nach Wahrem, Gutem und Schönem strebt. Damit ist die „autonome Kunst“ für Adorno in dessen pessimistischem Geschichtsbild des 20. Jahrhunderts der einzige Ort von Freiheit und eben sozusagen die Aussicht auf Glück, die im „Kulturindustrie“-Aufsatz angesprochen wird.

In diesem Kontext wird das „Geheimnis der ästhetischen Sublimierung“ benannt, nämlich jede „Erfüllung als gebrochen darzustellen.“[87] Im Ver-

---

76 vgl. Schneider 1996, S. 196

77 Adorno und Horkheimer 1995 orig. 1947, S. 139

78 Adorno und Horkheimer 1995 orig. 1947, S. 136

79 Adorno und Horkheimer 1995 orig. 1947, S. 143

80 vgl. Schneider 1996, S. 196

81 Adorno 1993 orig. 1972, S. 205

82 vgl. Adorno und Horkheimer 1995 orig. 1947, S. 148

83 vgl. Müller 2006, S. 23

84 Adorno 1998 orig. 1966, S. 16; zur „Negativen Dialektik“ vgl. ausführlich Müller 2006

85 Adorno 1998 orig. 1966, S. 16

86 Zu Adorno, Marxismus und Ideologie vgl. Eagleton 1994, S. 351ff

87 Adorno und Horkheimer 1995 orig. 1947, S. 148.

gleich dazu geht die Kulturindustrie anders vor: „Kulturindustrie sublimiert nicht, sondern unterdrückt.“[88] Das ist für Adorno und Horkheimer der zentrale Unterschied zwischen „Kunst“ und den „Produkten“ der Kulturindustrie und der Ursache des Massenbetrugs[89], der notwendig ist, um ständig neue Nachfrage zu erzeugen: „Immerwährend betrügt die Kulturindustrie ihre Konsumenten um das, was sie immerwährend verspricht.“[90] – wobei der Nutzen der neuesten Technologien (wie Radio und Fernseher) und damit das „Ausschöpfen“ der neusten Errungenschaften nur ein vorgeschobenes Element ist, wie der Vergleich mit anderen Bereichen zeigt und das Adorno und Horkheimer wie folgt darstellen:

> „Der Gedanke des ‚Ausschöpfens‘ gegebener technischer Möglichkeiten, der Vollausnutzung von Kapazitäten für ästhetischen Massenkonsum gehört dem ökonomischen System an, das die Ausnutzung der Kapazitäten verweigert, wo es um die Abschaffung des Hungers geht.“[91]

Kunst wird also im Spätkapitalismus von der Kulturindustrie als Mittel zum Zweck missbraucht und ausschließlich als Ware zum Erzielen von Profiten eingesetzt. Damit verliert sie ihre Autonomie, die ihr insbesondere seit dem 18. Jahrhundert zugesprochen wurde[92], während im bürgerlich-liberalen Zeitalter die Kunst sich am kollektiven Gemeinwohl orientierte – auch wenn sie in gewisser Weise elitär war und die Unterklasse ausschloss.[93] Die eigentliche „befreiende Kraft“[94] der Kunst wird durch die Massenmedien,

---

88 Adorno und Horkheimer 1995 orig. 1947, S. 148

89 Schneider fasst dies wie folgt zusammen: Durch „Vorgaukeln“ eines Glücks korrumpiert die Kulturindustrie „mit ihrer Allgegenwart in den Massenmedien der spätkapitalistischen Gesellschaft [...] die Sinnlichkeit der Subjekte“ (Schneider 1996, S. 195).

90 Adorno und Horkheimer 1995 orig. 1947, S. 148

91 Adorno und Horkheimer 1995 orig. 1947, S. 147

92 vgl. Adorno und Horkheimer 1995 orig. 1947, S. 128

93 vgl. Adorno und Horkheimer 1995 orig. 1947, S. 143

94 Adorno und Horkheimer 1995 orig. 1947, S. 128

die Kunst zur Ware degradieren und unter das Prinzip des Kommerzes stellen, ausgeschaltet.[95]

Ein weiterer Kritikpunkt dafür ist die „Uniformität“[96] und Gleichförmigkeit: „Kultur heute schlägt alles mit Ähnlichkeit. Film, Radio, Magazine machen ein System aus. Jede Sparte ist einstimmig in sich und alle zusammen.“[97] Dies hängt an mehreren Faktoren, soll aber insbesondere den Konsum von Kulturgütern ohne große Anstrengungen ermöglichen. Adorno und Horkheimer schreiben: „Der Zuschauer soll keiner eigenen Gedanken bedürfen: das Produkt zeichnet jede Reaktion vor.“[98] Deshalb ist für die beiden Frankfurter Philosophen die Kulturindustrie ein „Amüsierbetrieb“[99], der von dem spätkapitalistischen System dringend benötigt wird, um die Arbeiterschicht weiterhin auszubeuten – dafür ist Unterhaltung notwendig:

> „Amusement ist die Verlängerung der Arbeit unter dem Spätkapitalismus. Er wird vom dem gesucht, der dem mechanisierten Arbeitsprozess ausweichen will, um ihm von neuem gewachsen zu sein.“[100]

Für Adorno und Horkheimer ist Unterhaltung und Amusement der „Gegensatz von Kunst.“[101] Haselbach et al. bringen diese Ansicht Adornos und Horkheimers prägnant auf den Punkt: „Was gefällt, hat schon verloren.“[102] Da Adorno und Horkheimer sozusagen keine Ausnahmen zulassen, sprechen Haselbach et al. treffend von der „Adorno-Falle“[103], da Kunst sofort zur Ware degradiert wird, sobald Anzeichen von Unterhaltung erkennbar

95 Schneider betont, dass Adorno und Horkheimer nicht nur die ökonomische Distribution kritisieren. Produkte der Kulturindustrie „sind in ihrer Verfahrensweise, also nicht nur im Hinblick auf ihre ökonomische Distribution, vom Prinzip des Tauschwerts durchdrungen und angelegt auf die Realisierung von Profiten.“ (Schneider 1996, S. 195)

96 Adorno und Horkheimer 1995 orig. 1947, S. 132

97 Adorno und Horkheimer 1995 orig. 1947, S. 128

98 Adorno und Horkheimer 1995 orig. 1947, S. 145

99 Adorno und Horkheimer 1995 orig. 1947, S. 144

100 Adorno und Horkheimer 1995 orig. 1947, S. 145

101 Adorno und Horkheimer 1995 orig. 1947, S. 150

102 Haselbach et al. 2012, S. 103

103 Haselbach et al. 2012, S. 103

werden – historisch gesehen hat es immer schon „leichte Kunst“ gegeben, jedoch bringt die Kulturindustrie dies zur Perfektion. Adorno beschreibt die „leichte Kunst“ wie folgt:

> „Leichte Kunst hat die autonome als Schatten begleitet. Sie ist das gesellschaftlich schlechte Gewissen der ernsten. Was dieser auf Grund ihrer gesellschaftlichen Voraussetzungen an Wahrheit verfehlen musste, gibt jener den Schein sachlichen Rechts. Die Spaltung selbst ist die Wahrheit: sie spricht zumindest die Negativität der Kultur aus, zu der die Sphären sich addieren. Der Gegensatz lässt am wenigsten sich versöhnen, indem man die leichte in die ernste aufnimmt oder umgekehrt. Das aber versucht die Kulturindustrie.“[104]

Ein weiterer Kritikpunkt von Adorno und Horkheimer ist, dass das Amusement nicht nur zur Zerstreuung diene, sondern die Kulturindustrie damit auch verhindere, kritisches Denken auszubilden. Im Rahmen dieses Verblendungszusammenhangs werden die Massen von dem Wesentlichen abgelenkt und konzentrieren sich auf das Sekundäre.[105] Im Gegensatz zu der authentischen Kunst stabilisieren Kulturgüter damit die herrschenden Verhältnisse. Die Beschäftigung mit Kunst, etwa der Besuch der Oper, dient dann nur noch zu „Prestigezwecken“[106].

Nach Adorno und Horkheimer werden Kunstwerke von der Kulturindustrie nicht zu Kulturgütern degradiert, sondern der Bevölkerung „zu reduzierten Preisen [...] eingeflößt [...]. Ihr Genuss wird dem Volke zugänglicher als Parks.“[107] Adorno und Horkheimer verweisen auf das 19. und beginnende 20. Jahrhundert und loben diese Zeiten, in denen man noch viel Geld habe ausgeben müssen, um „Kunst“ erleben zu können, und damit der Kunst Achtung gezollt habe: „Kunst hat den Bürger so lange noch in einigen Schranken gehalten, wie sie teuer war.“[108] Da die Kulturgüter der Kulturindustrie, beispielsweise über Radio und Fernsehen, sozusagen kostenlos oder als „Dreingabe“[109] zu anderen Produkten verfügbar sind, haben sie für

104 Adorno und Horkheimer 1995 orig. 1947, S. 143f

105 vgl. Adorno und Horkheimer 1995 orig. 1947, S. 160

106 Adorno und Horkheimer 1995 orig. 1947, S. 160

107 Adorno und Horkheimer 1995 orig. 1947, S. 169

108 Adorno und Horkheimer 1995 orig. 1947, S. 169

109 Adorno und Horkheimer 1995 orig. 1947, S. 170

Adorno und Horkheimer ihren Wert verloren – ein Argument, das nicht leicht modifiziert, sondern identisch in die aktuelle Internet-Diskussion über die „Kostenloskultur" übernommen wird (vgl. Abschnitt 1.1).

Abschließend ist zu bemerken, dass Adorno und Horkheimer im Kulturindustrie-Aufsatz prinzipiell nicht die neuen Medien oder Massenmedien kritisieren, sondern nur beklagen, dass diese von der Kulturindustrie zum „Betrug" genutzt würden. Ebenso deutlich lässt sich dies an Adornos 1953 erschienener kritischer Schrift zum Fernsehen zeigen („Prolog zum Fernsehen"[110]). Hier könnte man den Begriff „Fernsehen" im gesamten Text durch nahezu jedes andere Medium ersetzen, beispielsweise durch „Internet", ohne dass sich dadurch die Argumentation verschieben würde. Denn auch hier kritisiert Adorno primär nicht die neuen technischen Möglichkeiten des damals neuen Mediums Fernsehen, sondern die Kulturindustrie, die diese neuen Technologien nutze, um „echte" Kunst noch effizienter zur Ware zu machen und den Rezipienten zu täuschen.[111] Diese immer wiederkehrende Kritik an der Kulturindustrie und deren Umgang mit neuen Medien fasst Schicha wie folgt treffend zusammen:

> „Die Masse werde durch [...] Medienangebote getäuscht, da sie standardisierte Vergnügen an die Rezipienten herantragen, die von ihren tatsächlichen Bedürfnissen ablenken, um so eine relative Zufriedenheit im kapitalistischen System aufrechtzuerhalten."[112]

3.3 RÜCKKANAL, AKTIVIERUNG, LEHRMITTEL (BRECHT)

Zwischen 1927 und 1932 entwickelte Brecht mit Blick auf das damals neue Medium Radio in mehreren kurzen Aufsätzen und Essays einige Ideen zu einer Medientheorie, die inzwischen als Brechts „Radiotheorie" bezeichnet wird. Im Kontext der Diskussion um das Internet findet diese derzeit häufig

110 vgl. Adorno 2009 orig. 1953

111 vgl. Adorno 2009 orig. 1953, S. 52ff

112 Schicha 2010, S. 106

Erwähnung.[113] Insbesondere wird der visionäre Ansatz betont und versucht, die Radiotheorie als eine Internet- oder Social-Web-Theorie zu verstehen. Dabei wird *Social Media* meist, wie Schrape feststellt, „als eine technikgewordene Reinkarnation der Utopien Berthold Brechts [dargestellt]."[114] Aber nicht nur deshalb lohnt sich ein genauer Blick auf Brechts Ansatz, auch der Einfluss auf nachfolgende Kunst- und Medientheorien ist nicht zu unterschätzen.[115] So wurde Brechts Radiotheorie in der zweiten Hälfte des 20. Jahrhunderts mehrfach explizit aufgegriffen, unter anderem von Enzensberger (vgl. Abschnitt 3.4) und von postmodernen Philosophen wie Baudrillard (vgl. Abschnitt 3.8).

Im ersten Aufsatz der Radiotheorie, von Brecht provokant und ironisch als „Radio – Eine vorsintflutliche Erfindung"[116] betitelt, werden in aller Kürze bereits die zentralen Punkte angesprochen, die in den folgenden Essays vertieft werden. Zum einen betont Brecht, dass es sich für ihn bei der neuen Technologie nicht um eine „modische, sondern wirklich um eine moderne Angelegenheit"[117] handele. Damit stellt Brecht klar, dass er nicht einfach einem aktuellen Trend folge (vgl. die Anmerkungen zum Technikdeterminismus in Abschnitt 2.1), sondern einen Mehrwert in dem neuen Medium Radio sehe. Mit einem Verweis auf die Inhalte, die kommuniziert werden (etwa „Wiener Walzer" und „Küchenrezepte"[118]) stellt Brecht fest, dass die Möglichkeiten, die das neue Medium biete, nicht genutzt würden. Im marxistischen Duktus wird der „Bourgeoisie" vorgeworfen, lediglich von den Möglichkeiten und Chancen des neuen Mediums zu sprechen, diese aber gar nicht einsetzen zu wollen. Dabei kommt Brecht zu dem vorläufigen Schluss, dass aus dieser Perspektive die „Resultate des Radios [...] beschämend [sind], seine Möglichkeiten [...] unbegrenzt. Also ist Radio eine ‚gute Sache'."[119] Gleich im nächsten Absatz wird jedoch in dialektischer Weise Widerspruch eingelegt: Das Radio ist eine „sehr schlechte Sa-

113 vgl. Pscheida 2010, S. 300, Rusch et al. 2007, S. 157, Klein 2005, S. 457f, Leschke 2003, S. 86

114 Schrape 2011, S. 410

115 vgl. Leschke 2003, S. 86

116 Brecht 1967, S. 119ff

117 Brecht 1967, S. 119

118 Brecht 1967, S. 119

119 Brecht 1967, S. 120

che", wenn man darunter einen Gegenstand sieht, für den etwas „erfunden" werden kann.[120] Brecht intendiert damit, dass die primäre Stärke eines neuen Mediums nicht darin gesehen werden könne, dass mit diesem neue Kommunikations- oder Kunstformen erfunden werden könnten. Dies träfe nur zu, wenn „etwas erfunden würde, um dessen willen man das Radio, wäre es nicht schon da, erfinden müsste."[121]

Brecht erwähnt an dieser Stelle auch explizit die Rolle der künstlerischen Produktion: Eine „ungesunde Produktion"[122] ist es in seinen Augen, wenn ein Künstler zu Beginn des Schaffensprozesses von einem bestimmten Medium ausgeht. Was sich Brecht von einem „gesunden" künstlerischen Schaffen erhofft, wird an dieser Stelle noch nicht genannt. Jedoch wird die Zielrichtung deutlich, denkt man an ein anderes in dieser Zeit in Entstehung befindliches theoretisches Konzept, das des „epischen Theaters". Ein Aspekt dieser Theorie ist die Wendung gegen die traditionelle Illusionierung des „dramatischen" Theaters und der Darstellung einer in sich geschlossenen Kunstwelt, die sich um ihrer selbst willen reflektiert.[123] Das neue Medium Radio soll parallel zu diesen Überlegungen nicht für medienspezifische Selbstreflexion genutzt werden, sondern dafür, Vorhandenes mit Hilfe neuer Technologien „gesünder" zu kommunizieren, was Brecht in dem nächsten Teil seiner „Radiotheorie" noch genauer ausführt und mit Beispielen unterfüttert (vgl. unten).

Bevor auf diese genauer eingegangen werden kann, soll ein letzter Aspekt Erwähnung finden, der in aktuellen Arbeiten nur selten zitiert wird, da dieser eher im Gegensatz zu gegenwärtigen netzpolitischen Forderungen steht. So wünscht sich Brecht, dass die Technik zukünftig in der Lage sein sollte, alles „Mitteilbare auch noch für alle Seiten zu fixieren."[124] Während heute in dem alles speichernden Netz ein Recht auf Vergessen gefordert wird, erhoffte sich Brecht, durch Aufzeichnung und Archivierung sämtlicher Radiosendungen zukünftigen Generationen zeigen zu können, dass die herrschende „Kaste" der „Bourgeoisie" eben genau nichts zu sagen hatte. Wenn man dies im ersten Moment als Brecht'schen Zynismus abtun möch-

120 vgl. Brecht 1967, S. 120

121 Brecht 1967, S. 120

122 Brecht 1967, S. 120

123 vgl. Knopf 1995, S. 123

124 Brecht 1967, S. 120

te, erkennt man im darauffolgenden Abschnitt erneut Brechts tieferliegende Einsicht: Ein Künstler, der kein Publikum finde, sei schlimm, jedoch sei die Situation noch prekärer für Zuhörer, „die keinen finden, der ihnen etwas zu sagen hat.“[125]

Der zweite Aufsatz der Radiotheorie, die „Vorschläge für den Intendanten des Rundfunks“, wurde 1927 als offener Brief im „Berliner Börsen-Courier“ veröffentlicht. In der gleichen Ausgabe befand sich eine mehr oder weniger wohlwollende Antwort des damaligen Intendanten des Berliner Rundfunks, was zeigt, dass es sich hier tatsächlich weniger um utopische denn um umsetzbare Vorschläge handelt.[126] Insgesamt formuliert Brecht vier Forderungen, wobei insbesondere die beiden ersten im Kontext dieser Untersuchung von Interesse sind. In der ersten Forderung benennt Brecht nun deutlich, welche Inhalte er sich für das neue Medium wünsche, damit es eine „demokratische Sache“[127] werde. Darunter versteht Brecht an dieser Stelle nicht die demokratische Beteiligung aller, sondern meint damit, dass Inhalte gesendet werden sollen, die aktuelle Ereignisse statt „künstlichen Stoff“ wiedergeben:

> „Ich meine also, Sie müssen mit den Apparaten an die wirklichen Ereignisse näher herankommen und sich nicht nur auf Reproduktion oder Referat beschränken lassen.“[128]

Brecht nennt hier als Beispiel die Übertragung von Reichstagssitzungen oder Gerichtsverhandlungen, was nun sein Verständnis einer „demokratischen Sache“ (vgl. oben) genauer beleuchtet: Durch die Liveübertragung soll das Handeln der Politiker und Richter transparenter werden. Statt „toter Referate“[129] werden Interviews oder Streitgespräche gefordert. Begründet wird dies nicht mit einem höheren Informations- oder Unterhaltungswert, sondern damit, dass die „Ausgefragten weniger Gelegenheit haben, sich sorgfältig Lügen auszudenken, wie sie dies für die Zeitungen können.“[130]

125 Brecht 1967, S. 121

126 vgl. Hauptmann 1967, S. 14

127 Brecht 1967, S. 121

128 Brecht 1967, S. 121

129 Brecht 1967, S. 122

130 Brecht 1967, S. 122

An dieser Aussage wird deutlich, wie von Brecht versucht wird, die Besonderheit und den Mehrwert des neuen Mediums herauszuarbeiten und nutzbar zu machen.

In der zweiten Forderung wird spezifiziert, wie eine für das Radio konzipierte Produktion aussehen müsste. Wenn auch aktuelle Ereignisse an erster Stelle stehen sollen, so kann es gelegentlich auch Produktionen speziell für das Radio geben, wenn diese „ausschließlich für das Radio gemacht werden."[131] Als Negativbeispiel nennt er Konzertmitschnitte, die nur als Untermalung des Programms dienen würden. Auch hier lassen sich wieder Parallelen zum epischen Theater ziehen, bei dem die Musik sozusagen aus ihrer dienenden Rolle befreit werden und selbständig eingesetzt werden soll.[132] Als zukunftsweisend für das Radio nennt er das Hörspiel oder den „akustischen Roman"[133], der aufgrund der Herausforderung, die ein neues Medium bietet, jedoch nur von den „allerbesten Leuten"[134] produziert werden sollte. Dies scheitert nach Brechts Ansicht an den geringen Honoraren, was in zwei weiteren Forderungen ebenfalls aufgeführt wird, aber im Rahmen dieser Untersuchung nicht weiter von Bedeutung ist.

Der dritte Text, welcher der Radiotheorie zugeordnet wird, ist nur ein kurzes Fragment, das in der Gesamtausgabe „Über Verwertungen"[135] betitelt wurde. Hier wird eingangs die zentrale Frage gestellt, wie die Kunst für das Radio und das Radio für die Kunst eingesetzt („verwertet") werden könne.[136] Eine Antwort wird nicht gegeben, stattdessen verweist Brecht auf eine für ihn übergeordnete Frage, wie Kunst und Radio überhaupt einzusetzen seien. Auch hier sind wieder Parallelen zum epischen Theater zu ziehen, wenn Brecht Kunst und Radio gleichsetzt und beiden „pädagogische Absichten"[137] zuschreibt, beides also nicht, wie er über seine eigene Arbeit im Radio schreibt, als „Genuss-, sondern als Lehrmittel"[138] versteht. Was Knopf in mehreren seiner Publikationen für das epische Theater herausge-

131 Brecht 1967, S. 122

132 vgl. Knopf 1995, S. 123

133 Brecht 1967, S. 122

134 Brecht 1967, S. 122

135 Brecht 1967, S. 123

136 vgl. Brecht 1967, S. 123

137 Brecht 1967, S. 124

138 Brecht 1967, S. 124

arbeitet hat, kann hierauf übertragen werden: Brechts Aussage sollte nicht dahingehend missverstanden werden, dass damit Produktionen in Kunst und Radio ausschließlich als „Lehrstücke" zu verstehen sind, in denen es nur um abstrakte politische Aufrufe geht.[139] Es ist vielmehr eine Forderung nach einer Reflexion über die Funktion, die zu einem Funktionswechsel führen soll, der dann für Brecht auch eine Veränderung der Gesellschaft notwendig machen würde.[140]

Neben diesem politischen Aspekt wird in dem Fragment nochmals auf die künstlerische Produktion eingegangen: Die Kunst sollte an der Stelle ansetzen, an der ein „Defekt"[141] liegt. Damit ist gemeint, dass beim Radio keine visuellen Fähigkeiten notwendig seien, die Sehfähigkeit des Menschen also hier „defekt" beziehungsweise ausgeschaltet sei. Brecht versteht dies jedoch nicht als Nachteil des Mediums, sondern gerade als Vorteil, da sich nun beim Radio durch die „akustische Fläche" die Wirkung erzielen lasse.[142] Auch hier wird erneut deutlich, dass der medienspezifische Mehrwert präzise ausgeleuchtet wird und Vor- und Nachteile genau gegeneinander abgewogen werden. Dies zeigt, dass der Vorwurf unreflektierter Technikeuphorie, der Brecht manchmal gemacht wird, sich schwer rechtfertigen lässt.[143]

Der vierte Aufsatz der Radiotheorie, den Brecht später in „Erläuterungen zum ‚Ozeanflug'" umbenannte,[144] ist ein Kommentar zu dem 1928/29 von ihm selbst verfassten[145] „Ozeanflug – ein Radiolehrstück für Knaben und Mädchen", das 1929 auf einem Festival aufgeführt und später in veränderter Fassung deutschlandweit im Radio gesendet wurde. In dem Stück wird der Kampf der Menschen mit der Natur, die mit Hilfe der Technik

139 vgl. Knopf 1995, S. 123 und Krabiel 1993, S. 447

140 vgl. Knopf 1995, S. 123

141 Brecht 1967, S. 124

142 vgl. Brecht 1967, S. 124

143 vgl. Kocks 1981, S. 246

144 Brecht bestimmte 1950, dass das ursprünglich „Flug der Lindberghs" betitelte Radiostück sowie der Aufsatz zur Radiotheorie wegen der faschistischen Haltung Lindberghs umbenannt werde (vgl. Volker 1988, S. 155 und Hauptmann 1967, S. 14).

145 Unter Mitarbeit von Elisabeth Hauptmann, Musik von Paul Hindemith und Kurt Weil (vgl. Hauptmann 1967, S. 14).

teilweise bezwingbar erscheint, anhand der ersten Alleinüberquerung des Atlantiks durch den Piloten Charles Lindbergh im Jahre 1927 thematisiert.[146] Bemerkenswert ist vor allem das dafür neu entwickelte Präsentationsprinzip: Bei der Uraufführung[147] teilte Brecht die Bühne in zwei Hälften. Auf der linken Seite waren Ensemble, Chor und Sprecher platziert, die für den Radioapparat standen. Durch einen Sichtschutz abgetrennt saß, auf der rechten Seite der Bühne, ein Schauspieler als Stellvertreter des „Hörers" und sang und sprach die Rolle des Lindbergh. Nach Brecht sollte in der späteren Radiofassung dieser Teil von jedem Hörer am Rundfunkempfänger zuhause selbst vervollständigt werden. Daran ist zu erkennen, dass das Besondere an dieser Komposition und Aufführung darin besteht, dass die monodirektionale Kommunikation durch einen bidirektionalen Kommunikationsprozess ersetzt wird.[148] Das Medium Rundfunk soll also als eine innovative Kunstform eingesetzt werden, die den Lebensalltag mit einbezieht.[149] Für Brecht ist das Radiostück ein vorbildhaftes Modell für einen „Lehrgegenstand", durch den der Rundfunk mit Hilfe des Hörers verändert werden soll. In den Erläuterungen zum Stück schreibt Brecht, dass eine solche Veränderung „eine Art Aufstand des Hörers [erfordert], seine Aktivierung und Wiedereinsetzung als Produzent."[150] Potenziell alle Teilnehmer hätten das Recht und zugleich die Pflicht, sowohl alleine als auch gemeinsam dialogisch miteinander zu „üben", das heißt zu kommunizieren,[151] denn nur so entstehe die von Brecht intendierte „pädagogische Wirkung."[152] Für den Künstler und Produzenten hält Brecht fest, dass der Rundfunk eben genau in dieser Form „nicht zu beliefern, sondern zu verändern"[153] sei. Sein eigenes Experiment sieht er trotzdem als wenig erfolgversprechend, da ei-

---

146 vgl. Krabiel 2001, S. 216

147 In der Literatur wird diese Aufführung nicht immer als die Uraufführung bezeichnet, denn tatsächlich war dies die zweite Aufführung – einen Tag zuvor wurde bereits der „Radio"-Teil aufgeführt (vgl. Volker 1988, S. 155f).

148 vgl. Filk 2007, S. 7ff

149 vgl. Wöhrle 1988, S. 52

150 Brecht 1967, S. 126

151 vgl. Filk 2007, S. 8

152 Brecht 1967, S. 125

153 Brecht 1967, S. 125

gentlich der Staat diese Aktivierung der Bürger initiieren müsste, woran dieser jedoch kein Interesse zeige.[154]

Der fünfte und letzte Aufsatz „Der Rundfunk als Kommunikationsapparat" (1932) zählt zu dem bekanntesten und am häufigsten zitierten Teil der Radiotheorie, wird aber leider meist isoliert betrachtet, wodurch einige bisher erarbeitete Punkte unerwähnt bleiben. Brecht weist gleich zu Beginn seiner Ausführung jede Art von Technikeuphorie zurück, indem er erklärt, dass das Medium Radio eine Erfindung sei, die so nicht bestellt worden sei.[155] Auch Technikdeterminismus liegt fern, vielmehr kehrt Brecht das Verhältnis um:

> „Nicht die Öffentlichkeit hatte auf den Rundfunk gewartet, sondern der Rundfunk wartet auf die Öffentlichkeit […] Nicht Rohstoff wartete auf Grund eines öffentlichen Bedürfnisses auf Methoden der Herstellung, sondern Herstellungsmethoden sehnen sich angstvoll nach einem Rohstoff."[156]

Hierdurch kann auch erklärt werden, warum die Radioanstalten nach Brechts Ansicht „schlechte" Inhalte kommunizieren: Die technischen Möglichkeiten seien gegeben, aber es werde nicht die richtige Sprache gefunden, um die Öffentlichkeit anzusprechen. Der Radio habe, so Brecht, eben „nichts zu sagen"[157] und imitiere deshalb nur bereits vorhandene Medien. Gemeint ist damit, dass Inhalte, die bisher auf der Opernbühne, im Konzertsaal oder Theater aufgeführt werden, ohne die medienspezifischen Besonderheiten des neuen Mediums Radio zu bedenken, kopiert und übernommen würden. Daraus entstehe ein „akustisches Warenhaus", in dem die Inhalte „billig wie Leitungswasser [sind]."[158] Brecht hofft, dass der Rundfunk bald aus seiner „Jugendzeit" herauswachse und beginne, über den „Lebenszweck" nachzudenken, der nicht nur darin liegen könne, zu unterhalten und das Leben zu verschönern.[159] Das Hauptproblem verortet Brecht aber an einer anderen Stelle: Dem Rundfunk fehle eine „zweite Seite", die

154 vgl. Brecht 1967, S. 125

155 vgl. Brecht 1967, S. 127

156 Brecht 1967, S. 128

157 Brecht 1967, S. 128

158 Brecht 1967, S. 128

159 vgl. Brecht 1967, S. 129

es ermögliche, dass dieser nicht nur als Distributionsapparat fungieren könne. Aus dieser Überlegung entwickelt Brecht seine vielzitierte Forderung zur Umgestaltung des Rundfunks:

„Der Rundfunk ist aus einem Distributionsapparat in einen Kommunikationsapparat zu verwandeln. Der Rundfunk wäre der denkbar großartigste Kommunikationsapparat des öffentlichen Lebens, ein ungeheures Kanalsystem, das heißt, er wäre es, wenn er es verstünde, nicht nur auszusenden, sondern auch zu empfangen, also den Zuhörer nicht nur hören, sondern auch sprechen zu machen und ihn nicht zu isolieren, sondern ihn in Beziehung zu setzen."[160]

Eine wichtige Aufgabe des Rundfunks solle es deshalb sein, die Rolle des „Lieferanten" zu verlassen und stattdessen den „Hörer als Lieferanten zu organisieren."[161] Ausgespart wird hier eine genauere Ausführung, wie dies technisch realisiert werden könnte. Wohl deshalb räumt Brecht an dieser Stelle ein, dass seine Überlegung als utopisch betrachtet werden könnte, betont aber trotzdem die Ernsthaftigkeit seines Vorschlags und fordert auf, darüber nachzudenken.[162] Brecht unterstellt den Verantwortlichen des Rundfunks und der Regierung, dass genau in die gegenteilige Richtung gefördert werde, also der „kulinarische Charakter"[163] ausgebaut werde, so dass der Rundfunk weiterhin ebenso „folgenlos" bleibe, wie Literatur und Bildung es seiner Meinung nach bereits sind. Stattdessen fordert er ein Medium ein, das einen Beitrag zur „Veränderung der Wirklichkeit" leiste.[164] Eine genaue Analyse dieser mit marxistischen Ideen angereicherten Medien- beziehungsweise Gesellschaftskritik müsste im Zusammenhang mit der Entwicklung der späten Weimarer Republik genauer beleuchtet werden, ist jedoch im Kontext des Untersuchungsziels dieser Arbeit nicht von weiterer Bedeutung. Hierfür ist nur ein Teilaspekt von Interesse, nämlich die Rolle der Technik. Brecht betont hier, dass es nicht deren Aufgabe sei, ausschließlich dafür zu sorgen, das Publikum zu „belehren". Vielmehr soll Technik das Publikum aus der passiven Rolle befreien und ermöglichen,

160 Brecht 1967, S. 129

161 Brecht 1967, S. 129

162 vgl. Brecht 1967, S. 129 und S. 133.

163 Brecht 1967, S. 129

164 vgl. Brecht 1967, S. 129

dass es selbst aktiv wird und somit selbst „belehren“ könne.[165] An dieser Stelle wird dann auch erneut auf die Rolle der Kunst eingegangen. Es geht hier darum, die „belehrenden“ Inhalte „interessant“ oder „künstlerisch“ zu gestalten, damit diese das Publikum[166] erreichen.[167] Hier ist erneut eine Parallele zu Brechts Kunstverständnis zu sehen, insbesondere wenn er schreibt:

> „Diesem Bestreben des Rundfunks, Belehrendes künstlerisch zu gestalten, kämen Bestrebungen der modernen Kunst entgegen, welche der Kunst einen belehrenden Charakter geben möchten.“[168]

Brecht führt an dieser Stelle erneut als Beispiel sein Radiolehrstück „Ozeanflug“ auf und verweist auf das Konzept des epischen Theaters (vgl. oben). Abschließend wird abermals der utopische Charakter des Vorschlags betont, und konkrete Überlegungen zum neuen Medium Radio werden in eine allgemeinere Form übersetzt:

> „Also für Erneuerungen, gegen Erneuerungen! Durch immer fortgesetzte, nie aufhörende Vorschläge zur besseren Verwendung der Apparate im Interesse der Allgemeinheit haben wir die gesellschaftliche Basis dieser Apparate zu erschüttern, ihre Verwendung [...] zu diskutieren.“[169]

In vielen Untersuchungen zu Brechts Radiotheorie wird hauptsächlich der gesellschaftskritische „revolutionäre“ Charakter hervorgehoben.[170] Gerade die letztgenannte Textstelle zeigt jedoch, dass insbesondere ein „revolutionärer“ Umgang mit neuen Medien zu attestieren ist (vgl. Abschnitt 2.2).

165 vgl. Brecht 1967, S. 131

166 Und insbesondere Jugendliche, die Brecht in diesem Zusammenhang mehrfach ausdrücklich erwähnt.

167 vgl. Brecht 1967, S. 131

168 Brecht 1967, S. 131

169 Brecht 1967, S. 133

170 vgl. Groth 1980, S. 191, Knopf 1995, S. 123 und Krabiel 1993, S. 447

3.4 BEWUSSTSEINSINDUSTRIE, MANIPULATION, EMANZIPATORISCHER MEDIENGEBRAUCH (ENZENSBERGER)

Aus zweierlei Gründen ist es hilfreich, an dieser Stelle auf Enzensbergers medientheoretische Ansätze einzugehen, insbesondere auf das Konzept, das in dem 1970 erschienenen Aufsatz „Baukasten zu einer Theorie der Medien" entwickelt wurde. Zum einen finden sich hier, wie in vielen anderen Schriften Enzensbergers, direkte und indirekte Verweise auf die bereits diskutierten Positionen von Adorno, Brecht und Benjamin (vgl. die Abschnitte 3.1, 3.2 und 3.3) sowie Anknüpfungspunkte zu Brechts „Radiotheorie", aus der Enzensberger mehrfach zitiert und einen Ausschnitt[171] als Motto für seinen Essay wählt.

Zum anderen ist Enzensberger seit den fünfziger Jahren als Autor, Beobachter, Kritiker und Kommentator des Verhältnisses von Kunst, Literatur und Medien hervorgetreten[172] und wird wegen seiner scharfzüngigen Kommentare und Rolle als „Bürgerschreck"[173], aber auch durch seine selbstkritische Haltung nicht nur in linken Kreisen als eine „Institution"[174] gesehen. Enzensbergers theoretische Konzeptionen, die nach Schlösser Elemente „materialistischer Medientheorie, systemtheoretische und konstruktivistische Ansätze [beinhalten]"[175], sind zudem immer noch von hoher Aktualität, da sich hier diverse Anknüpfungspunkte zu aktuellen postmodernen Theorien (vgl. Abschnitt 3.8) finden lassen.[176] Der Vorwurf, es handele sich bei dem „Baukasten"-Aufsatz um eine „sozialistische Medienthe-

171 „Sollten Sie dies für utopisch halten, so bitte ich Sie, darüber nachzudenken, warum es utopisch ist"; Brecht 1967, S. 130.

172 vgl. Schlösser 2009, S. 35

173 vgl. Dietschreit 1986, S. 139 und Schlösser 2009, S. 7

174 vgl. Schlösser 2009, S. 3

175 Schlösser 2009, S. 35

176 Viele postmoderne und (post-)strukturalisitische Theoriekonzepte wurden in dem von Enzensberger herausgegebenen *Kursbuch* (in dem auch der „Baukasten" Aufsatz erschien) in Deutschland erstmals publiziert und damit bekannt gemacht, in den sechziger Jahren unter anderem von Roland Barthes und Michel Foucault (vgl. Schlösser 2009, S. 9).

orie"[177], die sich aufgrund des Endes der „großen Erzählung"[178] der sozialistischen und marxistischen Gesellschaftstheorie erledigt habe, ist unberechtigt. Auch wenn viele Textpassagen des „Baukastens" von einer sozialistischen und marxistischen Diktion geprägt sind, die für das Ende der sechziger Jahre typisch ist, so ist doch nach Dietschreit festzuhalten, dass sich Enzensberger stets „gegen jede literarische und politische Festlegung"[179] gewehrt hat, was an mehreren Stellen des „Baukasten"-Aufsatzes durchaus zu beobachten ist (vgl. unten). Aber das ist nur eine der vielen in der Forschung kontrovers diskutierten Fragen, die durch Enzensbergers ständigen Seiten- und Richtungswechsel, seine Selbstkritik und das Eingeständnis eigener Fehleinschätzungen (auch zum „Baukasten", vgl. unten) befeuert wird. Pott fasst deshalb die Enzensberger-Forschung dahingehend zusammen, dass diese letztendlich „zu einem wesentlichen Teil aus Diskussionen über Brüche und Kontinuitäten in den Essays und dem literarischen Werk [bestehe]."[180]

Bevor nun näher auf den „Baukasten"-Aufsatz eingegangen werden kann, soll noch kurz auf den darin wiederholt auftauchenden Terminus „Bewusstseins-Industrie" hingewiesen werden, den Enzensberger in einem gleichnamigen Aufsatz[181] Anfang der sechziger Jahre entwickelt hat. Der Begriff soll auf der Grundlage von Marx' und Freuds Theoremen und medientheoretischen Konzepten von Adorno und Horkheimer verdeutlichen, wie Massenmedien durch manipulativ eingesetzte Medien unausweichlich verblenden.[182] Die „Bewusstseins-Industrie" liefert deshalb immaterielle Güter, die sozusagen zur Überwachung des politischen Bewusstseins dienen[183], damit der immer besser (aus)gebildete Bürger nicht auf die Idee kommt, die durch den technischen Fortschritt immer größer werdende Freizeit zu nutzen, um, wie Enzensberger schreibt, „Energien frei[zusetzen], die für die Herrschenden nicht ungefährlich sind."[184] Enzensberger verwendet

177 Helmes und Köster 2002, S. 254

178 vgl. Lyotard 1986 orig. 1979

179 Dietschreit 1986, S. 139

180 Pott 2007, S. 342

181 vgl. den Essay zur „Bewusstseins-Industrie" in Enzensberger 1962.

182 vgl. Schlösser 2009, S. 41

183 vgl. Schlösser 2009, S. 42

184 Enzensberger 1962, S. 12

den Begriff „Bewusstseins-Industrie“ zwar überwiegend im negativen Sinne und betont – ähnlich wie Adorno und Horkheimer – den einschränkenden, kontrollierenden und steuernden Charakter der Medien. Jedoch ist sein Verständnis dialektischer Natur: Gerade die neuen Medien, aber auch viele von Adorno und Horkheimer kritisierten klassischen Medien (vgl. Abschnitt 3.3) haben einen befreienden Charakter, was in dem „Baukasten“-Essay detaillierter ausgeführt wird, weshalb dieser nun genauer zu betrachten ist.

Der Essay ist in 22 nummerierte Abschnitte unterteilt, in denen Enzensberger jeweils einen Aspekt seiner Theorie genauer expliziert. Wie die folgenden Seiten zeigen werden, ist es gewinnbringend, den gesamten Aufsatz einer Analyse zu unterziehen. Im Zusammenhang der Medien- und Internettheoriediskussion wird häufig nur der erste Teil (1.-11. Abschnitt) und der 12. Abschnitt, von Enzensberger selbst als „Zusammenfassung“ betitelte, sowie der in die diesem Abschnitt enthaltene tabellarische Überblick betrachtet.[185] Jedoch bleiben dadurch viele Aspekte der „Baukasten-Theorie“ unerwähnt.

Im ersten Abschnitt wird gleich zu Beginn die Zielsetzung erläutert: Ausgangspunkt ist die Beobachtung, dass die neuen elektronischen Medien, worunter Enzensberger unter anderem Kabel- und Satelliten-TV, Videorekorder, Lasertechnik, Kopiergeräte, Mikrofiche, Computer und Datenbanken zählt, zum „Schrittmacher der sozio-ökonomischen Entwicklung spätindustrieller Gesellschaften“[186] geworden seien. Nach Enzensberger sind es aber nicht die Medien selbst, sondern die „Bewusstseins-Industrie“, die mit Hilfe der neuen Medien ihre Interessen durchsetzt. Als Gegenposition sei eine „sozialistische“ oder „marxistische Theorie der Medien“[187] erforderlich, die jedoch deshalb noch nicht – beziehungsweise nur im Ansatz – entwickelt worden sei, weil Unsicherheit und Angst der politischen Linken gegenüber den neuen Medien zu beobachten seien.[188] Enzensberger möchte deshalb auf den Aspekt des selbstbestimmten Mediengebrauchs hinweisen und die „emanzipatorischen Möglichkeiten“ der neuen Medien „entfes-

185 vgl. Schlösser 2009, S. 45

186 Enzensberger 1970, S. 159

187 Enzensberger 1970, S. 159

188 vgl. Enzensberger 1970, S. 159; siehe auch Adorno/Horkheimer zur Kulturindustrie, Abschnitt 3.2.

seln."[189] Im zweiten Abschnitt verdeutlicht Enzensberger sein Anliegen und versucht, für die bisher ungenutzte Besonderheit der neuen Medien eine Begrifflichkeit zu finden:

„Das offenbare Geheimnis der elektronischen Medien, das entscheidende politische Moment, das bis heute unterdrückt oder verstümmelt auf seine Stunde wartet, ist ihre mobilisierende Kraft."[190]

Was unter der Mobilisierung zu verstehen ist, wird genauer erklärt: Es geht nicht darum, die Selbständigkeit durch erzwungene Aufforderungen, etwa zu Aufmärschen oder Paraden, zu erreichen. Nach Enzensberger lähmt ein solches Vorgehen und führt zur Entpolitisierung.[191] Stattdessen heißt mobilisieren, die Menschen frei zu machen „wie Tänzer, geistesgegenwärtig wie Fußballspieler, überraschend wie Guerilleros."[192] Enzensberger meint, dass eine solche „freie" Mobilisierung nun zum „ersten Mal in der Geschichte" möglich sei und so „die massenhafte Teilnahme an einem gesellschaftlichen und vergesellschafteten produktiven Prozess"[193] stattfinden könne. Im Anschluss an Brecht (vgl. Abschnitt 3.3) sieht Enzensberger, dass die aktuellen Medien „wie das Fernsehen oder der Film [...] nicht der Kommunikation sondern ihrer Verhinderung [dienen]. Sie lassen keine Wechselwirkung zwischen Sender und Empfänger zu."[194] Enzensberger meint hier jedoch irrtümlich, dass sich dieser Sachverhalt nicht technisch erklären lasse. Seine Behauptung, dass die Technik keinen prinzipiellen Gegensatz von Sender und Empfänger kenne, ist ebenso irreführend wie sein konkretes Beispiel, dass prinzipiell jedes Transistorradio „von seinem Bauprinzip her [...] ein potentieller Sender [ist]."[195] Während sich Brecht durchaus bewusst war, dass die Technik noch nicht die bidirektionale Kommunikationsweise zulasse (vgl. Abschnitt 3.3), so übersieht hier Enzensberger diesen Gesichts-

189 Enzensberger 1970, S. 159

190 Enzensberger 1970, S. 160

191 vgl. Enzensberger 1970, S. 160

192 Enzensberger 1970, S. 160

193 Enzensberger 1970, S. 160

194 Enzensberger 1970, S. 161

195 Enzensberger 1970, S. 161

punkt – wohl kaum aus technischer Unkenntnis[196], sondern vielmehr, um behaupten zu können, dass „die technische Differenzierung von Sender und Empfänger […] die gesellschaftliche Arbeitsteilung zwischen Produzenten und Konsumenten wider[spiegelt].“[197] Das von Enzensberger im Anschluss angeführte Beispiel veranschaulicht jedoch seine eigentliche Überlegung: Die proklamierte Wahlfreiheit der Wähler ist analog zu dem der Zuschauer eigentlich nur eine „minimale Selbsttätigkeit“[198]. Bei den Parlamentswahlen im „Zweiparteiensystem“ besteht genau wie bei dem Fernsehprogramm dieser Zeit nur ein „dreiwertiger Schaltvorgang“[199]. Man hat die Wahl zwischen zwei (großen) Parteien sowie zwischen zwei Sendern (ARD/ZDF) und der Wahlenthaltung beziehungsweise der Möglichkeit, das Fernsehgerät nicht einzuschalten.[200] An dieser Stelle wird von Enzensberger das Brecht-Zitat zur bidirektionalen Kommunikation („ungeheures Kanalsystems“, vgl. Abschnitt 3.3) aufgeführt und damit erneut betont, dass der Schlüssel zu emanzipatorischem Mediengebrauch genau wie bei Brecht die Loslösung vom Sender-Empfänger-Konzept bedeutet.

Im dritten Abschnitt wird eine weitere Besonderheit der neuen Medien herausgearbeitet. Enzensberger erklärt mit Verweis auf die Systemtheorie, dass ein „Kommunikationszusammenhang […], sofern [dieser] eine gewisse kritische Größe überschreitet, nicht mehr zentral kontrollierbar, sondern nur noch statistisch berechenbar ist.“[201] Umso vielfältiger und dezentraler die Kommunikation sich gestaltet, desto schwieriger wird es, diese von zentraler Stelle aus zu kontrollieren. Was heute im Kontext der Internet-Diskussion wie selbstverständlich klingt, ist für Anfang der siebziger Jahre bemerkenswert, da zu dieser Zeit ausschließlich „kontrollierbare“ Medien existieren. Dass der Weg jedoch unausweichlich zu nicht kontrollierbaren Medien führe, erklärt Enzensberger wie folgt:

196 vgl. seine hohe technische Kompetenz beim „Poesieautomaten“ (siehe unten und Enzensberger 2000b).

197 Enzensberger 1970, S. 161

198 Enzensberger 1970, S. 161

199 Enzensberger 1970, S. 161

200 vgl. Enzensberger 1970, S. 161

201 Enzensberger 1970, S. 162

„Spätindustrielle Gesellschaften sind auf ungehinderten Informationsaustausch angewiesen: die ‚Sachzwänge', auf die ihre Kontrolleure sich fortgesetzt berufen, kehren sich somit gegen diese selber."[202]

Als Beispiel dient hierfür das Kopiergerät, das seit Mitte der sechziger Jahre auch in Deutschland verstärkt Einsatz findet und „potenziell jedermann zum Drucker macht."[203] In der Sowjetunion[204] wird jedoch größtenteils auf den Einsatz von Kopiergeräten verzichtet, obwohl diese für den gewaltigen Verwaltungsapparat eine große Erleichterung darstellen würden. Enzensberger schreibt, dass dieser Nachteil deshalb in Kauf genommen werde, damit der Informationsfluss besser zu kontrollieren sei und so politische Aktionen, insbesondere mit Flugblättern oder Zeitungen, effizienter verhindert werden könnten.[205]

Der vierte Abschnitt geht auf die „Manipulations-These der Linken"[206] ein, die für Enzensberger zwar anfänglich einen gewissen Nutzen hatte, aber im Kontext der neuen Medien einer neuen Analyse bedürfe. Enzensberger sieht den Fehler darin, dass der falsche Glaube bestehe, es gebe „in politischen und gesellschaftlichen Fragen eine reine, unmanipulierte Wahrheit."[207] Hier wird seine Anlehnung an postmoderne Ansätze deutlich, wenn er die philosophisch-materialistische Position nahezu dekonstruiert: Kein Medium transportiert Wahrheit[208], die nicht in irgendeiner Weise verfälscht ist. Mit Anspielung auf Marcuse und dessen Konzept der „repressiven Toleranz"[209], die besagt, dass eine uneingeschränkte Toleranz nicht wünschenswert sei, da diese unter anderem Aufrüstung, Unterdrückung und Diskriminierung „toleriere" und es stattdessen gegen rückschrittliche Be-

202 Enzensberger 1970, S. 162

203 Enzensberger 1970, S. 162

204 Eine ähnliche, wenn auch nicht ganz so strikte „politische" Kontrolle stellt Enzensberger auch in der westlichen Welt durch die Monopolstellung der Firma Xerox fest (vgl. Enzensberger 1970, S. 162f).

205 vgl. Enzensberger 1970, S. 163

206 Enzensberger 1970, S. 164

207 Enzensberger 1970, S. 164

208 Wobei hier weiter mit Begriffen wie „Wahrheit" operiert wird, die eigentlich auch zu dekonstruieren wären.

209 vgl. Marcuse 1966

wegungen keine Toleranz geben solle, meint Enzensberger, dass dies häufig als Begründung der resignativen Haltungen gegenüber den neuen Medien angeführt werde. Der zweite Grund ist die Angst vor den bedrohlichen Potentialen der Medien, sowohl von der „bürgerlichen Kultur" wie von den „Linken", die letztendlich ähnliche Wurzeln habe:

> „Oft scheint es nämlich gerade an ihren progressiven Möglichkeiten zu liegen, dass die Medien als bedrohliche Übermacht erfahren werden: daran, dass sie die bürgerliche Kultur und damit die Privilegien der bürgerlichen Intelligenz zum ersten Mal von Grund auf in Frage stellen [...] In der Medien-Feindschaft der neuen Linken scheinen alte bürgerliche Ängste wie die vor dem ‚Massenmenschen' und ebenso alte bürgerliche Sehnsüchte nach vorindustriellen Zuständen in progressiver Verkleidung wiederzukehren."[210]

An dieser Stelle wird ein Beispiel vom Pariser Mai 1968 aufgeführt, das aber zeitlosen Charakter hat: So griffen die Studierenden für die Erstellung ihrer Protestplakate bewusst auf „altertümliche Produktionsformen" zurück und produzierten diese mit den Handpressen der Kunsthochschulen – Druckmaschinen hätten „zwar ihre massenhafte Verbreitung ermöglicht, aber die schöpferische Phantasie ihrer Urheber gekränkt."[211] Weitere Beispiele werden von Enzensberger angeführt und er kritisiert, dass auch in der Lebenspraxis ein Widerspruch zu bemerken ist, der einer Mediensituation „von 1900" entspricht.[212] Denn von vielen Intellektuellen wird die Produktion von Inhalten für neue Medien für gesellschaftspolitische und künstlerische Zwecke kategorisch abgelehnt, obwohl viele von ihnen in der Eigenschaft als Konsumenten selbst populäre Musik und Hollywood-Filme konsumieren – aber „in ihrer Eigenschaft als Produzenten sehen sie davon ab, und in ihren Analysen schrumpft der ganze Mediensektor auf das Stichwort Manipulation zusammen."[213]

Enzensberger versucht deshalb, den Begriff der Manipulation genauer zu betrachten und stellt fest, dass dieser nur so viel heißt wie „zielbewuss-

---

210 Enzensberger 1970, S. 164

211 Enzensberger 1970, S. 164

212 vgl. Enzensberger 1970, S. 164

213 Enzensberger 1970, S. 165

tes technisches Eingreifen in ein gegebenes Material."[214] Damit wird deutlich, dass jeder Einsatz der Medien Manipulation voraussetzt. Deshalb ist für Enzensberger die entscheidende Frage nicht, ob Manipulation stattfinde, sondern vielmehr, wer diese Manipulation durchführe. Hier wird nun ein neuer Aspekt der Beteiligung aller deutlich, denn „ein revolutionärer Entwurf muss nicht die Manipulateure zum Verschwinden bringen; er hat im Gegenteil einen jeden zum Manipulateur zu machen."[215]

In Abschnitt 6 und 7 wird ein weiterer wichtiger Punkt angesprochen. Enzensberger stellt fest, dass die neuen Medien „ihrer Struktur nach egalitär"[216] sind. Dabei wird betont, dass es ein Vorteil dieser Medien ist, im Gegensatz zu traditionellen Medien wie Büchern oder Tafelmalerei, eben immateriell und reproduzierbar zu sein und damit eine einfachere Verfügbarkeit für die gesamte Gesellschaft zu ermöglichen.[217] Bevor dies von Enzensberger an konkreten Beispielen seiner zeitgenössischen Kunst ausgeführt wird (vgl. unten, Abschnitt 16ff) ist im nächsten Abschnitt noch wichtig zu betonen, dass der Gegensatz von Produzent und Rezipient bei elektronischen Medien nicht inhärent ist, dieser muss vielmehr „durch ökonomische und administrative Vorkehrungen künstlich behauptet werden"[218], etwa beim Telefon durch das Fernmeldegesetz oder beim Radio durch entsprechende Reglementierungen, die das Betreiben eines Radiosenders nur dem Staat gestattet.

In Abschnitt 9 und 10 wird auf einen weiteren Aspekt verwiesen, der bei Erscheinen des Aufsatzes noch ganz andere Dimensionen als im Internet-Zeitalter hatte. Enzensberger schreibt, dass 1970 zwar elektronische beziehungsweise neue Medien weit verbreitet gewesen seien (zum Beispiel Tonbandgeräte und Schmalfilmkameras), aber die in „Heimarbeit" entstandenen Produktionen meist weder gesellschaftliche noch ästhetische Relevanz gehabt hätten. Das Vorhandensein der Medien alleine sei nicht ausreichend:

214 Enzensberger 1970, S. 166

215 Enzensberger 1970, S. 166

216 Enzensberger 1970, S. 167

217 vgl. Enzensberger 1970, S. 167

218 Enzensberger 1970, S. 168

„Denn die Aussicht darauf, dass mit Hilfe der Medien in Zukunft jeder zum Produzenten werden kann, bliebe unpolitisch und borniert, sofern diese Produktion auf individuelle Bastelei hinausliefe [...] Wer sich Emanzipation von einem wie auch immer strukturierten technologischen Gerät oder Gerätesystem verspricht, verfällt einem obskuren Fortschrittsglauben; wer sich einbildet, Medienfreiheit werde sich von selbst einstellen, wenn nur jeder einzelne fleißig sende und empfange, geht einem Liberalismus auf den Leim, der unter zeitgenössischer Schminke mit der verwelkten Vorstellung von einer prästabilierten Harmonie der gesellschaftlichen Interessen hausieren geht."[219]

Im nächsten Abschnitt folgt eine dialektische Auseinandersetzung mit der Kapitalismuskritik und dem Konsumterror mit dem Fazit, dass die Bewusstseins-Industrie deshalb keine Bedürfnisse befriedige, da sie dann Gefahr laufe, sich selbst überflüssig zu machen. Es könne also somit nicht darum gehen, die Bewusstseins-Industrie auszuschalten, sondern vielmehr um eine Umstellung von einem repressiven zu einem emanzipatorischen Mediengebrauch, was in einer als „Zusammenfassung" betitelten tabellarischen Übersicht veranschaulicht wird (vgl. unten).

In Abschnitt 13 und 14 wird auf den subversiven Charakter der neuen Medien, insbesondere in Zeiten gesellschaftlich-revolutionärer Umbrüche, eingegangen, was hier nicht weiter thematisiert werden muss. Im Kontext dieser Untersuchung sind die Abschnitte 14ff von größerer Bedeutung. In diesen wird von Enzensberger das bereits erwähnte (vgl. Abschnitt 3.1 und 3.3) Kunstverständnis von Adorno, Horkheimer und Lukács mit Verweis auf Benjamin kritisiert. Während diese insbesondere von den politisch Aktiven wahrgenommen werden, wird auf den noch breiter rezipierten McLuhan verwiesen (vgl. dazu auch Abschnitt 3.7), den Enzensberger als den „Bauchredner und Propheten" der „apolitischen Avantgarde" beschimpft, der „unfähig zu jeder Theoriebildung" sei und nur „wirre Bücher"[220] schreibe. Trotzdem meint Enzensberger, dass es lohnenswert sei, den berühmten Satz „The medium is the message"[221] genauer zu betrachten, denn dieser erkläre die vorherrschende „Medienmystik"[222] treffend. Nicht die In-

219 Enzensberger 1970, S. 169f

220 Enzensberger 1970, S. 177

221 McLuhan 2011 orig. 1967

222 Enzensberger 1970, S. 177

halte, sondern die Medien selbst stünden im Mittelpunkt. So sei nach McLuhan „das einzig Bemerkenswerte am Fernsehgerät [...] der Umstand, dass es läuft."[223] Mit Blick auf das Fernsehprogramm, das für Enzensberger diese Aussage bestätigt, wird der Schluss gezogen, dass es zwar die Mittel gebe, etwas zu sagen, aber nichts gesagt werde. Enzensberger sieht dies auch in der künstlerischen Avantgarde seiner Zeit und stellt bedauernd fest, dass viele Künstler nur „Nullsignale" und „amorphen Krach" aussenden würden – genannt werden hier als Beispiele Warhols Filme und John Cages „Vortrag über nichts"[224].

Im folgenden Absatz geht deshalb Enzensberger genauer auf das sich ändernde Kunstverständnis ein: Die „Umwälzung der Produktionsbedingungen [...] hat die herkömmliche Ästhetik unbrauchbar gemacht [und] ihre fundamentalen Kategorien samt und sonders aus den Angeln gehoben."[225] Enzensberger geht sogar so weit, davon zu sprechen, dass die zugrundeliegenden Erkenntnistheorien durch das Aufkommen der elektronischen Medien veraltet seien.[226] Enzensberger stellt dann die Änderungen dar, die sich nach seiner Meinung durch die elektronischen Medien für die „Kunst" ergeben, und begründet dies mit Verweis auf Benjamin und Zitaten aus dessen Kunstwerk-Essay (vgl. Abschnitt 3.1). Enzensberger formuliert seine Vorstellung eines veränderten Kunstverständnisses in Abgrenzung vom bisherigen und erklärt folgende Punkte als hinfällig:

- von einem „abgeschlossenen Kunstwerk" zu sprechen, da ein Abschluss durch das interaktive Element der emanzipatorischen Medien gar nicht wünschenswert sei;[227]
- die Diskussion über den „Tod der Kunst", da hier mit Begriffen und Kategorien operiert werde, die dem Stand der „Produktivkräfte" nicht mehr entsprächen;[228]

---

223 Enzensberger 1970, S. 178

224 vgl. Enzensberger 1970, S. 178

225 Enzensberger 1970, S. 178

226 Was nicht genauer expliziert wird und deshalb nicht plausibel erscheint (vgl. Enzensberger 1970, S. 178).

227 vgl. Enzensberger 1970, S. 178

228 vgl. Enzensberger 1970, S. 178

- der bisherige Begriff von „Kunst“ im Allgemeinen, da dieser im „strikt hegelianischen Sinn durch die Medien und in ihnen aufgehoben“[229] wird;
- das „Spezialistentum“ der Künstler und deren privilegierter Status, da nun nicht der Spezialist, sondern das Kollektiv Kunst produziere;[230]
- die Unterscheidung von Fiktion und Realität (vgl. unten);
- den Werkbegriff (vgl. unten).

Deshalb muss nach Enzensberger ein Perspektivenwechsel stattfinden: „Statt die Produktion der neuen Medien unter dem Gesichtspunkt älterer Produktionsweisen zu betrachten, muss sie umgekehrt das, was mit den hergebrachten ‚künstlerischen‘ Medien hervorgebracht wird, von den heutigen Produktionsbedingungen her analysieren.“[231] Enzensberger bewertet diesen Perspektivenwechsel durchaus als „riskant“, meint aber, dass dieser in allen Disziplinen der Kunst gezeigt werden könne, und wählt im folgenden Abschnitt das Beispiel der Literatur, um dies genauer zu erklären.

Die mündliche Literatur habe sich durch Einführung der Schrift und des Buchdrucks in eine schriftliche Literatur verwandelt. Nun werde das Buch im „Zeitalter der elektronischen Medien abgelöst“ durch neue Formen, die das Sprechen wieder mehr in den Vordergrund stellten. Diese neuen Produktionsweisen würden es, „jedermann ermöglichen [...], sich zum Produzenten zu machen“[232], was zuvor nicht unbedingt der Fall gewesen sei. Enzensberger erklärt dies damit, dass nahezu jeder Mensch besser sprechen könne als schreiben, denn Letzteres erfordere einen höheren Grad an „sozialer Spezialisierung“[233] und werde zudem durch bestimmte Regelungen, wie etwa die Orthographie, kontrolliert, die bei der mündlichen Kommunikation keine Rolle spielten. „Mikrophon und Kamera heben den Klassencharakter der Produktionsweise [auf]“[234], da wieder das gesprochene Wort in den Vordergrund trete. Enzensberger denkt hier an Radio und TV, aber übertragen auf das Internet ist diese neue Rolle des gesprochenen Wortes

229 Enzensberger 1970, S. 179

230 vgl. Enzensberger 1970, S. 180

231 Enzensberger 1970, S. 180

232 Enzensberger 1970, S. 180

233 Enzensberger 1970, S. 181

234 Enzensberger 1970, S. 182

ebenfalls zu beobachten, etwa bei Audio- und Videocommunitys oder bei Podcasts. Ein Kritikpunkt Enzensberger am Buchdruck ist, dass dieser ein „monologisches Medium [ist], das sowohl Produzent als auch Leser isoliert.“[235] Nur schwerfällig sind Feedback und Korrekturen, beispielsweise durch Neuauflagen, möglich. Trotzdem sieht Enzensberger, dass das Buch nicht vollkommen verschwinden werde, aber die „kultische und rituelle Aura“[236] einbüßen müsse.

Mit Verweis auf Benjamin wird im 18. Abschnitt ein weiterer zentraler Aspekt angesprochen, der erneut Anknüpfungspunkte an postmoderne Theorien ermöglicht (vgl. Abschnitt 3.8). Enzensberger weist darauf hin, dass die

> „[...] fundamentalste Kategorie der bisherigen Ästhetik“[237], die Unterscheidung zwischen Fiktion und Nicht-Fiktion, durch die neuen Medien aufgehoben sei: „In der Produktion der Bewusstseins-Industrie verschwindet der Unterschied zwischen ‚Echtem‘ und der ‚Reproduktion‘.“[238]

Hier konstatiert Enzensberger erneut erkenntnistheoretische Verschiebungen, übersieht jedoch, dass erkenntnistheoretische Probleme immer unabhängig von Medien sind. Die Auflösung von Fiktion und Realem ist also nicht den neuen Medien geschuldet, sondern hat ihre Ursache in der Kritik des metaphysischen Denkens – wie etwa bei Kant oder der postmodernen antimetaphysischen Philosophie, beispielsweise bei Derrida (vgl. Abschnitt 3.8). Auch wenn der Erklärungsversuch deshalb problematisch erscheint, so ist doch Enzensbergers Fazit festzuhalten: Kunstwerke in den neuen Medienwelten sind von ihrer technischen Reproduktion nicht mehr zu unterscheiden. Die Aufrechterhaltung der Unterscheidung zwischen „Original“ und „Fälschung“ dient nach Enzensberger nur noch „ökonomischen Interessen“[239]. Doch das Verschwinden der Unterscheidung wird von Enzensberger begrüßt, da hier gerade eine Stärke der neuen Medien gesehen wird.

235 Enzensberger 1970, S. 182

236 Enzensberger 1970, S. 182

237 Enzensberger 1970, S. 183

238 Enzensberger 1970, S. 182

239 Enzensberger 1970, S. 184

So falle beispielsweise die Unterscheidung von Dokumentar- und Spielfilm weg, denn beide bedienten sich derselben manipulativen Techniken:

„Schneiden, Montieren, Mischen, das sind Techniken der bewussten Manipulation, ohne die der Umgang mit den neuen Medien überhaupt nicht gedacht werden kann. Gerade in diesen Arbeitsgängen verrät sich die produktive Kraft, und dabei ist es völlig gleichgültig, ob es sich um die Herstellung einer Reportage oder einer Komödie handelt.“[240]

Wie schon zuvor bemerkt, unterliegt nach Enzensberger jedes Medium der Manipulation. Die Besonderheit der neuen Medien ist, dass diese Manipulation offensichtlicher ist. Überträgt man diese Überlegung auf das Internet, so lernt der User des *Social Web* dadurch den manipulativen Charakter jeglicher Medien, da er selbst publizieren und damit selbst manipulieren kann.

Einen weiteren ästhetischen Begriff sieht Enzensberger als überholt an: Die Kategorie des „Werkes“ könne nicht mehr wie bisher dahingehend aufrechterhalten werden, dass darunter ein „Objekt“ oder ein „materielles Substrat“ zu verstehen sei.[241] Vielmehr müsse nun der prozesshafte Charakter von Kunstwerken in den neuen Medienwelten sowie der Aspekt der „offenen Form“[242] betont werden. Enzensberger verweist damit auf die endlose Struktur künstlerischer Prozesse und fordert, dass Kunstwerke die „eigenen Wirkungen, die Reaktionen und Korrekturen, die sie hervorrufen, in sich aufnehmen [müssen]“[243] – eine deutliche Anlehnung an die Konzepte von Eco (vgl. Abschnitt 3.5) und Barthes (vgl. Abschnitt 3.6).

Mit erneutem Verweis auf Benjamin versucht Enzensberger darzulegen, dass es die Aufgabe der künstlerischen Avantgarden sei, die Möglichkeiten neuer Medien zu erproben und vorauszusagen.[244] Happenings, Fluxus und Concept-Art werden von Enzensberger zwar auf der einen Seite für überflüssig erklärt, auf der anderen Seite hätten diese seinerzeit neuen Kunstformen jedoch einen „prognostische[n] Wert“[245], da sie mit den neuen Me-

240 Enzensberger 1970, S. 184

241 vgl. Enzensberger 1970, S. 184

242 Enzensberger 1970, S. 184

243 Enzensberger 1970, S. 184

244 vgl. Enzensberger 1970, S. 184

245 Enzensberger 1970, S. 185

dien experimentieren würden. Überflüssig seien solchen Formen deshalb, da es dabei zu einem Verlust der Inhalte komme. Enzensberger polemisiert, man könne dann gleich einen Computer programmieren, der durch Zufallsfaktoren Kunst generiere. Dass dies hier als Negativbeispiel aufgeführt wird, ist deshalb bemerkenswert, da Enzensberger nur vier Jahre später versuchte, einen „Poesie-Automaten" zu konzipieren, der mit Hilfe mathematischer Regeln eine kombinatorische Poetik entwickelt und damit mittels Zufallsfaktoren Lyrik generiert.[246]

Zum Schluss des Essays geht Enzensberger auf die sich ändernde Rolle des Künstlers ein. Enzensberger fordert, dass sich in den neuen Medienwelten der Künstler als Spezialist überflüssig machen müsse. Als Vergleich wird der Sprachlehrer genannt, dessen Aufgabe erfüllt sei, wenn Sprache und Schrift erlernt wurden. Jedoch ist nach Enzensberger ein Unterschied zu betonen: Der Prozess sei reziprok, das heißt, der Künstler lerne als Spezialist ebenso viel vom Nichtspezialisten wie dieser vom Künstler.[247] Auch wenn die Abschaffung der Künstlerrolle an das poststrukturalistische und postmoderne Konzept des „Tod des Autors"[248] erinnert, so geht es Enzensberger nicht um die Loslösung von der Künstlerintention als einzig mögliche Interpretation, sondern vielmehr um die Abschaffung der elitären Rolle hin zu einer gleichberechtigten Stellung, die dann als solche gar nicht mehr wahrnehmbar sei:

> „Der Autor hat als Agent der Massen zu arbeiten. Gänzlich verschwinden kann er erst dann in ihnen, wenn sie selbst zu Autoren, den Autoren der Geschichte geworden sind."[249]

246 Das Konzept ist 1974 entstanden, wurde aber erst im Jahre 2000 anlässlich der ersten technischen Realisierung im Rahmen eines Lyrik-Festivals unter dem Titel „Einladung zu einem Poesie-Automaten" (Enzensberger 2000b) veröffentlicht. In der Einleitung wird angedeutet, dass das Projekt in den siebziger Jahren mit großer Ernsthaftigkeit angegangen worden sei und erst im Rückblick als „ironische Arbeit" gesehen werde (vgl. Enzensberger 2000b, S. 7).

247 vgl. Enzensberger 1970, S. 185

248 vgl. Barthes 2000 orig. 1968; Foucault 1988 und Abschnitt 3.6ff.

249 Enzensberger 1970, S. 186

Bis dieser Zustand erreicht sei, werde der Künstler jedoch weiterhin benötigt. Der gesellschaftliche Nutzen des „Agenten der Masse" besteht für Enzensberger darin, „die emanzipatorischen Momente der Medien zu nutzen und zur Reife zu bringen."[250] Was mit diesen emanzipatorischen Aspekten gemeint ist, lässt sich abschließend mit Enzensbergers vielzitierter[251] Tabelle veranschaulichen, in der ein „repressiver Mediengebrauch" der „alten" Medien einem „emanzipatorischen Mediengebrauch" der „neuen" Medien gegenübergestellt wird:

Tabelle 1: Mediengebrauch nach Enzensberger[252]

Repressiver Mediengebrauch	***Emanzipatorischer Mediengebrauch***
Zentral gesteuertes Programm	Dezentralisierte Programme
Ein Sender, viele Empfänger	Jeder Empfänger ein potentieller Sender
Immobilisierung isolierter Individuen	Mobilisierung der Massen
Passive Konsumentenhaltung	Interaktion der Teilnehmer, Feedback
Entpolitisierungsprozess	Politischer Lernprozess
Produktion durch Spezialisten	Kollektive Produktion
Kontrolle durch Eigentümer oder durch Bürokraten	Gesellschaftliche Kontrolle Selbstorganisation

Wie bereits zu Beginn dieses Abschnitts erwähnt, hat sich Enzensberger jedoch später von diesem Ansatz teilweise distanziert. In einem Interview in der Wochenzeitung *Die Zeit* im Januar 1995 betont Enzensberger mehrfach, dass er sich den emanzipatorischen Mediengebrauch „längst abgeschminkt

250 Enzensberger 1970, S. 185

251 vgl. Schlösser 2009, S. 42 und Schicha 2010, S. 108.

252 vgl. Enzensberger 1970, S. 173

[habe]. Das war ein Irrtum. Das habe ich auch öffentlich korrigiert."[253] Eine solche Korrektur ist beispielsweise in Enzensbergers 1988 erschienenem Essay „Das Nullmedium" zu finden. In diesem Aufsatz, in dem das öffentliche und private Fernsehprogramm im Mittelpunkt der Auseinandersetzung steht, äußert sich Enzensberger selbstkritisch und bedauert, dass es weiterhin nicht an

> „[...] Pädagogen und kritischen Theoretikern [fehle], die in den elektronischen Medien nach wie vor Produktivkräfte wittern, die es nur zu entfesseln gelte, um ungeahnte gesellschaftliche Lernprozesse in Gang zu setzen (eine frohe Botschaft, die man sich aus manchem alten Medien-Baukasten zusammenklauben kann)."[254]

Wie an dieser und einigen anderen Stellen herauszulesen ist, handelt es sich hier nicht um eine vollständige Revision der eigenen Theorie des emanzipatorischen Mediengebrauchs. Vielmehr wird kritisiert, dass diese nur oberflächlich rezipiert werde und dabei die „Produktivkräfte" der neuen Medien alleine in den Medien selbst und nicht in dem Diskursfeld Kunst und Gesellschaft gesehen würden. Wie an einer anderen Stelle im Nullmedium-Aufsatz zu lesen ist, fehle vor allem der Fokus auf „emanzipatorische" Inhalte, die zugunsten ökonomischer Überlegungen verdrängt würden: „Zur Debatte steht, wer zahlt und wer kassiert, wann, wo, wie, von wem, aber nie und nimmer, was gesendet wird."[255] Mit Blick auf Enzensbergers Verständnis von Lyrik hat bereits Dietschreit herausgearbeitet, dass es „nicht um zeitüberdauernde Gebilde oder Konsumgüter [geht], sondern um Gedichte als Produktionsmittel von Wahrheit, als Gebrauchsmittel, als Kommunikationsmittel."[256] Das Problem liegt folglich bei den Inhalten, die transportierenden Medien spielen keine Rolle. Was also im Nullmedium-Essay für das Fernsehen gesagt wird, kann auf das Internet übertragen werden: Die technisch nahezu unbegrenzten Möglichkeiten des *Social Web* bieten zwar die Voraussetzung, ermöglichen aber von alleine keine neuen Entfaltungsmöglichkeiten von Kunst und Kultur. Auch hier sind weiterhin

253 Enzensberger zitiert nach Schlösser 2009, S. 36

254 Enzensberger 1988, S. 235

255 Enzensberger 1988, S. 234

256 Dietschreit und Heinze-Dietschreit 1986, S. 39

Kunstkonzepte und -theorien notwendig, die klären, welche Inhalte in den neuen Medienwelten zu welchen Zwecken kommuniziert werden sollen.

Diese Auffassung wird gestützt durch Äußerungen, die Enzensberger in den letzten Jahren explizit zum Internet abgab. In einer an der Universität Erfurt gehaltenen Vorlesung[257] skizziert Enzensberger zwei Lager der kulturkritischen Debatte um die neuen Medien: auf der einen Seite die „Apokalyptiker", die ausschließlich von den unwägbaren Gefahren der neuen Medien sprechen, auf der anderen Seite die „Evangelisten", die nur die unschätzbaren Vorteile der neuen Medien rühmen.[258] Der Vergleich wird in dieser Form der religiösen Anspielung von Enzensberger fortgeführt:

> „In mehr als einer Hinsicht hat ja der technische Fortschritt die Nachfolge der Offenbarungsreligionen angetreten. Heil und Unheil, Segen und Fluch lesen die Auguren seit der Aufklärung nicht mehr in den Heiligen Schriften, sondern aus den Eingeweiden der technischen Zivilisation."[259]

Enzensberger plädiert deshalb dafür, den Gebrauchswert der neuen Medien genau zu betrachten. Zwar habe das *Social Web* tatsächlich den Unterschied zwischen Empfänger und Sender abgeschafft, dafür aber viele andere neue Probleme aufgeworfen, beispielsweise inhaltliche Vermassung, Irrelevanz, Beliebigkeit und neue Formen der Kontrolle.[260] Enzensberger sieht sich deshalb weder auf der Seite der *Social-Web*-Evangelisten, von denen er häufig vereinnahmt wird (vgl. oben), noch auf der Seite der Apokalyptiker, sondern in einer mittleren Position, die weiterhin den Blick auf das Wesentliche ermögliche, nämlich den Fokus auf Kunst als Gebrauchs- und Kommunikationsmittel (vgl. oben).

257 Die später im *Spiegel* veröffentlicht wurde und deshalb größere Beachtung fand (vgl. Enzensberger 2000a).

258 vgl. Schlösser 2009, S. 46

259 Enzensberger 2000a, S. 96

260 vgl. Schlösser 2009, S. 47

3.5 DAS OFFENE KUNSTWERK (ECO)

Umberto Eco fügt sich dahingehend in die Reihe Brecht und Enzensberger, dass er, wie die beiden zuletzt Diskutierten (vgl. Abschnitt 3.3 und 3.4), nicht nur den theoretischen, sondern ebenso den „praktischen" Medien- und Kunstdiskurs des 20. Jahrhunderts prägte. Ecos Ansätze werden seit Beginn der sechziger Jahre in wissenschaftlichen Kreisen intensiv rezipiert. Durch sein politisches und journalistisches Engagement in Italien und vor allem durch den internationalen Erfolg seines Romans „Der Name der Rose" (1980) in den achtziger Jahren erreichte er zudem Bekanntheit über die Grenzen der Wissenschaft und Philosophie hinweg. Während „Der Name der Rose" als das Paradebeispiel des „postmodernen" Romans gilt[261], ist Ecos vielfältiges philosophisches Werk zwischen Moderne und Postmoderne zu verorten.[262] Mit dem Ende der Moderne, begleitet durch die Krise des Rationalen und den Zweifel an dem Erfolg der Aufklärung, formiert sich in der „Postmoderne" (vgl. Abschnitt 3.8) eine radikale Rationalitätskritik, die die Grenzen der Kunst und Wissenschaft verwischt und neue Wege erkundet, die radikal gewendet jedoch teilweise in Irrationalismus und Beliebigkeit enden.[263] In der Forschung wird in diesem Zusammenhang stets betont, dass Eco die Risiken beider Extreme kenne und in beiden keine Antwort sehe.[264] Deshalb steht Eco für Mersch

„[...] ‚zwischen' Moderne und Postmoderne, denn man kann die Verhängnisse einer verselbständigten Vernunft kritisieren, ohne den Kulten einer irrationalistischen Gegenaufklärung zu verfallen, und man kann die Auswüchse des Irrationalismus kritisieren, ohne zugleich dem sterilen Rationalismus Wort zu reden."[265]

Eco gilt ebenso als einer der wichtigsten Theoretiker der Semiotik. Eco sieht die Semiotik „als Fundamentalphilosophie des Zeichens"[266], die je-

261 vgl. Engell 1998, S. 106

262 Eco lässt sich selbst nicht gerne als „postmoderner Philosoph" oder „Autor" bezeichnen (vgl. Mersch 1993, S. 11).

263 vgl. Mersch 1993, S. 191

264 vgl. Zima 1995, S. 282

265 Mersch 1993, S. 191f

266 Mersch 1993, S. 7

doch über die reine lebensferne Philosophie hinausgehe, wie Mersch betont.[267] Semiotik „impliziert zugleich die Grundlegung einer Theorie der Kultur, sofern es Zeichen immer nur im Kontext von Kultur gibt und Kultur umgekehrt sich in der Hervorbringung von Zeichen ausdrückt.“[268] Dabei beschäftigt er sich im Rahmen seiner wissenschaftlichen Tätigkeit im Anschluss an die Theorie von Pierce und Saussure[269] mit Zeichensystemen aller Art und entwickelt Theorien vom Wesen, dem Gebrauch und der Entstehung der Sprache[270], die er in seiner künstlerischen Tätigkeit als Romanautor sozusagen illustriert. Die Semiotik vereint dabei als Bindeglied seine wissenschaftliche und künstlerische Tätigkeit.[271]

Die 1962 veröffentlichte Aufsatz- und Essaysammlung „Das offene Kunstwerk“, welche 1972 erstmals in deutscher Übersetzung erschienen ist, besteht größtenteils aus Beiträgen, die ursprünglich für den XII. Internationalen Philosophiekongress 1958 entstanden sind. Auch wenn diese zu Ecos frühen Schriften zählt, wird sie häufig als dessen „Hauptwerk“ gesehen und gilt zudem vielfach als die „wichtigste Studie zur Informations- und Kommunikationsästhetik.“[272] Im Mittelpunkt steht das Konzept einer neuen Kulturtheorie, die anhand unterschiedlichster Kunstformen aufgezeigt werden soll – beispielsweise an Joyce, Brechts Dramen oder der informellen Malerei.[273] Während in der Aufsatzsammlung eine Vielzahl an Themen behandelt wird, liegt im Folgenden der Schwerpunkt[274] auf Ecos Konzept des „offenen“ Kunstwerks[275], das im Rahmen dieser Arbeit im Kontext der neuen

267 vgl. Mersch 1993, S. 7

268 Mersch 1993, S. 7

269 Weitere wichtige Einflüsse sind Morris, Hjelmslev, Frege und Searle (vgl. Zima 1995, S. 292).

270 vgl. Eco 1994 orig. 1968

271 vgl. Mersch 1993, S. 7

272 Engell 1998, S. 106

273 Dies ist auch ein wichtiger Grund, warum auf Eco nicht nur in der Philosophie und Semiotik, sondern in Literatur-, Kunst- und Musikwissenschaft Bezug genommen wird.

274 Deshalb liegt der Schwerpunkt der Untersuchungen auf dem Essay „Die Poetik des offenen Kunstwerks“ (Eco 1990 orig. 1962, S. 27–60).

275 Eco stellt selbst stets das Wort „offen“ vor „Kunstwerk“ in Anführungszeichen; diese Notation wird hier übernommen.

Medien Anwendung finden wird (vgl. Abschnitt 2.2). Ecos Konzept des „offenen“ Kunstwerks ist vielschichtig. Den wichtigsten Aspekt fasst Eco im Vorwort zur zweiten Auflage selbst wie folgt zusammen:

> „Das Kunstwerk gilt als eine grundsätzlich mehrdeutige Botschaft, als Mehrheit von Signifikaten (=Bedeutungen), die in einem einzelnen Signifikanten (=Bedeutungsträger) enthalten sind.“[276]

Wie bereits oben angedeutet, ist es an dieser Stelle nicht entscheidend, Ecos Zeichentheorie im Detail zu beleuchten. Festzuhalten ist an dieser Stelle nur, dass Ecos Überlegungen auf einem semiotischen Dreieck beruhen, also hier Signifikant ganz im Sinne des Pierce'schen triadischen Zeichenmodells auf den Träger der Bedeutung und nicht den Referenten oder die „Referenz“ verweist.[277] Ebenfalls ist vorab zu betonen, dass Eco zwar einerseits schreibt, dass der Begriff des „offenen“ Kunstwerks nicht als Wertung verstanden werden solle. Es ist keine „kritische Kategorie [...] sondern ein hypothetisches Modell“, das in Form einer „bequemen Formel eine Richtung der modernen Kunst aufzeigen soll.“[278] Jedoch ist an anderen Stellen implizit zu erkennen, dass Eco „offene Kunstwerke“ durchaus als Kategorie versteht, die er gegenüber anderen favorisiert, was beispielsweise durch den Verweis auf „Freiheit“ zu erkennen ist (vgl. unten).

Eco beginnt in seinem Essay nicht damit, genau zu explizieren, was er unter einem „offenen“ Kunstwerk versteht. Stattdessen nennt er einige anschauliche Beispiele. So sieht er unter anderem die Komposition „Klavierstück XI“ von Karlheinz Stockhausen als ein solches „offenes“ Kunstwerk. Der Komponist unterbreitet in diesem Werk nur einen Vorschlag für den Aufführenden, in dem er eine Reihe von Notengruppen vorgibt, unter denen der interpretierende Musiker frei auswählen kann.[279] Eco erklärt daran den Unterschied zu einem nichtoffenen Kunstwerk, das er als „geschlossenes Kunstwerk“ bezeichnet:

---

276 Eco 1990 orig. 1962, S. 8

277 vgl. Mersch 1993, S. 75

278 Eco 1990 orig. 1962, S. 12

279 vgl. Eco 1990 orig. 1962, S. 27

„[...] diese neuen Musikwerke hingegen bestehen nicht aus einer abgeschlossenen definierten Botschaft, nicht aus einer eindeutigen organisierten Form, sondern bieten die Möglichkeit für mehrere, der Initiative des Interpreten anvertrauten Organisationsformen; sie präsentieren sich folglich nicht als geschlossene Kunstwerke, die nur in einer einzigen gegebenen Richtung ausgeführt und aufgefasst werden wollen, sondern als ‚offene' Kunstwerke, die vom Interpreten im gleichen Augenblick, in dem es sich vermittelt, erst vollendet werden."[280]

Eco betont hier, dass in diesem Beispiel zwar dem Musiker die Aufgabe der Interpretation zukomme. Aber auch dem Rezipienten sei dies möglich, denn Eco sieht den „Interpretationsprozess", der für ihn aus „Lesen", „Betrachten" und „Genießen" besteht, als eine „stumme und private Form von ‚Aufführung'."[281] Damit seien also der Musiker und der Rezipient durchaus zu vergleichen: „Jede Rezeption ist so eine Interpretation und eine Realisation, da bei jeder Rezeption das Werk in einer originellen Perspektive neu auflebt."[282] Und mit Verweis auf den Musiktheoretiker und Komponisten Henri Pousseur erklärt Eco, welche Vorteile ein „offenes" Kunstwerk gegenüber einem „geschlossenen" biete: Das „offene" Kunstwerk strebt

„[...] danach, im Interpreten ‚Akte bewusster Freiheit' hervorzurufen, ihn zum aktiven Zentrum eines Netzwerks unausschöpfbarer Beziehungen zu machen, unter denen er seine Form herstellt, ohne von einer Notwendigkeit bestimmt zu sein, die ihm die definitiven Modi der Organisation des interpretierten Kunstwerks vorschreibe."[283]

Ein „offenes" Kunstwerk vermittle also beim Rezipienten ein höheres Gefühl der Freiheit, da diesem keine Interpretation oder Bedeutung aufgezwungen werde. Eco versucht, diese Entwicklung historisch zu begründen. So sieht er die sich im Mittelalter entwickelnde Theorie der Allegorik als eine erste Form der Öffnung des Kunstwerks. Denn damit konnte die Heilige Schrift „nicht nur im wörtlichen Sinne, sondern auf drei weitere Arten interpretiert werden [...], nämlich allegorisch, moralisch und anago-

280 Eco 1990 orig. 1962, S. 28

281 Eco 1990 orig. 1962, S. 28.

282 Eco 1990 orig. 1962, S. 30

283 Eco 1990 orig. 1962, S. 31

gisch."[284] Da jedoch nur eine bestimmte Anzahl an Interpretationen im Rahmen der Allegorik zugelassen sei, könne nur eingeschränkt von einem „offenen" Kunstwerk die Rede sein. Die Bibelexegese sei auf vier Arten beschränkt, so dass hier die Möglichkeiten der Interpretation in überschaubaren und damit steuerbaren Dimensionen gehalten würden. Eco nennt weitere Beispiele aus dem Barock und der Moderne und zeigt, wie sich in unterschiedlichen Bereichen die Interpretationsräume immer weiter öffnen. Im 20. Jahrhundert ist die Entwicklung dahingehend angelegt, dass viele Künstler es vermeiden, „dass ein einziger Sinn sich aufdrängt"[285], und stattdessen eine Vielzahl an Interpretationsmöglichkeiten zulassen. Nach Eco ist es wichtig, einem Kunstwerk „eine Aura des Unbestimmten zu verleihen und es auf tausend verschiedene Dinge hindeuten zu lassen."[286] Als Beispiel nennt Eco hierfür Brechts episches Theater (vgl. Abschnitt 3.3). Auch Brechts Dramen „enden mit einer Situation der Ambiguität"[287], bei denen dem Rezipienten keine Lösung vorgeschlagen werde, vielmehr müsse der Zuschauer diese selbst erarbeiten. Eco sieht dies als ein Paradebeispiel an und vergleicht es mit einer Diskussion, die man in der Regel auch deshalb führe, da das Ergebnis nicht vorgegeben sei:

> „Das Kunstwerk ist hier ‚offen', so wie eine Diskussion dies sein kann: die Lösung wird erwartet und erhofft, muss aber aus der bewussten Mitarbeit des Publikums hervorgehen. Die Offenheit wird zum Instrument revolutionärer Pädagogik."[288]

Eco ist hier nicht so zu verstehen, dass die Beteiligung des Publikums in Form eines „Mitmach-Theaters" vonstattengehen und direkt physisch erfolgen solle. Eco betont vielmehr, dass sein Verständnis von „Offenheit" auf einer „theoretischen, mentalen Mitarbeit des Rezipierenden beruht."[289]

Neben der Aufteilung in „offene" und „geschlossene" Kunstwerke sieht Eco unter den „offenen" Kunstwerken noch eine weitere besondere Aus-

284 Eco 1990 orig. 1962, S. 32
285 Eco 1990 orig. 1962, S. 37
286 Eco 1990 orig. 1962, S. 37
287 Eco 1990 orig. 1962, S. 40
288 Eco 1990 orig. 1962, S. 40
289 Eco 1990 orig. 1962, S. 41

prägung. Als „Kunstwerke in Bewegung“[290] bezeichnet er „offene“ Kunstwerke, die sich nicht nur durch Mehrdeutigkeit, sondern ebenso durch eine „Beweglichkeit der Form und Unbestimmtheit“[291] erkennen lassen. Neben dem bereits erwähnten Beispiel Karlheinz Stockhausens „Klavierstück XI“ nennt Eco als weiteres Beispiel den Sitz des Instituts für Architektur an der Universität in Caracas. In diesem Gebäude wurde im Innenbereich nahezu überall auf feste Wände verzichtet. Stattdessen besteht die Möglichkeit, verschiebbare und in der Größe änderbare Wände je nach Bedarf aufzustellen. Studierende und Professoren können so die Räume je nach Aufgabe und Bedarf selbst gestalten.[292]

Während dieses Beispiel aus der Architektur vor allem die Metapher der „Bewegung“ und die „bewegliche Form“ erklären soll, wählt Eco im Anschluss einige Beispiele aus der Literatur. Am überzeugendsten ist wohl der Verweis auf ein unvollendetes literarisches Werk von Mallarmé aus dem späten 19. Jahrhundert, mit dem sich dieser jahrzehntelang beschäftigte. Eco lobt an dem als „Livre“ betitelten Werk die „dynamische Struktur“[293] dieses von Mallarmé geplanten Kunstwerks. Diese bestand in der Grundanlage aus einzelnen austauschbaren Blättern, die jeweils mit einzelnen Worten oder Satzfragmenten beschriftet werden sollten. Die losen Blätter folgten keiner festen Anordnung. Damit war es dem Leser dieser „dynamischen“ Lyrik freigestellt, in welcher Reihenfolge die einzelnen Blätter rezipiert wurden. Jedoch sollte nach Mallarmé jede mögliche Kombination zu einem sinnvollen, lesbaren Ergebnis führen und somit eine Welt erschaffen, „die sich vor den Augen des Lesers ständig erneuert.“[294] Dies erinnert an die bereits erwähnte „Lyrik-Maschine“ Enzensbergers (vgl. Abschnitt 3.4) und die Experimente der „Hyperfiction“ nichtlinearer Literatur[295], jedoch ist hier anzumerken, dass Eco dies nur als Veranschaulichung für sein Konzept der „Kunstwerke in Bewegung“ dient. Für Eco ist es, wie bereits oben erwähnt, nicht unbedingt erforderlich, dass der Rezipient sich physisch sein eigenes Kunstwerk erschafft – die „Offenheit“ kann auch von ei-

290 Eco 1990 orig. 1962, S. 41

291 Eco 1990 orig. 1962, S. 42

292 vgl. Eco 1990 orig. 1962, S. 41

293 Eco 1990 orig. 1962, S. 43

294 Eco 1990 orig. 1962, S. 45

295 vgl. Leschke und Warnke in Abschnitt 1.5

nem physisch feststehenden Objekt ausgehen, erfolgt dann aber „mental“ (vgl. oben).

Eco sieht also drei „Gattungen“ von Kunst, die in folgende drei „Intensitätsstufen“ eingeteilt werden können:

- „Offene“ Kunstwerke erster Stufe, sozusagen in physischer und mentaler Bewegung: „gekennzeichnet [...] durch die Einladung, zusammen mit ihrem Hervorbringer das Werk zu machen“[296];
- „Offene“ Kunstwerke der zweiten Stufe, sozusagen nur in mentaler Bewegung: „die zwar physisch abgeschlossen [sind], aber dennoch ‚offen‘ [...] für ständige Neuanknüpfungen [...] die der Rezipierende im Akt der Reiztotalität entdecken und auswählen soll“[297];
- „Offene Kunstwerke“ der dritten Stufe, sozusagen ohne jede Bewegung: die „wesensmäßig offen sind für eine virtuell unendliche Reihe möglicher Lesarten, deren jede das Werk [...] neu belebt“[298].

Spätestens hier stellt sich die Frage, warum Eco solche „offenen“ beziehungsweise „beweglichen“ Kunstwerke favorisiert. Im Gegensatz zu vielen „postmodernen“ Ansätzen (vgl. Abschnitt 3.8) sieht Eco, wie bereits zu Beginn dieses Abschnitts ausgeführt, noch einen Unterschied zwischen Wissenschaft und Kunst. Nach Eco liefert Wissenschaft Erkenntnis, während die Kunst dazu nicht oder allerhöchstens indirekt in der Lage sei.[299] Kunst ist für Eco nur eine „epistemologische Metapher“[300], anhand derer man erkennen könne, wie die Welt (und damit auch die Gesellschaft und Wissenschaft) sich selbst darstelle. Eco erklärt diese „Strukturanalogie“ wie folgt:

„[...] das will heißen, dass in jeder Epoche die Art, in der die Kunstformen sich strukturieren – durch Ähnlichkeit, Verwandlung in Metaphern [...] – die Art, wie

296 Eco 1990 orig. 1962, S. 57

297 Eco 1990 orig. 1962, S. 57

298 Eco 1990 orig. 1962, S. 57

299 vgl. Eco 1990 orig. 1962, S. 46

300 Eco 1990 orig. 1962, S. 46

die Wissenschaft oder überhaupt die Kultur dieser Epoche die Realität sieht, widerspiegelt."[301]

Eco zeigt im Anschluss detailliert die historische Entwicklung dieser „Widerspiegelung" vom Mittelalter über Barock bis heute auf.[302] Seine Präferenz für „offene" Kunstwerke in der heutigen Zeit lässt sich also damit erklären, dass er die Tendenz der Kunst zur Mehrdeutigkeit und Unbestimmtheit „als Spiegelung einer Krise unserer Zeit"[303] auffasst.

„Der Künstler [...] bietet dem Interpretierenden ein zu vollendendes Werk: er weiß nicht genau, auf welche Weise das Werk zu Ende geführt werden kann, aber er weiß [...] dass am Ende des interpretativen Dialogs eine Form sich konkretisiert haben wird, die seine Form ist, auch wenn sie von einem anderen in einer Weise organisiert worden ist, die er nicht völlig vorhersehen konnte."[304]

Künstler, die geschlossene Kunstwerke schaffen, sind somit historisch zurückgewandt, deren Kunstwerke sind letztendlich unpassend für die heutige Zeit, da diese „vorhersehbar" sind.[305] Mit dieser Offenheit wird ebenfalls ein neues Verhältnis zwischen Autor und Rezipienten erzeugt, das Letzteren aus seiner passiven Rolle herausholt und aktiviert. Und dies hat Folgen für die Wissenschaft und die Gesellschaft: „Offene" Kunstwerke schaffen

„[...] einen neuen Typ der Beziehung zwischen Künstler und Publikum, eine neue Mechanik der ästhetischen Perzeption, eine andersartige Stellung des Kunstprodukts in der Gesellschaft; sie eröffnen neue Bereiche in Soziologie und Pädagogik, ganz zu schweigen von der Kunstgeschichte"[306].

301 Eco 1990 orig. 1962, S. 46

302 vgl. Eco 1990 orig. 1962, S. 42–56

303 Eco 1990 orig. 1962, S. 52

304 Eco 1990 orig. 1962, S. 55

305 Eco relativiert dies jedoch auch in gewisser Weise und schreibt, dass die von ihm beschriebene „Strukturanalogie" nur eine Vermutung ist (vgl. Eco 1990 orig. 1962, S. 52).

306 Eco 1990 orig. 1962, S. 58

Aber Eco sieht ebenfalls, dass dadurch auch neue Problemfelder entstehen, insbesondere dadurch, dass „offene“ Kunstwerke „kommunikative Situationen und eine neue Beziehung zwischen Betrachtung und Verwendung des Kunstwerks schaffen.“[307]

Zusammenfassend lässt sich nach Baus und Mersch sagen, dass von Ecos Ansatz des „offenen“ Kunstwerks drei entscheidende Neuerungen ausgehen, die den Kunstdiskurs bis heute beeinflussen:

- die „neue Kategorisierung durch den Begriff der Offenheit“[308];
- die Strukturanalogie Wissenschaft und künstlerische Vorgehensweise;
- die „Aufwertung“ der Rezipienten.[309]

Wie bereits zu Beginn dieses Abschnitts angesprochen, ist dabei auch sein „literarisches“ Werk von Bedeutung. Insbesondere „Der Name der Rose“ kann als eine Umsetzung seines Konzepts des „offenen“ Kunstwerks verstanden werden, die von Mersch deshalb treffend als „narrative Semiotik“[310] bezeichnet wird. Der von direkten und versteckten Zitaten, Anspielungen, Bezügen und Rätseln durchzogene Roman macht den Leser zum Mitautor, während der eigentliche Autor dabei selbst in den Hintergrund tritt. Mersch sieht deshalb in den Romanen Ecos „die konsequente Durchführung der Thesen von der Abwesenheit des Autors; bestenfalls schrumpft seine Rolle auf eine Reihe organisierender Praktiken wie Auswahl, Anordnung oder Verfugung der Textbausteine.“[311]

Neben der Offenheit, die es dem Leser ermöglicht, sich an dem Werk in gewisser Weise zu beteiligen, wird hier noch ein zweiter Aspekt deutlich. Die intertextuellen Verweise und Zitate veranschaulichen einen „semiotischen Topos“[312] in Ecos Zeichentheorie. In dieser sind das Original des

307 Eco 1990 orig. 1962, S. 58

308 Wölfflin hat im Kunstdiskurs und der Kunstgeschichte bereits mit dem Begriff „Offenheit“ operiert, jedoch mit einer völlig anderen Zielsetzung zur Unterscheidung der Epochen (vgl. Baus 2008, S. 35).

309 vgl. Baus 2008, S. 34

310 Mersch 1993, S. 7

311 Mersch 1993, S. 20

312 Mersch 1993, S. 29

Zeichens und dessen Kopie ununterscheidbar.[313] Es zirkuliert vielmehr in Kunstwerken eine Vielzahl an Zeichen, die alle zugleich gelten und unter denen keines den Vorrang hat. Echte Zitate, erfundene Zitate von historisch belegten und fiktiv erfundenen stehen in „Der Name der Rose" nebeneinander, Authentizität spielt in dem Roman wie in der Zeichentheorie keine Rolle:

„Jede Kopie ist ebenso sehr ihr eigenes Original und das Original ist umgekehrt ursprunglos. Mit anderen Worten: Zeichen sind ohne eigentliche Urheberschaft. Sie verwirklichen sich einzig durch ihre wechselseitige Vermischung und Überlagerung, nicht durch den Bezug auf irgendeine Quelle oder Authentizität. Deshalb gibt es in der Welt auch weder Grund noch Wahrheit. So wenig, wie sich eine letzte Bedeutung ausmachen lässt, so wenig findet sich eine verbindliche Interpretation."[314]

Auf Basis dieser Überlegung ist ein vollkommen anderer Umgang mit dem Problem der Reproduzierbarkeit und Authentizität möglich (vgl. Abschnitt 2.2). Es ist deshalb nicht verwunderlich, dass Eco die Kritik an der alles reproduzierenden Kulturindustrie von Adorno und Horkheimer (vgl. Abschnitt 3.2) nicht teilt. In seiner 1984 erschienenen Schrift „Apokalyptiker und Integrierte. Zur kritischen Kritik der Massenkultur"[315] wird dies besonders deutlich. Eco sieht die medial vermittelte Massenkultur[316] als ein Resultat einer Produktionsform, die an sich noch nichts über die darin vermittelten Werte aussagt.[317] Massenhaft medial verbreitete Kunst ermögliche zumindest die Chance auf Partizipation auch für solche Gruppen, die bisher davon ausgeschlossen waren[318] – was Eco letztendlich auch mit seinem Roman „Der Name der Rose" demonstriert. Wie Hüllen bemerkt, ist der Name der Rose „in Ecos Sinne sicherlich ein offener Roman. Im Gegensatz zu anderen Werken, die Eco als typisch offen beschreibt – besonders die

313 vgl. Eco 1994 orig. 1968

314 Mersch 1993, S. 29

315 Eco 1984 orig. 1964

316 Eco versteht im Gegensatz zu Adorno unter „Kulturindustrie" nur die medial vermittelte Massenkultur (vgl. Abschnitt 3.2 und Liessmann 1998, S. 292).

317 vgl. Liessmann 1998, S. 292, Eco 1984 orig. 1964, S. 52

318 vgl. Liessmann 1998, S. 292

Werke von James Joyce – hat er freilich eine sehr konventionelle Form."[319] Und auch Zima stellt fest, dass „Der Name der Rose" letztendlich formal einem „Kriminalroman" gleiche[320] – was aus der Sicht eines durch Adorno geprägten Kulturverständnisses als abwertend zu sehen ist, im Kontext einer postmodernen Theorie, etwa im Sinne Barthes (vgl. Abschnitt 3.6) oder Derridas (vgl. Abschnitt 3.8), sich jedoch als nicht relevante Differenz auflöst.

3.6 DAS SCHREIBBARE KUNSTWERK (BARTHES)

Barthes' Theorieansatz und sein Verständnis „schreibbarer" Literatur und Kunst ähnelt in vielerlei Hinsicht Ecos Ansatz des „offenen" Kunstwerks (vgl. Abschnitt 3.5). Beide Ansätze werden häufig als exemplarische Ästhetik-Konzepte der Semiotik dargestellt[321], ebenso oft wird die Ähnlichkeit der Theoriegebäude betont.[322] Bei genauerer Betrachtung kann man jedoch erkennen, dass Barthes einen anderen Schwerpunkt legt und sozusagen eine Nuance konsequenter vorgeht. Eco selbst beschreibt den Unterschied zwischen ihm und seinem französischen Kollegen folgendermaßen: Barthes habe „in einer Dialektik von Kühnheit und Scham die Bedeutung denunziert und negiert."[323] Eco meint damit die Hingabe Barthes' an den Signifikant unter Vernachlässigung des Signifikats (vgl. unten), also den Perspektivenwechsel auf den Corpus beziehungsweise Körper des Kunstwerks oder des Textes, der für ihn ein zentrales Element der „Lust am Text"[324] ist.

Barthes wird als Literatur- und Kulturtheoretiker, Semiologe und Schriftsteller in den fünfziger Jahren zuerst in Frankreich, dann weltweit bekannt, unter anderem durch seine Kritik an Sartre und dem Existentialismus[325] und mit dem berühmten Essay zum „Tod des Autors" (1969, vgl.

319 Hüllen 1985, S. 129

320 vgl. Zima 1995, S. 292

321 vgl. Zima 1995, S. 265

322 vgl. Ette 1998, S. 36 und Zima 1995, S. 267ff

323 Eco zitiert nach Zima 1995, S. 282

324 So der Titel seines wohl bekanntesten 1973 erschienenen Spätwerks (vgl. Barthes 1999 orig. 1973).

325 vgl. Schneider 1996, S. 244

unten). Anfangs noch strikt dem Strukturalismus verpflichtet, analysiert er etwa in den „Mythen des Alltags“ (1957) die französische Gesellschaft und entlarvt deren kleinbürgerliche „Mythen“, in dem er Ideologiekritik um eine zusätzliche Ebene, ähnlich der Konnotation (vgl. unten) als sekundäres semiologisches System erweitert.[326] Doch Barthes strukturalistischer Ansatz öffnet sich, wie Röttger-Denker treffend herausarbeitet, durch seine „eigenwilligen, abschweifenden Denkwege“[327] immer mehr zu einem poststrukturalistischen Konzept.[328] Das vielzitierte, in seinem Todesjahr (1980) erschienene Werk zur Theorie der Fotografie („Die helle Kammer“[329]) gibt davon ebenso Zeugnis wie viele andere kritisch-philosophische Texte zu Musik, Mode und Werbung. Barthes gilt deshalb nach Ette als einer der zentralen „Bezugspunkte postmoderner Theoriebildung“[330], ohne selbst dieser direkt zugeordnet werden zu können (zur Postmoderne vgl. Abschnitt 3.8). Seine Publikationen prägen den Kunst- und Kultur-Diskurs bis heute[331], was die Beschäftigung mit seinem Theorieansatz an dieser Stelle bekräftigt.[332]

Wie anfangs erwähnt, soll im Folgenden insbesondere ein Blick auf Barthes‘ Konzept des „schreibbaren“ Kunstwerks geworfen werden, das dieser erstmals in größerem Umfang in dem Text „S/Z“ (1970) entwickelt. Barthes hat in diesem Essay nur die Literatur im Blick, erweitert diesen in späteren Schriften jedoch auf andere Bereiche der Kunst (insbesondere der Fotografie, vgl. unten). Barthes geht in „S/Z“ davon aus, dass man literarische Texte in zwei Gruppen unterteilen könne: Die eine Gruppe nennt er die „lesbaren Texte“[333] und versteht die meisten „klassischen Texte“[334] der

326 vgl. Röttger-Denker 1997, S. 15 und Barthes 2012 orig. 1957

327 Röttger-Denker 1997, S. 27

328 Zur Zuordnung als „Poststrukturalist“ vgl. Münker und Roesler 2000, S. 14ff und Schneider 1996, S. 244.

329 Barthes 2010 orig. 1980

330 Ette 1998, S. 36

331 vgl. Ette 1998, S. 37

332 Ebenso die intensive Auseinandersetzung mit Brecht, „die sich durch das ganze Werk von Barthes verfolgen lässt“ (Röttger-Denker 1997, S. 11) sowie die vielen Verweise und Zitate zu Benjamin (vgl. Röttger-Denker 1997, S. 100).

333 Barthes 1987 orig. 1970, S. 8

334 Barthes 1987 orig. 1970, S. 9

Literatur dieser Gruppe zugehörig. Dies hat deutlich einen wertenden Charakter, denn die Kennzeichnung „lesbar“ ist für Barthes ein „negativer, reaktiver Wert“[335], da dieser den Rezipienten nicht herausfordere. Lindhoff fasst Barthes‘ Unbehagen an „lesbaren“ Texten treffend zusammen: Barthes kritisiert an den klassischen Texten, dass sie „eindeutigen Sinn vorschreiben“[336]. Barthes selbst führt aus, dass der Leser bei der Lektüre eines klassischen nur „lesbaren“ Textes ins geistige „Nichtstun“ versinke:

> „Anstatt selber zu spielen und den Zauber der Signifikanten, die Wollust des Schreibens ganz wahrzunehmen, bleibt ihm als Anteil nur die armselige Freiheit, den Text entweder anzunehmen oder zu verwerfen.“[337]

An dieser Stelle muss kurz auf Barthes‘ Verständnis von Signifikant eingegangen werden, denn dieses entspricht nicht ganz dem bekannten Saussure‘schen Ansatz.[338] Mit Signifikant meint Barthes nicht nur den phonetischen Teil des Zeichens (wie nach Saussure üblich[339]), sondern den gesamten „Körper“ des Zeichens, also auch den „graphischen Aspekt, [...] den Klang im musikalischen Sinn, das Bild in allen Bedeutungen dieses Wortes.“[340] Barthes‘ Bestreben ist es, den Signifikanten gegenüber dem Signifikat aufzuwerten und diesen insbesondere in der Literatur aus der dienenden Rolle zu befreien. Dies ist fundiert durch eine gesellschaftskritische Überlegung, die Barthes in Anlehnung an die marxistische Diskussion um den (Tausch-)Wert des Geldes mit der bürgerlichen Illusion der Geldwirtschaft vergleicht und dabei das Kleinbürgertum kritisiert, das seiner Meinung nach zu einem falschen Schluss kommt: „Für sie begründet das Signifikat den Signifikanten ganz genauso wie in der gesunden Geldwirtschaft das Gold die Währung begründet.“[341] Dass Barthes den Signifikanten eben

335 Barthes 1987 orig. 1970, S. 8

336 Lindhoff 1995, S. 370

337 Barthes 1987 orig. 1970, S. 8

338 vgl. Zima 1995, S. 272

339 vgl. Stork 1998, S. 476

340 Zima 1995, S. 272

341 Barthes 2002a orig. 1985, S. 275

nicht durch das Signifikat fundiert[342] sieht, bricht die starre binäre Opposition im Zeichen teilweise auf. Mit der Hinwendung zum Zeichenkörper öffnen sich dadurch neue Räume des Denkens, was in ähnlicher Form Derrida als Grundlage der Logozentrismus-Kritik dient (vgl. Abschnitt 3.8).

Bei Barthes wird diese neue Rolle des Signifikanten deutlich, wenn man seine Vorstellung des „schreibbaren" Textes betrachtet, der den Gegensatz zum „lesbaren" bildet. Ein „schreibbarer" Text zeichnet sich nach Barthes durch „die Pluralität der Zugänge, die Offenheit des Textgewebes, die Unendlichkeit der Sprachen [aus]."[343] Anders als der „lesbare" Text, der nur konsumiert werden kann, wird der Rezipient eines „schreibbaren" Textes dazu angeregt, diesen sozusagen gedanklich weiterzuschreiben. Die Pluralität fordert zu Diskussion und Auseinandersetzung auf, der Text muss weitergedacht und ergänzt werden – das „Schreibbare" ist also nur eine Metapher für die Anschlussfähigkeit, die in unterschiedlichen Arten vonstattengehen kann und nicht unbedingt durch die Kulturtechnik des Schreibens erfolgen muss. Barthes sieht in dem „Schreibbaren" einen Wert, den er wie folgt begründet:

> „Warum ist das Schreibbare unser Wert? [...] Weil es das Vorhaben ist [...] aus dem Leser nicht mehr einen Konsumenten, sondern einen Textproduzenten zu machen."[344]

Barthes kritisiert den aktuellen Literaturbetrieb, der eine „gnadenlose Trennung"[345] zwischen Käufer, Autor und Leser forciert, was die Produktion von „schreibbaren" Texten nicht begünstige. Zu Barthes' Bedauern sind die „lesbaren" Texte nur „Produkte (und nicht Produktionen) und bilden die große Masse unserer Literatur."[346] Deshalb ist es schwer, ein „schreibbares" Kunstwerk beziehungsweise einen „schreibbaren" Text zu finden, denn es ist nicht der Gegenstand, also beispielsweise das Buch, an dem der „schreibbare" Text zu erkennen ist, denn dieser „ist kein Gegenstand und

342 Hierbei geht es nicht um die Arbitrarität zwischen Signifikant und Signifikat, die Barthes nicht kritisiert.

343 Barthes 1987 orig. 1970, S. 9

344 Barthes 1987 orig. 1970, S. 8

345 Barthes 1987 orig. 1970, S. 8

346 Barthes 1987 orig. 1970, S. 9

man wird ihn deshalb kaum in einem Buchladen finden."[347] Nach Barthes ist das „Schreibbare" nur schwer fassbar; er versucht dies durch folgende Annäherung zu beschreiben:

„Das Schreibbare, das ist das Romaneske ohne den Roman, die Poesie ohne das Gedicht, der Essay ohne die Darlegung, das Schreiben ohne den Stil, die Produktion ohne das Produkt, die Strukturierung ohne die Struktur."[348]

Leichter kann man sich dem „Schreibbaren" nähern, wenn man genauer betrachtet, was Barthes unter dem „Weiterschreiben" versteht. Barthes bezieht sich hier, wie oft in seinen Werken, auf Nietzsche und bedient sich dessen Begriffs des „Auslegens"[349]. Barthes versteht dies als eine besondere Form der Interpretation:

„Einen Text interpretieren heißt nicht, ihm einen (mehr oder weniger begründeten, mehr oder weniger freien) Sinn geben, heißt vielmehr abschätzen, aus welchen Pluralen er gebildet ist."[350]

Die Suche nach den Pluralen soll also die Suche nach einem mehr oder weniger eindeutigen „Sinn" ablösen. Man gelangt zu den Pluralen eines Textes „durch mehrere Zugänge, von denen keiner mit Sicherheit zum Hauptzugang gemacht werden könnte."[351] Barthes betont dabei, dass er damit nicht sagen möchte, ein Text habe einfach mehrere mögliche „Sinne" und jeder könne der „Wahrheit" durch die unterschiedlichste Interpretation nahekommen. Denn für Barthes hat die Suche nach den Pluralen „nichts Großzügiges: Es geht nicht darum, mehrere Sinnen zuzulassen und jedem großmütig Anteil an der Wahrheit zuzuerkennen"[352], sondern vielmehr darum, „gegen jede In-differenz [sic!] das Sein von Pluralität zu bestätigen."[353] Es ist also die Ablehnung, dass eine „Wahrheit" oder das „Wahre"

347 Barthes 1987 orig. 1970, S. 9

348 Barthes 1987 orig. 1970, S. 9

349 Barthes 1987 orig. 1970, S. 9

350 Barthes 1987 orig. 1970, S. 9

351 Barthes 1987 orig. 1970, S. 9

352 Barthes 1987 orig. 1970, S. 10

353 Barthes 1987 orig. 1970, S. 10

im Text durch die eine Bedeutung erkannt werden kann und die gleichzeitige Erkenntnis, dass Begriffe und Konzepte wie „Wahrheit“ damit unbrauchbar werden (vgl. Derridas Logozentrismus-Kritik in Abschnitt 3.8).

In diesem Zusammenhang übt er deutliche Kritik an seinem eigenen früheren Ansatz, den er noch bis Mitte der sechziger Jahre vertreten hat. In der „Einführung in die strukturale Analyse von Erzählungen“[354] geht er beispielsweise, wie viele andere strukturalistische Ansätze, von „Strukturen“ aus. In „S/Z“ schreibt Barthes dazu, dass all das „daraus hinaus[läuft], dass es für den pluralen Text keine Erzählstruktur, keine Grammatik und keine Logik des Erzählens gibt“[355], sondern bestenfalls eine Annäherung an das Plurale. Barthes erklärt dies weiter anhand seiner Vorstellung eines idealen Kunstwerks beziehungsweise eines „idealen Textes“. In diesem „sind die Beziehungen im Textgewebe so vielfältig und treten so zueinander ins Spiel, dass keine von ihnen alle anderen abdecken könnte.“[356] Ein solcher „idealer Text“ ist deshalb „eine Galaxie von Signifikanten und nicht Struktur von Signifikaten.“[357] Die Suche nach Wahrheit, Bedeutung oder Struktur wird als metaphysische Illusion erkannt (vgl. unten). Zudem wird deutlich, dass nicht die Signifikate die Auslöser des „Schreibbaren“ sind, sondern die nahezu unendliche Vielfalt („Galaxie“) der Signifikanten.

Aufschlussreich ist in diesem Zusammenhang Barthes‘ Auseinandersetzung mit dem Konzept der Konnotation, das er einerseits ablehnt, auf der anderen Seite aber für produktiv hält. Barthes bezieht sich (wie Eco) auf den durch Hjelmslev geprägten Begriff der Konnotation, mit dem versucht wird, einen zweiten Sinngehalt, sozusagen eine „Sekundärbedeutung“[358], eines Textes zu beschreiben. Wird auf der ersten Ebene durch Signifikat und Signifikant das Bedeutungssystem konstruiert, ist auf der zweiten Ebene dieses Bedeutungssystems das Signifikant, dessen Signifikat die Konnotation.[359] Barthes kritisiert nun, dass die Linguisten dazu tendieren würden, dies mit Begriffen wie Wahrheit, Objektivität und Gesetz zu begründen.[360]

354 vgl. Barthes 2002b orig. 1985, S. 102ff und Lindhoff 1995, S. 369

355 Barthes 1987 orig. 1970, S. 10

356 Barthes 1987 orig. 1970, S. 9

357 Barthes 1987 orig. 1970, S. 9

358 Große 1998, S. 279

359 vgl. Barthes 1987 orig. 1970, S. 12

360 vgl. Barthes 1987 orig. 1970, S. 12

„Lesbare“ Texte sollten diesen unterworfen werden und seien damit „dem geschlossenen System des Abendlandes verpflichtet.“[361] In diesem „geschlossenen“ System werde mit Begriffen wie eindeutige Wahrheit und Bedeutung operiert und Texte damit einem „Herrschaftssystems des Sinns“[362] unterworfen, das Barthes aufbrechen möchte.

Dabei ist die Konnotation der Zugang zu den „klassischen“ Texten, die zwar lediglich „lesbar“ sind, da sie nur über „begrenzte Plurale“[363] verfügen, aber mittels der Konnotation teilweise aus dem „Herrschaftssystem“ des eindeutigen Sinns befreit werden können. Denn die Konnotation verweist mittels Beziehungen, Linien und Hinweise auf „andere Orte des Textes (oder eines anderen Textes)“[364], was im geringen Umfang den „schreibbaren“ Texten ähnelt. Wichtig ist für Barthes festzuhalten, dass Konnotation keine „Ideenassoziation“[365] ist, denn in der geläufigen Vorstellung assoziieren sich Ideen im Subjekt, Konnotationen hingegen sind sozusagen dem Text immanent. Zur Umschreibung nutzt Barthes Begriffe der Botanik (vgl. dazu auch den Begriff des „Rhizoms“ in Abschnitt 3.8): So „wachsen“ Konnotationen am Rande der Texte entlang der Stellen, an denen „der Sinn wuchert.“[366] Dabei würden die durch Konnotation verknüpften Texte „Nebelschwaden von Signifikaten“[367] bilden, und aus diesen und der Konnotation entwickle sich ein „Code“, der wie eine „Stimme“ zwischen Autor und Leser trete:

> „Semiologisch ist jede Konnotation der Ausgang eines Codes [...], die Artikulation einer in den Text eingewebten Stimme [...] sie ist ein gewolltes, sorgfältig ausgearbeitetes ‚Geräusch‘, das in den fiktiven Dialog von Autor und Leser eindringt.“[368]

Der Text „setzt Codes in Bewegung“[369], denn das Rezipieren des Textes sei dann kein linearer Vorgang mehr, in dem es nur darum gehe, das Geschrie-

361 Barthes 1987 orig. 1970, S. 12
362 Barthes 1987 orig. 1970, S. 12
363 Barthes 1987 orig. 1970, S. 12
364 Barthes 1987 orig. 1970, S. 12
365 Barthes 1987 orig. 1970, S. 12
366 Barthes 1987 orig. 1970, S. 13
367 Barthes 1987 orig. 1970, S. 12
368 Barthes 1987 orig. 1970, S. 13

bene zu lesen, vielmehr ist es für Barthes ein „Spiel", dessen Intensität abhängig von der Pluralität des Textes ist.[370] Barthes stellt deshalb fest: „Je pluraler der Text ist, umso weniger ist er geschrieben, bevor ich ihn lese."[371] Das Rezipieren eines Kunstwerks oder das Lesen eines literarischen Textes wird umgedeutet: „Lesen ist keine parasitäre Geste, keine reaktive Ergänzung einer Schrift"[372], vielmehr müssen nach Barthes die Systeme bewegt, überarbeitet und weitergeschrieben werden. Anstatt den Sinn, die Wahrheit, die „eine" Bedeutung, die „Intention" des Autors zu „versammeln", geht es darum, den Text „sternförmig aufzulösen."[373] Wie sich erkennen lässt, fallen Kategorien wie „Objektivität" und „Subjektivität" für Barthes weg, sie sind beide „imaginär"[374].

Barthes demonstriert im Folgenden sein Verständnis von Codes, von „Lesbarkeit" und „Schreibbarkeit" anhand einer Analyse der Novelle „Sarrasine" von Balzac. Hiermit ist auch der Titel „S/Z" zu erklären: es sind die Initialen der beiden Protagonisten dieser Novelle, Sarrasine und Zambinella. In der Novelle geht es unter anderem um die Infragestellung der eigenen Bedingungen, die ausgelöst wird, als der Bildhauer Sarrasine entdeckt, dass die von ihm begehrte Zambinella ein Kastrat ist. Barthes überträgt diese Infragestellung auf die Erzählung selbst, indem er versucht, das „sinnstiftende Paradigma" aufzulösen.[375] Dafür ermittelt er fünf Codes[376], die er im Text verortet und Zeile für Zeile nachweist. Diese noch sehr strukturalistisch anmutende Analyse, die jedoch vielfach als Übergang zum poststrukturalis-

---

369 Barthes 1987 orig. 1970, S. 10

370 vgl. Barthes 1987 orig. 1970, S. 14

371 Barthes 1987 orig. 1970, S. 14

372 Barthes 1987 orig. 1970, S. 17

373 Barthes 1987 orig. 1970, S. 17

374 Barthes 1987 orig. 1970, S. 15

375 vgl. Lindhoff 1995, S. 370

376 Nach Lindhoff lassen sich die Codes wie folgt zusammenfassen: „hermeneutischer Code", Funktion: Enthüllung von Wahrheit; „Code der Aktionen", Funktion: Handlung; „kultureller Code", Funktion: Darstellung des Wissens der Zeit; „Code der Seme", konnotierte Signifikate zur Charakterisierung der Personen; Code des „symbolischen Feldes", Funktion: Thematisierung Körper und Sexus (vgl. Lindhoff 1995, S. 369).

tischen Textverständnis[377] gesehen wird, sei, wie Barthes selbst schreibt, ein Eingriff in den Text, der diesen gewissermaßen „misshandelt."[378] Denn für Barthes ist die Novelle kein „schreibbarer" sondern nur ein „lesbarer" Text, deshalb müsse sozusagen mit Gewalt eingegriffen werden, um die Plurale sichtbar zu machen. Bei einem „schreibbaren" Text wäre diese nicht notwendig, hier zeigen sich diese ohne einen solchen Eingriff.[379]

Die häufigste Kritik an diesem Ansatz Barthes', insbesondere aus der deutschen Schulphilosophie im Bannkreis Hegels, ist der Vorwurf der Irrationalität.[380] Dieser Vorwurf aus postmoderner Perspektive ist letztendlich als die Stärke zu sehen, da sie, wie Röttger-Denker bemerkt, den Versuch darstelle, das „Unmögliche zu denken"[381] und traditionelle Kategorien in Frage zu stellen. Wie bereits mehrfach angesprochen, ist der zentrale Aspekt in Barthes' Ansatz die Kritik der „metaphysischen Wahrheitssuche"[382]. Nicht nur in „S/Z" kristallisiert sich dies beispielsweise an der Kritik des Begriffs „Fiktion" heraus. Meist mit Verweis auf Nietzsche weist Barthes das Sprechen über „Fakten" zurück, vielmehr sei alles Fiktion.[383] Der Versuch, dies am Text beziehungsweise am Kunstwerk zu „belegen", wie dies in „S/Z" mit dem Aufspüren der Codes versucht wird, zeigt, dass Barthes' Position sich zwischen Strukturalismus und postmoderner französischer Gegenwartsphilosophie bewegt. In „S/Z" werde, wie Zima treffend feststellt, der Versuch unternommen, „die strukturale Methode zu Gunsten einer anarchistischen Textauffassung preiszugeben [...], in der die schillernden Signifikanten dominieren."[384] Doch das in „S/Z" gewählte Beispiel der Novelle Balzacs sowie die in seinen späteren Werken genannten Beispiele zu anderen Kunstformen (insbesondere der Fotografie[385], vgl. oben) sind

377 vgl. Lindhoff 1995, S. 369

378 Barthes 1987 orig. 1970, S. 19

379 vgl. Barthes 1987 orig. 1970, S. 19

380 vgl. Röttger-Denker 1997, S. 31

381 Röttger-Denker 1997, S. 31

382 Zima 1995, S. 267

383 vgl. Zima 1995, S. 267

384 Zima 1995, S. 269

385 Im Kontext der Fotografie verwendet Barthes zwei weitere Begriffe: Eine „schreibbare" Fotografie ist für Barthes ähnlich einer Sonate aufgebaut und besteht aus den zwei Themen „punctum" und „studium". Während das „studi-

immer nur Annäherungen an ein „schreibbares" Kunstwerk. Das Buch, die Fotografie, die Skulptur, die Performance oder das Theater – allen fällt die Form des „Schreibbaren" schwer, da sie medialen Begrenzungen unterliegen. Barthes geht hier nicht weiter, jedoch greifen postmoderne Theorien diesen Ansatz auf und führen ihn weiter (vgl. Abschnitt 3.8).

3.7 EXKURS: TECHNIKTHEORIEN (MCLUHAN BIS KITTLER)

Doch bevor im folgenden Kapitel auf postmoderne Ansätze eingegangen wird, ist an dieser Stelle ein Exkurs zu bereits mehrfach kurz angesprochenen techniktheoretischen Ansätzen hilfreich. Darunter sind Ansätze zu verstehen, die sich vor allem mit der Frage befassen, inwieweit die Technik[386] die Modalitäten von Kunst und Kultur[387] beeinflusst. Dabei geht es um das materielle Substrat, das jeder Kommunikation über Kunst und Kultur zugrunde liegt, denn kein Kommunikations- oder Zeichenprozess ist ohne diese materielle Komponente denkbar – sei es die Steintafel, die Schreibfeder, die Schreibmaschine oder der Computer.[388] Bekannt ist in diesem Zusammenhang Nietzsches Äußerung zur Schreibmaschine[389], von der er anfangs sehr begeistert war, dann aber die Einflüsse auf sein Schreiben be-

---

um" nur „halbherziges Begehren" auslöst und die „Intentionen" des Fotografen nachvollziehen lässt, wenn der Betrachter der Fotografie „Interesse" und „Bildung" entgegenbringt, geht das „punctum" von dem Bild selbst aus und fügt dem Betrachter eine „Schnittwunde" zu und fordert diesen heraus zu reagieren (vgl. Barthes 2010 orig. 1980, S. 11 und Röttger-Denker 1997, S. 102).

386 Der Begriff „Technik" ist aus dem Französischen entlehnt und steht seit dem 18. Jahrhundert für Künstlichkeit und Kunstprodukte im Gegensatz zur Natur, während mit „Technologie" meist die Wissenschaft von der Technik gemeint ist (vgl. Hartmann 2010, S. 51).

387 Beziehungsweise auf andere Bereiche der Gesellschaft oder die „Gesellschaft" im Allgemeinen; im Folgenden liegt der Schwerpunkt auf dem Kunst- und Kulturbereich.

388 vgl. Hartmann 2010, S. 51

389 Genauer einem Vorgänger der Schreibmaschine – der „Schreibkugel" (vgl. Günzel und Schmidt-Grépály 2002, S. 4).

merkt und 1882 in einem Brief an seinen Sekretär Köselitz resigniert feststellt: „Sie haben recht – unser Schreibzeug arbeitet mit an unseren Gedanken.“[390]

Technische Kunst- und Medientheorie beginnt bereits bei den Voraussetzungen für Kommunikation, wie etwa dem Speichern, Übertragen und Archivieren und beschäftigt sich mit den Trägermedien, beispielsweise den Datenträgern, sowie der Verarbeitung und „Schaltungen“[391]. Dies führt zu der Kernthese, die in den meisten Ansätzen in nur leicht voneinander abweichenden Varianten zu finden ist und die wohl durch McLuhan auch außerhalb der Wissenschaft Berühmtheit erlangt hat: „Das Medium ist die Botschaft.“[392]

Ein wichtiger und problematischer Begriff in vielen Techniktheorien ist die „Medienwirklichkeit“[393]. Hiermit ist gemeint, dass technische Medien nicht nur die „Wirklichkeit“[394] abbilden und reproduzieren, sondern selbst eine sekundäre Wirklichkeit schaffen, die sozusagen von „der Apparatur durchdrungen ist.“[395] Bei dieser Durchdringung und aktiven Reproduktion der Wirklichkeit[396] wird angenommen, dass daraus Systeme hervorgehen,

390 Zitiert nach Günzel und Schmidt-Grépály 2002, S. 4.

391 vgl. Kittler 1986, S. 5

392 vgl. McLuhan 2011 orig. 1967 und Enzensbergers Kritik an McLuhan in Abschnitt 3.4.

393 vgl. Hartmann 2010, S. 51

394 Hier in Anführungszeichen, da ja genau das Verständnis von „Wirklichkeit“ ein großes Problem techniktheoretischer Theorien ist (vgl. auch nächste Fußnote).

395 Hartmann 2010, S. 51

396 Es wäre an dieser Stelle auch denkbar, sich kurz mit konstruktivistischen Theorien zu befassen – dies deshalb, da die von diesen thematisierte Konstruktion der Wirklichkeit oft missverstanden wird und sehr oberflächlich diese konstruierte Wirklichkeit mit dem Internet oder virtuellen Welten verglichen oder sogar gleichgesetzt wird (vgl. Weber 2010b, S. 180). Auch wenn die unterschiedlichen konstruktivistischen Theorien nicht einfach über einen Kamm zu scheren sind, so haben diese doch eine Gemeinsamkeit: Als Basis der Ontologie wird – anders als in philosophisch materialistischen oder realistischen Positionen – angenommen, dass unabhängig vom erkennenden Subjekt (im konstruktivistischen Duktus vom „Beobachter“) keine Außenwelt existiere. Der

die in ihrer Komplexität nur schwer oder gar nicht von Individuen überblickt werden können.[397] Hier zeigt sich schon, dass dieser Aspekt eine Hauptursache ist, dass Vertreter eines solchen Verständnisses tendenziell dem Einsatz von Technik zum Zwecke der Kunst oder Kultur eher pessimistisch gegenüberstehen (vgl. Abschnitt 4.4). Zu bemerken ist dies beispielsweise in vielen filmtheoretischen[398] Ansätzen. Die Überlegung, dass die mediale Darstellung keine einfache Wiedergabe der „Wirklichkeit" sei, sondern eine Interpretation, die von den technischen Möglichkeiten des Reproduktionsmittels abhänge, ist ein weit verbreiteter Standpunkt.[399] So kann eine Schwarzweißkamera etwa keine Farben reproduzieren und unternimmt somit eine „schwarzweiße" Interpretation der Wirklichkeit. Damit bestimmt also das Produktionsmittel die künstlerische Aussagekraft. Entscheidend ist nun, dass angenommen wird, dass bei der Konstruktion der Kamera unbewusst ideologische Konzepte einflössen.[400] Auf das Beispiel der Schwarzweißkamera ist dies schwer zu übertragen, jedoch für das Internet leichter darstellbar. Da dieser Ansatz von (neo)marxistischen Denkern favorisiert wird, ließe sich beispielsweise für das Internet sagen, dass bei der Erfindung und Konstruktion die kapitalistische Idee in diese Technik eingeflossen sei, so dass Produkte, die in diesem Medium entstehen, stets von einer kapitalistischen Ideologie geprägt seien, dass diese sozusagen dem Medium innewohne. Technik wird damit selbst zu Ideologie und das Subjekt damit in gewisser Weise überwältigt.[401]

Sonderfall des radikalen Konstruktivismus, der „nur" davon ausgeht, dass zwar eine reale Außenwelt existiere, aber diese nicht erkannt werden könne, soll in diesem Fall nicht weiter betrachtet werden. Die ontologische Setzung hat vor allem Auswirkungen auf erkenntnistheoretische Überlegungen. Aus forschungspragmatischen Gesichtspunkten und einer anderen Schwerpunktsetzung dieser Arbeit (vgl. Einleitung und Kapitel 4) kann hier nur auf weiterführende Literatur verwiesen werden (vgl. Weber 2010b und Weber 2010c).

397 vgl. Hartmann 2010, S. 51

398 Ein Teilaspekt der „Apparatus-Debatte", in der auch der von Jean-Louis Baudry (von Foucault) entlehnte Begriff des „Dispositiv" intensiv diskutiert wurde (vgl. Hartmann 2010, S. 64).

399 vgl. Hartmann 2010, S. 64

400 vgl. Hartmann 2010, S. 51

401 vgl. Hartmann 2010, S. 65

Die Mediengeschichtsschreibung, die techniktheoretische Aspekte betont, setzt an den zeitlichen Ereignissen ihren Schwerpunkt, an denen Techniken eingeführt wurden, die die Kommunikation schwerwiegend geändert haben.[402] Neben dem Internet zählen dazu auch die Erfindung der Druckmaschine im frühen 19. Jahrhundert sowie Fotografie, Film, Radio, Fernsehen. Gesprochen wird dabei meist von einer „Medienevolution“ oder „Medienrevolution“[403]. Häufig wird, wie etwa bei Bolz, eine Linie der Evolution von der Erfindung der Schrift über den Buchdruck bis hin zum Internet gezogen und in Anlehnung an McLuhan vom „Ende der Gutenberg-Galaxis“ gesprochen.[404] Verknüpft mit parallel verlaufenden historischen Entwicklungen, etwa der Industrialisierung und dem Informationszeitalter werden vielfältig heilsgeschichtliche Erwartungen geknüpft.[405] Insgesamt überwiegen bei techniktheoretischen Ansätzen jedoch die pessimistischen Töne, wenn beispielsweise bei Postman oder Bolz mit dem Ende der Gutenberg-Galaxie der Untergang des Abendlandes befürchtet wird.[406] Hier werden gerade die Punkte, die von den optimistischen Vertretern als Vorteile aufgezählt werden, umgekehrt. Es ist demnach nicht immer von Vorteil, wenn eine „Maschine“ menschliche Defizite ausgleicht. So wird beispielsweise die Eigenschaft des Computers, im Gegensatz zum menschlichen limitierten Gedächtnis über einen sozusagen endlosen Speicher zu verfügen, nicht etwa als Vorteil gesehen. Stattdessen wird etwa bei Spitzer und Schirrmacher betont, dass diese menschliche Schwäche des Vergessens gerade ein Vorteil sei.[407]

Jedoch überwiegt die Angst vor einer möglichen Täuschung durch Technik, von der angenommen wird, dass sie perfekter als der Mensch sei. Diese Angst hat eine lange Geschichte und zeigte sich beispielsweise wirkungsmächtig in der Romantik, was sich exemplarisch an E.T.A. Hoffmanns Erzählung „Der Sandmann“ (1816) ablesen lässt, in der sich

402 vgl. Hartmann 2010, S. 52

403 vgl. Hartmann 2010, S. 52

404 vgl. Bolz 1995a

405 vgl. Davis 1998, S. 34ff und Hartmann 2010, S. 53

406 vgl. Bolz 1995a und Postman 1994

407 vgl. Schirrmacher 2009 und Spitzer 2012. Anzumerken ist hier, dass es sich dabei um „populärwissenschaftliche“ Publikationen handelt, die diese Theorien aufgreifen.

Natanahel in das „perfekte" Maschinenmädchen verliebt.[408] Aber auch in Romanen des 20. Jahrhunderts (wie etwa Orwells „1984") oder zeitgenössischen Filmen (wie etwa „Matrix") ist diese Angst präsent. Der Hinweis auf die literarische Verarbeitung dieser Theorieansätze sowie die Popularität solcher Thesen außerhalb der Wissenschaft, beispielsweise den erwähnter McLuhan, Postman oder Spitzer, verdeutlicht einen Eckpunkt dieser kunst- und medientheoretischen Episteme, dass Diskurse vorkonfiguriert sind und den Blick so ablenken und zerstreuen. Deshalb sollen im Folgenden drei wichtige Strömungen dargestellt werden, die immer wieder im Diskursfeld der neuen Medien im Kulturbereich zu finden sind: als erstes die Wegbereiter im späten neunzehnten und frühen 20. Jahrhundert, als zweites McLuhan sowie als drittes der für den deutschen Diskurs einflussreiche Ansatz von Kittler.

Die eigentliche Philosophie der Technik lässt sich an Hegel festmachen, der sich mit den reflektierenden Bestimmungen des Technischen und der Arbeit, die als technisches Herstellen verstanden wird, beschäftigt und diese der „instrumentellen Vernunft" zuordnet[409]. Hartmann fasst Hegel wie folgt zusammen:

> „Technik ist für Hegel ein System von Mitteln, das einerseits zur Verwirklichung von Sittlichkeit und damit zur Konstitution von bürgerlichem Bewusstsein führt, das damit andererseits aber auch ein Medium zur Wirklichkeitserzeugung darstellt."[410]

Der Hegel-Schüler Kapp greift diesen Ansatz auf und entwickelt in seinen 1877 erschienenen „Grundlagen einer Philosophie der Technik"[411] die bis heute wirkungsmächtige Denkfigur der Organprojektion. Auf das Wesentliche zusammengefasst kann man sagen, dass damit gemeint ist, dass die durch den Menschen erfundene Technik unbewusst die Nachbildung der eigenen Organe darstelle, um deren Mängel zu beseitigen. So seien der Hammer als Projektion der menschlichen Faust und der Fotoapparat als

408 vgl. Kittler 1977, S. 139ff

409 vgl. Hartmann 2010, S. 53

410 Hartmann 2010, S. 53. Dies ist auch der Anknüpfungspunkt für Horkheimer und Adorno, die hier abwertend die industrielle Kultur und Kulturindustrie entwickeln (vgl. Abschnitt 2.1.2).

411 Kapp 1877

Projektion des Auges zu sehen.[412] Eine solche „Theorie“ mag man aus heutiger Sicht belächeln und für unwissenschaftlich erklären, jedoch geht es hier nicht um diese Frage, sondern darum, dass dieses Konzept bis heute diskursprägend ist. So lässt sich beispielsweise an der von Schirrmacher im Jahr 2009 angestoßenen Diskussion um die GPS-Navigationsgeräte, die möglicherweise zur Rückbildung des Orientierungssinns führen, in der Grundanlage diese Organprojektion erkennen.[413]

Die Wirkungsmächtigkeit von Kapps Techniktheorie zeigt sich auch an anderer Stelle. Der Neukantianer Cassirer bezieht sich in seiner 1930 erschienenen Publikation „Form und Technik“[414] auf Kapp und erweitert dessen Konzept dahingehend, dass Technik nicht nur ein Teil menschlicher Selbstverwirklichung als Emanzipation von der Natur, sondern auch menschlicher Selbsterfahrung sei, da Medien als Instrumente der Wirklichkeitserzeugung fungieren.[415] Dies wird von Cassirer und vielen anderen dieser Zeit durchaus kritisch gesehen. Freud prägt zu etwa gleicher Zeit in seiner Schrift „Das Unbehagen der Kultur“ für Technik den Begriff der „Prothese“ und den Mensch als „Prothesengott“[416], was diesen kritischen und negativen Aspekt verdeutlicht. Auch dieser wirkt lange nach: McLuhans „Understanding Media“ trägt den Untertitel „Extension of Man“. In dem Vorwort schreibt McLuhan: „Das Leitmotiv dieses Buches ist der Gedanke, dass alle Techniken Ausweitungen unserer Körperorgane sind, die dazu dienen, Macht und Geschwindigkeit zu vergrößern.“[417]

Wichtiger und kursprägender ist jedoch McLuhans bereits erwähnte provokante These, dass schon das Medium selbst die Botschaft sei (vgl. oben). Dies erklärt er selbst wie folgt:

„Dies soll nur heißen, dass die persönlichen und sozialen Auswirkungen jedes Mediums – das heißt jede Ausweitung unserer eigenen Person – sich aus dem neuen

412 vgl. Hartmann 2010, S. 54

413 vgl. Schirrmacher 2009. Ähnlich auch die Beispiele und der Ansatz in der „Digitalen Demenz“ (Spitzer 2012).

414 Cassirer 2009 orig. 1930

415 vgl. Cassirer 2009 orig. 1930, S. 71 und Hartmann 2010, S. 55

416 vgl. Freud 2010 orig. 1930, S. 32)

417 McLuhan 2011 orig. 1967, S. 109

Maßstab ergeben, der durch jede Ausweitung unserer eigenen Person oder durch jede neue Technik eingeführt wird."[418]

Medien werden von McLuhan als technische Bedingungen der Welterschließung verstanden, da die menschliche Wahrnehmung abhängig von den Möglichkeiten der Technik ist.[419] Unabhängig vom Inhalt eines Mediums, der für McLuhan nur sekundär ist, verweist jedes Medium auf sich selbst, ist also seine eigene Botschaft. McLuhan nennt als Beispiel das Medium Schrift, dessen Inhalt die Sprache ist, die Botschaft jedoch die Veränderung der Gesellschaft:

„Denn die ‚Botschaft' jedes Mediums oder jeder Technik ist die Veränderung des Maßstabs, Tempos oder Schemas, die es der Situation der Menschen bringt."[420]

Der Buchdruck erzeugt also die Veränderung des Maßstabs, und durch den medialen Effekt entstehen nach McLuhan die bürgerliche Gesellschaft und die Industriekultur.[421] Schon in den sechziger Jahren des letzten Jahrhunderts beschrieb McLuhan die Effekte der elektronischen Medien und die sich daraus ergebende Informationsgesellschaft und eine sich durch die Digitalisierung abzeichnende neue kulturelle Ordnung.[422] Auch wenn hier einiges trefflich „prophezeit" wurde, muss ein Punkt kritisch festgehalten werden, der bis heute diskursprägend ist: Im Anschluss an McLuhan lässt sich der Inhalt der Kommunikationsmedien ausblenden und nur die Veränderung der Wahrnehmung betrachten, ohne dass dabei das Wahrgenommene betrachtet werden muss. Es werden also beispielsweise das Internet, *Social Web* oder Computerspiele kritisiert, ohne deren Inhalte zu betrachten. McLuhans selbst gewähltes Beispiel der Eisenbahn sei dafür genannt:

„Die Eisenbahn hat der menschlichen Gesellschaft nicht Bewegung, Transport, oder das Rad oder die Straße gebracht, sondern das Ausmaß früher menschlicher Funktionen vergrößert und beschleunigt und damit vollkommen neue Arten der Arbeit und

418 McLuhan 2011 orig. 1967, S. 232

419 vgl. Hartmann 2010, S. 58

420 McLuhan 2011 orig. 1967, S. 233

421 vgl. McLuhan 2011 orig. 1967, S. 233 und Hartmann 2010, S. 58

422 vgl. McLuhan 2011 orig. 1967, S. 123 und Hartmann 2010, S. 58

Freizeit geschaffen [...] und [das] ist vollkommen unabhängig von der Fracht oder dem Inhalt des Mediums Eisenbahn."[423]

Dieser Vergleich zeigt, dass die Fracht oder den Inhalt auszublenden, nur eine Verkürzung ist, denn besteht die Fracht aus Personen, Soldaten, Häftlingen oder einem Castrop-Container, so zeigt sich, dass das Medium auch die Botschaft, aber nicht ausschließlich dies ist.[424]

Im deutschen Sprachraum greift ab Mitte der siebziger Jahre der Literaturwissenschaftler Friedrich Kittler McLuhans Theorie auf. Kittler sieht ähnlich wie McLuhan nicht im Menschen, sondern in den Medien das Maß aller Dinge. Untersucht werden deshalb die Effekte medialer Techniken unter der ständig steigenden Komplexität. Jede Frage nach den Inhalten und deren Sinn wird, durch Kittlers antihermeneutische Position, die die „Austreibung des Geistes aus der Geisteswissenschaft"[425] fordert, ausgeblendet. Nach Kittler gibt es keine „von technischen Bedingungen abgetrennte soziale Sinnkommunikation"[426], was zweierlei zur Folge hat:

„Es gibt erstens keinen Sinn, wie Philosophen und Hermeneutiker ihn immer zwischen den Zeilen gesucht haben, ohne physikalischen Träger. Es gibt zum anderen aber auch keine Materialitäten, die selber Kommunikation wären und herstellen könnten."[427]

Wie Hartmann feststellt, geht es für Kittler anstelle von Sinn und Bedeutung um Nachrichtentechnik und „statt Autorenabsichten nachzuspüren, werden Regelkreise von Reglern, Sendern, Empfängern beschrieben."[428] Im Mittelpunkt stehen die medialen Effekte auf Gedanken und Theorie, verknüpft mit einem Misstrauen gegenüber Geist, an dessen Stelle nun Technik rückt. Dass solch ein Vorgehen bei traditionellen Geistes- und Kulturwissenschaftlern auf Widerstand gestoßen ist, braucht nicht ausführlich er-

423 McLuhan 2007 orig. 1964, S. 17

424 vgl. die Kritik und aktuelle Rezeption in Kerckhove et al. 2008.

425 So der bekannte Titel einer 1980 erschienenen Publikation Kittlers (vgl. Kittler 1980).

426 Hartmann 2010, S. 59

427 Kittler 1993, S. 161

428 Hartmann 2010, S. 61

wähnt zu werden. Kittlers Habilitationsschrift „Aufschreibesysteme 1800/1900“ brauchte dreizehn Gutachten, bis das Verfahren abgeschlossen wurde[429]. Trotzdem hat das Buch nach Zons „wie kein Zweites seit dem Zweiten Weltkrieg Epoche gemacht.“[430] Das heißt nicht, dass es eine hohe Zustimmung gefunden hat, sondern vielmehr, dass ein theoretischer Ansatz, der die Medientechnologien so in den Mittelpunkt und den Menschen ins Abseits rückt, die Angst vor diesen Technologien geschürt hat. Hartmann bringt Kittlers Ansatz und Menschenbild wie folgt auf den Punkt: „Der Mensch ist, mit anderen Worten, das Produkt nicht nur seiner Kommunikationsverhältnisse, sondern seiner Medientechnologie.“[431]

Da Kittlers Theorieansatz im Positiven wie im Negativen diskursprägend war, ist es an dieser Stelle nun von zentraler Bedeutung zu zeigen, warum eine solche Behauptung, dass es einzig die Technologien seien, die das „Menschliche“ bestimmen, nur schwer haltbar ist. Es kann wohl nicht abgestritten werden, dass die mediale Materialität Einfluss auf die geistige Produktion nimmt. Wie Hartmann in Bezug auf Derrida darlegt, ist das Zeichensystem einer Kultur „weder Geist selbst, sondern dessen Auslagerung, noch Technik im engeren Sinne, sondern Hilfsmittel und Verstärker für Sinnfunktionen.“[432] Technik setzt zwar Denkvoraussetzungen materieller Natur, jedoch wird zweierlei übersehen: Den Menschen bleibt die Wahl der Technik (vgl. Abschnitt 1.4.1) – und selbst wenn diese Wahl durch komplette Digitalisierung nicht mehr vorhanden ist, gibt es dennoch neben den Programmen und Maschinen den menschlichen Programmierer.[433]

Deshalb kann Medientheorie wohl nicht komplett in Medientechnik aufgelöst werden. Dies würde ein künstliches, sich selbst programmierendes Programm erfordern, das ähnlich wie Aristoteles‘ Konzept des „unbewegten Bewegers“, das später von Thomas von Aquin zum kosmologischen Gottesbeweis genutzt wurde, nach Kant[434] äußerst problematisch erscheint: Ein sich selbst programmierendes Programm könnte nur als göttliches We-

429 vgl. Zons 1998, S. 259

430 Zons 1998, S. 259

431 Hartmann 2010, S. 62

432 Hartmann 2010, S. 63

433 vgl. Hartmann 2010, S. 64

434 vgl. Kant 1997 orig. 1781/1787, S. 536 (*Kritik der reinen Vernunft*, Transzendentale Dialektik, B 631).

sen beziehungsweise mit metaphysischen Argumenten begründet werden. Der Computer mag also, wie Kittler festhält, „kriegsentscheidend"[435] sein – jedoch ist er nicht „kulturentscheidend", denn hier sind – um die Begrifflichkeit „Sinn" zu vermeiden – doch mindestens die Inhalte nicht zu unterschlagen.

3.8 POSTSTRUKTURALISTISCHE UND POSTMODERNE ANSÄTZE (LYOTARD, DELEUZE, DERRIDA)

Postmoderne Theorien zeichnen sich vor allem dadurch aus, dass sich deren Autoren in der Regel weigern, als „postmodern" bezeichnet und zusammengefasst zu werden.[436] Tatsächlich sind die Unterschiede zwischen den postmodernen Theorien groß, jedoch lassen sich nach Weber einige Gemeinsamkeiten feststellen: Sie befassen sich zumindest im weitesten Sinne mit „Transformation" oder Beobachtungen zu „Phänomenen des Übergangs"[437]. Häufig wird sich dabei mit dem Umbruch von der Moderne in die Postmoderne auseinandergesetzt, im Kontext der Medientheorie steht der mediale Wandel im Blickfeld, der diesen Übergang begleitet oder auslöst und es werden beispielsweise die Zunahme und die neuen Formen der Virtualisierung, des Scheins und der Geschwindigkeit thematisiert.[438] Vornehmlich haben diese Theorienansätze ihren Ursprung in Frankreich, weshalb diese häufig als „französische Postmoderne" oder „französischer Poststrukturalismus"[439] bezeichnet werden. Im Folgenden werden die drei ein-

435 Kittler 2000, S. 83

436 vgl. Weber 2010a, S. 31

437 vgl. Weber 2010a, S. 31

438 vgl. Weber 2010a, S. 31

439 Die Begriffe „Poststrukturalismus" und „Postmoderne" sind jedoch nicht gleichzusetzen. Die Ansätze der meisten französischen Vertreter sind eine kritische Weiterführung und Weiterentwicklung sprach- und zeichentheoretischer Ansätze des Strukturalismus, deshalb wäre hier die Bezeichnung „Poststrukturalismus" angebrachter, wobei sich in der allgemeinen Diskussion „Postmoderne" durchgesetzt hat, da nicht alle postmodernen Ansätze auch poststrukturalistisch sind (vgl. ausführlich Weber 2010a, S. 31, Münker und Roesler

flussreichsten[440] ästhetischen Positionen genauer betrachtet: Lyotards Ästhetik des Erhabenen, Deleuze' Konzept der „Sensationen" und zuletzt Derridas Ästhetik der Negativität. Am Rande wird dabei versucht, einige über die Ästhetik hinausgehende postmoderne Theoriekonzepte zu skizzieren, die für das Verständnis von Bedeutung sind.

Vorab ist darauf hinzuweisen, dass im Sinne der vielzitierten Studie zu „unserer" Postmoderne von Welsch es hierbei nicht darum geht, den weit verbreiteten oberflächlichen Postmoderne-Begriff zu vertreten, den Welsch kritisch als „diffusen Postmodernismus" bezeichnet.[441] Wenn einzig und allein ein „anything goes"-Pluralitäts-Ansatz im Vordergrund steht, ergibt sich daraus meist eine Tendenz zu „Beliebigkeits-Szenarien"[442]. Solche „postmodernen" Ansätze sind dann lediglich „chice Kulturmode", wie Welsch dies treffend darstellt.[443] Ein präziser postmoderner Ansatz hingegen verfolgt nach Welsch ein anderes Ziel: „Statt die Vielheit durch Mischmasch zu vergleichgültigen, potenziert er sie durch Zuschärfung [...] und betreibt einschneidende und effektive Kritik."[444] Das Plädoyer für Vielfalt ergibt sich eher aus der „anti-totalitären Position", die ein wichtiger kritischer Moment dieser Position ist, da sie

> „[...] der Einsicht [folgt], dass jeder Ausschließlichkeits-Anspruch nur der illegitimen Erhebung eines in Wahrheit Partikularen zum vermeintlich Absoluten entspringen kann. Daher ergreift sie für das Viele Partei und wendet sich gegen das Einzige, tritt Monopolen entgegen und dekuvriert Übergriffe."[445]

Zudem ist darauf hinzuweisen, dass die Beschäftigung mit postmodernen Theorien keine zufällige oder willkürliche Auswahl ist. Im Anschluss an Welsch wird auch hier von der Überzeugung ausgegangen, dass die Post-

---

2000, S. 28ff und Welsch 2008, S. 12). Im Folgenden ist dies nicht weiter entscheidend, sodass nur noch der Begriff „Postmoderne" verwendet wird.

440 vgl. Münker und Roesler 2000, S. 116; ähnlich auch bei Schneider 1996 und Eagleton 1994.

441 vgl. Welsch 2008, S. 2

442 Welsch 2008, S. 2

443 vgl. Welsch 2008, S. 2

444 Welsch 2008, S. 4

445 Welsch 2008, S. 5

moderne „keineswegs eine Erfindung von Kunsttheoretikern, Künstlern und Philosophen ist. Vielmehr sind unsere Realität und Lebenswelt ‚postmodern' geworden."[446] Auch wenn der Begriff „Postmoderne" und einzelne Theorieansätze von konträren Theoretikern kritisiert werden, so sei der Befund einer „postmodernen" Realität, wie Welsch schreibt, schwer zu verleugnen und der „postmoderne Pluralismus" in diesem Sinne zu verstehen:

> „Real ist eine Gesamtsituation der Simultaneität und Interpretation differenter Konzepte und Ansprüche entstanden. Auf deren Grundforderung und Probleme sucht der postmoderne Pluralismus zu antworten. Er erfindet diese Situation nicht, sondern reflektiert sie. Er schaut nicht weg, sondern sucht sich der Zeit und ihren Herausforderungen zu stellen."[447]

3.8.1 Ästhetik des Erhabenen (Lyotard)

Lyotard zählt zu einem der wichtigsten Wegbereiter der Postmoderne, da er mit seiner 1979 erschienenen philosophischen Studie „Das postmoderne Wissen" sich als erster intensiv mit dem Begriff der „Postmoderne" im Kontext der Wissenschaft auseinandergesetzt hat.[448] Für Lyotard sind nach dem Ende der „großen Erzählungen", die bis in die Mitte des 20. Jahrhunderts allgemein verbindliche wissenschaftliche Realität legitimiert haben, nun eine Vielzahl unterschiedlicher Diskurse zu beobachten, die mit jeweils eigenen Regeln und Sichtweisen diese „wissenschaftliche Realität" zu „legitimieren" suchen.[449] Diese Heterogenität der Diskurse, die Lyotard im Anschluss an Wittgenstein als „Sprachspiele"[450] bezeichnet, wird wegen der Vielfalt als Befreiung begrüßt.[451] Bevor im Abschnitt 4.4 auf Lyotards Einordnung der Informationstechnologie in diesem Kontext eingegangen wird, soll hier zuerst dessen Kunstverständnis erörtert werden, das er in vie-

---

446 Welsch 2008, S. 4

447 Welsch 2008, S. 4

448 vgl. Ryan 1995, S. 66

449 vgl. Lyotard 1986 orig. 1979, S. 38f und Ryan 1995, S. 66

450 vgl. Wittgenstein 1990 orig. 1957, S. 241

451 vgl. Lyotard 1986 orig. 1979, S. 38f. Kritisiert werden Ansätze, die versuchen, die Heterogenität zu übergehen, etwa Luhmanns systemtheoretischer und Habermas' konsenstheoretischer Ansatz (vgl. Ryan 1995, S. 66).

len theoretischen Schriften expliziert[452] hat. Seine „Ästhetik des Erhabenen“[453] wird wie das „Postmoderne Wissen“ international rezipiert und kann nach Münker und Roesler „als der vielleicht wichtigste Beitrag des Poststrukturalismus zur philosophischen Ästhetik gelten.“[454]

In dem 1981 erschienenen Aufsatz zur „Philosophie und Malerei im Zeitalter ihres Experimentierens“[455] ist ein zentraler Aspekt von Lyotards kunsttheoretischem Ansatz abzulesen. In diesem Text versucht Lyotard unter anderem, die Gemeinsamkeiten von Philosophie und Kunst (in diesem Fall: der Malerei) herauszuarbeiten, und erklärt damit auch ein Fundament seiner Ästhetik des Erhabenen. Geht es nach Lyotard in der Philosophie um die Frage, was es heißt, zu denken, so stelle sich bei der Malerei die Frage, was es heißt, zu malen.[456]

Diese Analogie wird nun als Grundlage für die Auseinandersetzung mit Philosophie und Malerei beziehungsweise Kunst verwendet, denn das Entscheidende sei, dass es für beide Fragen keine verbindlichen Antworten gebe und auch keine Übereinkunft, wie nach den Antworten zu suchen sei.[457] Deshalb sei es sowohl in der Philosophie als auch in der Malerei eine notwendige Aufgabe, im Prozess des Malens beziehungsweise Philosophierens die Regeln zu entwickeln oder, wie Münker feststellt, sogar zu erfinden.[458] Für Lyotard ist die Aufgabe der Malerei „Regeln bildnerischer Gestaltung zu suchen, wie auch die Philosophie nach den Regeln philosophischer Sätze zu suchen hat.“[459] Nicht zufällig beschäftigt sich also der Philosoph Lyotard

452 Bemerkenswert ist, dass neben der theoretischen Beschäftigung Lyotard teilweise versuchte, sein Konzept in der Praxis umzusetzen, beispielsweise in der von ihm 1985 im Centre Georges Pompidou konzipierten Ausstellung „Les Immatériaux“ (vgl. Wunderlich 2008).

453 Im Folgenden findet Lyotards Anfang der siebziger Jahre entworfene affirmative Ästhetik der Intensitäten keine Erwähnung, da er diese zu Gunsten der Ästhetik des Erhabenen verwirft (vgl. Münker und Roesler 2000, S. 133).

454 Münker und Roesler 2000, S. 133

455 In Deutschland in einer „Immaterialität und Postmoderne“ betitelten Textsammlung erschienen (vgl. Lyotard 1985).

456 vgl. Lyotard 1985, S. 93 und Münker und Roesler 2000, S. 132

457 vgl. Lyotard 1985, S. 93

458 vgl. Münker und Roesler 2000, S. 132

459 Lyotard 1985, S. 93

mit der Malerei, sondern aufgrund einer Art Verwandtschaftsbeziehung und verweist damit auch auf Kant und Burke[460], deren Konzept des „Erhabenen“ Lyotard als Grundlage seiner Ästhetik nutzt. Wie bei Kant und Burke wird das „Erhabene“ im Gegensatz zum „Schönen“ gesehen. In der Kritik der Urteilskraft schreibt Kant:

> „Schön ist das, was in bloßer Beurteilung (also nicht vermittelst der Empfindung des Sinnes nach einem Begriffe des Verstandes) gefällt. Hieraus folgt von selbst, dass es ohne alles Interesse gefallen müsse. Erhaben ist das, was durch seinen Widerstand gegen das Interesse der Sinne unmittelbar gefällt.“[461]

Kant wählt zur Verdeutlichung Beispiele aus der Natur, unter anderem „einen hohen Wasserfall eines mächtigen Flusses“, der für Bewegung des „Gemüts“ sorgt und die anfängliche Unlust in dem Moment in Lust umschlagen lässt, indem man die Überlegenheit der Vernunft gegenüber der Natur erkennt.[462] Lyotard übernimmt teilweise Kants Konzept, deutet jedoch entscheidende Punkte[463] um: Während es bei Kant primär um die sinnliche Erfahrung der Natur geht, sieht Lyotard das Erhabene bei der ästhetischen Erfahrung speziell der Kunst der Moderne. Lyotard bezieht sich hier unter anderen auf den Künstler Barnett Newman, der in einem vielbeachteten Artikel „The Sublime Now“ bereits 1948 dies für die zeitgenössische Kunst einfordert[464] und in seinen abstrakten Bildern selbst veranschaulicht hat. Anhand Newmans großformatiger Tafelbilder, die meist aus getrennten monochromen Farbflächen bestehen, versucht Lyotard seine Vorstellung des „Erhabenen“ zu erklären. Durch die Anwesenheit eines dargestellten Objekts manifestiere sich in Newmans Malerei das Erhabene alleine durch die Präsenz der Bilder. Lyotard nennt dies die „Selbstevidenz“ des Bildes und beschreibt sie wie folgt: „Dass hier und jetzt ein Bild ist, und

460 Edmund Burkes „Philosophische Untersuchung der Ursprünge unserer Ideen über das Erhabene und Schöne“ (1756) und Immanuel Kants „Kritik der Urteilskraft“ (1790).

461 Kant 1997 orig. 1790/1793/1799, S. 194f (*Kritik der Urteilskraft*, B 114f)

462 vgl. Kant 1997 orig. 1790/1793/1799, S. 185 (*Kritik der Urteilskraft*, B 104d)

463 vgl. Münker und Roesler 2000, S. 135

464 vgl. ausführlich Egenhofer 1996

nicht vielmehr nichts, das ist das Erhabene."[465] Lyotard will damit verdeutlichen, dass sich damit die moderne Kunst aus der Logik der Repräsentation verabschiedet, denn die ästhetische Erfahrung kann nun nicht in einem diskursiven Sinn ausgedrückt werden, da nichts mehr – vereinfacht gesprochen – hinter der Logik des Bildes steht, was verstanden oder erkannt werden kann.[466] Jedoch wird dies, anders etwa als bei Deleuze oder Derrida (vgl. nächsten und übernächsten Abschnitt), als eine Stärke gesehen, denn dadurch, dass diese Kunst vom Nichtdarstellbaren beziehungsweise Nichtverstehbaren handelt, regt sie zum Denken an. Auch das erinnert wieder an Kant und dessen „(ästhetisch) reflektierende Urteilskraft" und das „freie Spiel" der Erkenntniskräfte.[467] Lyotard sieht darin die Stärke, dass Kunst dazu anregt „das zu empfangen, was zu denken das Denken nicht vorbereitet ist."[468] Anders als bei Kant ist das keine Selbstbestätigung im Kontext des „interessenlosen Wohlgefallens", vielmehr hat dies einen politischen und gesellschaftskritischen Aspekt, der den Systemen, die dazu tendieren, repressiv und totalisierend zu argumentieren, entgegen gehalten werden soll. Nach Münkers Interpretation richtet sich hier Lyotard insbesondere gegen die Wissenschaft und Ökonomie, die mit einfachen Systemen, wie „(Geld-)Wert" und „wahr/falsch" operieren.[469]

In seiner 1986 erschienenen Schrift mit dem ironischen Titel „Postmoderne für Kinder"[470] wird es auf den Punkt gebracht, warum der Kunst eine herausragende Rolle zugewiesen wird: Denn die moderne Malerei (stellvertretend für die Kunst) übernehme die wichtige Aufgabe, „sichtbar zu machen, dass es etwas gibt, das man denken, nicht aber sehen oder sichtbar machen kann: das ist der Einsatz der modernen Malerei."[471]

465 Lyotard 2006 orig. 1989, S. 165

466 vgl. Münker und Roesler 2000, S. 137

467 In der Einleitung der *Kritik der Urteilskraft* schreibt Kant: „Reflektieren (Überlegen) aber ist: Gegebene Vorstellungen entweder mit andern, oder mit seinem Erkenntnisvermögen, in Beziehung auf einen dadurch möglichen Begriff, zu vergleichen und zusammen zu halten." (Kant 1997 orig. 1790/1793/1799, S. 24)

468 Lyotard 2006 orig. 1989, S. 134

469 vgl. Münker und Roesler 2000, S. 138

470 Letztendlich doch die Voraussetzung des „Postmodernen Wissens"

471 Lyotard 1996 orig. 1986, S. 27

3.8.2 Logik der Sensationen (Deleuze)

Nicht nur, weil Gilles Deleuze vielfach zu den „profiliertesten Vertretern der französischen Gegenwartsphilosophie“[472] gerechnet wird, sondern auch wegen der Anschlusspunkte an Lyotard (vgl. oben) und Derrida (vgl. nächster Abschnitt) ist hier eine Auseinandersetzung mit seinem Konzept der „Logik der Sensationen“ hilfreich. Zudem hat sein Ansatz „weit über den universitären Bereich hinaus Beachtung gefunden“[473] und den Diskurs über Kunst und Kultur und neue Medien geprägt – insbesondere durch seine im Jahr 1972 mit dem Lacan-Schüler Félix Guattari zusammen publizierte Monographie „Anti-Ödipus“[474], in der die universale Gültigkeit des infolge von Freud in der klassischen Psychoanalyse dominierenden Ödipus-Komplexes und des eng gefassten Begriffs des Unbewussten in Frage gestellt wird und Psychosen eine neue Bewertung finden.[475] Bolz sieht darin sogar einen Aufruf zu einer „Revolte gegen eine Psychoanalyse [...], die uns zum Schuldigen macht.“[476]

Im Kontext der Überlegungen zu Ästhetik und dem von Deleuze dafür verwendeten Begriff der „Sensationen“ (vgl. unten) ist für das Verständnis von Bedeutung, dass der Begriff des „Wunsches“ nicht mehr als negativ und als Mangel oder Abwesenheit eines Zieles, sondern „positiv, produktiv und grenzüberschreitend“[477] zur Schaffung von Verbindungen und Bejahung[478] gesehen wird. Deleuze und Guattari sprechen deshalb von „Wunschmaschinen“[479], wobei hierbei nicht eine mechanische Fantasieproduktion gemeint ist. Vielmehr soll durch den Begriff der „Maschine“ die Prozesshaftigkeit des Entstehens von Wünschen beschrieben werden, die nicht teleologisch durch äußere, beispielsweise gesellschaftliche Vorgaben oder das Subjekt zielgerichtet gesteuert werden, sondern als Wunschproduktion

472 Kocyba 1995, S. 200

473 Kocyba 1995, S. 200

474 Deleuze und Guattari 1977 orig. 1972. vgl. auch den 1980 erschienenen zweiten Teil „Tausend Plateaus“ Deleuze und Guattari 2005 orig. 1980.

475 vgl. Kocyba 1995, S. 202

476 Bolz 1995b, S. 33

477 Kocyba 1995, S. 202

478 vgl. Deleuze und Guattari 1977 orig. 1972, S. 37

479 Deleuze und Guattari 1977 orig. 1972, S. 37

durch interne Kräfteströme zu sehen sind. Nach Kocyba ist „soziale Maschinerie“[480] im positiven Sinne und nach Berressem als „maschinelles Unbewusstes“[481] zu verstehen. So zirkulieren nach Deleuze und Guattari „Triebe, Ströme und Intensitäten“[482] frei, jedoch werden diese Wunschmaschinen in ihrer Dynamik durch die Einbindung in die Gesellschaft durch „repressive Formationen“[483] eingeschränkt – ein Beispiel ist die bereits erwähnte klassische Psychoanalyse mit ihrer Ausrichtung auf das Subjekt.[484]

Diese Gedanken tragen Deleuze‘ intensive Auseinandersetzung mit Kunst, Film und Literatur in einer Vielzahl von Publikationen. Exemplarisch soll hier die 1981 erschienene Monographie „Francis Bacon: Logik der Sensation“[485] näher betrachtet werden, die als eine intensive Auseinandersetzung mit dem Werk Bacons sowie als eine Zusammenfassung vieler seiner Reflexionen zur Ästhetik gesehen werden kann. In den meisten deutschen Übersetzungen wird Deleuze‘ Begriff der „Sensation“ im Titel und Text nicht wörtlich als sinnliche Empfindung oder Sinneswahrnehmung übersetzt, da Deleuze mit dem Begriff ebenfalls auf den ereignishaften Charakter sowie auf die Frage des Sinns anspielt.[486] Der Begriff dient jedoch auch zur Abgrenzung gegenüber der Philosophie, die im Feld der Begriffe operiert, während die Kunst im Feld der „Sensationen“ agiert.[487] Während die meisten theoretischen und politischen Systeme die mannigfaltigen, chaotischen Ströme der Dinge, Zustände, Gefühle und Ereignisse ständig zu ordnen versuchen, um einen Überblick über das Chaos zu gewinnen, interpretieren Münker und Roesler Deleuze Weg anders: Philosophie und Kunst sollten vielmehr „vom Chaos erzählen, statt es zu bannen; sie können mit dem statt gegen das Chaos kämpfen.“[488] Dafür müsse mit den bisherigen vorgegebenen Ordnungen und Vorurteilen gebrochen und die von Deleuze als „Klischees“ (vgl. unten) bezeichneten Hürden über-

480 Kocyba 1995, S. 202

481 Berressem 1998, S. 86

482 Deleuze und Guattari 1977 orig. 1972, S. 38

483 Deleuze und Guattari 1977 orig. 1972, S. 38

484 Deleuze und Guattari 1977 orig. 1972, S. 38

485 Deleuze 1994 orig. 1981

486 vgl. Münker und Roesler 2000, S. 129

487 vgl. Münker und Roesler 2000, S. 129

488 Münker und Roesler 2000, S. 128

wunden und neue Begrifflichkeiten gefunden werden, was jenseits der Form und Materialität zu geschehen habe. Deleuze beschreibt diese „Klischees“ am Beispiel der Malerei und Literatur folgendermaßen:

> „Der Maler malt nicht auf einer noch unberührten Leinwand, wie auch der Schriftsteller nicht auf einem weißen Blatt schreibt, vielmehr sind Blatt wie Leinwand schon derart bedeckt mit bereits bestehenden, fertigen Klischees, dass als erstes ausgewischt, gewaschen, gewalzt, ja zerfetzt werden muss, um einen Luftzug vom Chaos hier eindringen zu lassen.“[489]

Mit Blick auf das Werk von Francis Bacon und damit letztendlich anhand der modernen Malerei versucht Deleuze zu zeigen, dass „Kunst der Sensationen“ deshalb eine Malerei jenseits von Repräsentation, also weder Abbild oder Illustration der Realität noch irgendeine Form der Darstellung einer narrativen Idee oder Geschichte ist.[490] Um der Repräsentation zu entgehen, gibt es nach Deleuze zwei Wege: den der Abstraktion oder den des Figuralen, den Deleuze anhand von Bacon nachzeichnet. Mit dem Begriff „das Figurale“ meint Deleuze in Anlehnung an Lyotard[491] die Isolierung der Figur und grenzt es ab gegenüber dem „Figurativen“, das noch dem Prinzip der Repräsentation verpflichtet ist.[492] Deleuze beschreibt dabei folgende Funktion der „Isolation“:

> „Isolierung ist also das einfachste, notwendige, aber nicht hinreichende Mittel, um mit der Repräsentation zu brechen, die Narration zu zerschlagen, die Illustration zu verhindern, die Figur zu befreien.“[493]

Nach der Befreiung von der Repräsentation soll die Kunst nach Deleuze versuchen, „sich an das Faktum zu halten“[494], womit sozusagen die Affirmation der Faktizität gemeint ist. Am Beispiel Bacons Darstellung des

489 Deleuze und Guattari 2000 orig. 1991, S. 242

490 vgl. Münker und Roesler 2000, S. 129

491 Den Begriff des Figuralen entwickelt Lyotard bereits in seinem Frühwerk (vgl. Lyotard 2011 orig. 1973).

492 vgl. Deleuze 1994 orig. 1981, S. 10 und Münker und Roesler 2000, S. 129

493 Deleuze 1994 orig. 1981, S. 10

494 Deleuze 1994 orig. 1981, S. 10

menschlichen Körpers verdeutlicht Deleuze jedoch, dass dabei eine reine Isolierung des menschlichen Körpers nicht ausreichend sei, denn die Vorstellung von Körpern sei bei der Rezeption von Kunst durch Klischees (vgl. oben) und semantische Verweise bedingt.[495] Nach Deleuze schafft es Bacon jedoch, die Leinwand im Vorfeld von diesen Bedingungen so zu „reinigen“ (vgl. oben), speziell durch die Darstellung der Deformation der Körper und die Inszenierung auf der Leinwand, die keine herkömmlichen Assoziationen mehr möglich machen.[496] Dies ist für Deleuze die Logik der Sensationen: Die Überschreitung der Repräsentation wird durch die Inszenierung der Figur erreicht.[497] Dies sehen auch Münker und Roesler als Deleuze‘ „zentrale These“[498], die dieser folgendermaßen formuliert: „Die Figur ist die auf die Sensationen bezogene sinnliche Form.“[499]

Hierin ist eine gewisse Widersprüchlichkeit inhärent, die für Deleuze nicht aufzulösen ist. Diese wird deutlich, in dem er Bacons Vorgehen beschreibt, wenn dieser versucht, die „Ähnlichkeit mit nicht-ähnlichen Mitteln zu erzeugen.“[500] Der bereits erwähnte Anschluss an den Anti-Ödipus wird hier zudem sichtbar: Die Kunst folgt der Logik der Sensation, denn in den Künsten geht es nach Deleuze sozusagen über das Einfangen der Ströme der Wunschmaschinen hinaus.[501] Die Malerei oder allgemein die Kunst kann nun die „Kräfte sichtbar machen, die nicht sichtbar sind.“[502]

Diese vielschichtigen Denkformen mit den unterschiedlichsten Anknüpfungspunkten beschreiben Deleuze und Guattari im „Anti-Ödipus“ und in „Tausend Plateaus“ mit dem Begriff des „Rhizoms“[503]. Der aus der Biologie entlehnte Begriff beschreibt Wurzelgeflechte, bei denen jeder Punkt mit

495 vgl. Deleuze 1994 orig. 1981, S. 10

496 vgl. Deleuze 1994 orig. 1981, S. 279

497 vgl. Deleuze 1994 orig. 1981, S. 279

498 Münker und Roesler 2000, S. 131

499 Deleuze 1994 orig. 1981, S. 279

500 Deleuze 1994 orig. 1981, S. 97

501 vgl. Deleuze und Guattari 1977 orig. 1972, S. 59 und Deleuze 1994 orig. 1981, S. 279

502 Deleuze 1994 orig. 1981, S. 40

503 vgl. Deleuze und Guattari 1977. Der 1977 veröffentlichte Text „Rhizom“ Deleuze und Guattari 1977 findet sich dann erneut in „Tausend Plateaus“ (Deleuze und Guattari 2005 orig. 1980).

jedem anderen Punkt verbunden werden kann und die im Vergleich zu den streng hierarchisch aufgebauten Baumwurzeln keine Hauptstränge besitzen. Der Begriff des Rhizoms hat sich, wie Berressem bemerkt, als eine „äußerst fruchtbare Metapher herausgestellt [...] um die Struktur postmoderner Literatur und deren Rezeption [...] adäquat zu beschreiben."[504] Er beschreibt treffend, welche Reflexionsform von Deleuze und Guattari gefordert wird: ein Denken „das sich auf ‚tausend Plateaus' transversal und rhizomatisch durch verschiedene Denksysteme zieht, ohne diese zu vereinheitlichen oder zu reduzieren."[505] Visualisiert ist dieses Konzept auf dem 1980 erschienenen Buchcover „Tausend Plateaus", die als Vorgänger der „Tag Cloud", einer im *Social Web* beliebten Darstellungsform von Wissensorganisation, zu sehen ist.[506]

Auch anhand literarischer Analyse haben Deleuze und Guattari das Rhizom-Konzept erläutert. So nutzt beispielsweise ihre 1975 erschienene Monographie[507] über Kafkas Werk diese Begrifflichkeit, um es zu beschreiben: Deleuze und Guattari sprechen der Sprache Kafkas ihren repräsentativen Charakter ab und sehen diese stattdessen als ein „Geflecht diskontinuierlicher, aber miteinander kommunizierender Ausdrucksbewegungen, in denen Experimente protokolliert, aber nicht gedeutet werden."[508] Ein privilegierter Zugang zum Text wird negiert, stattdessen sind unzählige Zugänge im Wurzelgeflecht der Sprache möglich. Bolz fasst dies treffend im Kontext des Anti-Ödipus zusammen „Schreiben heißt dann: Verkettungen herstellen, die das Subjekt ersetzen."[509] Dies impliziert auch einen Verzicht auf die „traditionellen" Konzepte der Hermeneutik. An Stelle der Interpretation und des Sinnverstehens tritt der „experimentelle Test des Textes"[510], denn die herkömmliche Interpretation wird von Deleuze und Guattari noch als „moderne Art des Glaubens, der Frömmigkeit"[511] kritisiert und durch das Experiment ersetzt. Gerade in Deutschland hat dies teilweise

504 Berressem 1998, S. 87

505 Berressem 1998, S. 87

506 vgl. Deleuze und Guattari 2005 orig. 1980

507 Deleuze und Guattari 1976 orig. 1975

508 Bolz 1995c, S. 192

509 Bolz 1995c, S. 192

510 Bolz 1995b, S. 34

511 Deleuze und Guattari 1977 orig. 1972, S. 75

dazu geführt, dass Deleuze und Guattari als „Schwätzer" abgetan wurden[512], weil dadurch das Tor zu Beliebigkeit geöffnet werde (vgl. dazu auch die Kritik von Welsch zu Beginn dieses Abschnitts). Aus anderer Perspektive, die Bolz vertritt, kann dadurch jedoch gerade die Kritik an dem Kunstdiskurs und der Wissenschaft gesehen werden, da das Vorgehen die „Spaltung von Realität, Repräsentation und Subjekt unterwandert."[513]

3.8.3 Dekonstruktion und Ästhetik der Negativität (Derrida)

Um Derridas Konzept der Ästhetik der Negativität zu skizzieren, sollen vorab einige ausgewählte zentrale Elemente von Derridas „Dekonstruktion"[514] dargestellt werden. Dies geschieht anhand des 1967 in „Die Schrift und die Differenz"[515] erschienenen Textes „Die Struktur, das Zeichen und das Spiel des Diskurses der Wissenschaft vom Menschen"[516], der vielfach als Extrakt Derridas zentraler Gedanken gilt.[517]

Derrida beschäftigt sich zu Beginn dieses Textes mit dem Begriff der Struktur[518], dessen Entstehung er „gleichzeitig mit der Wissenschaft und der okzidentalen Philosophie"[519] verortet. Mit Hilfe der Analyse dieses Begriffs möchte er die „Geschichte der Metaphysik wie die Geschichte des

512 vgl. Berressem 1995, S. 333

513 Bolz 1995b, S. 34

514 Das Wort ‚Dekonstruktion' ist bewusst eine „hybride Misch- oder Kombinationsform aus ‚Destruktion' und ‚Konstruktion'" (Schneider 1996, S. 256) und beinhaltet damit sowohl den positiven Aspekt des Neuaufbaus oder der Neubewertung als auch den negativen der Zerstörung, die ggf. dem Neuaufbau vorausgehen muss.

515 Derrida 1976a orig. 1967

516 Derrida 1976b orig. 1967

517 Unter anderem werden diese ausführlich in dem im gleichen Jahr erschienenen Hauptwerk „Grammatologie" (Derrida 2004 orig. 1967) expliziert (vgl. Düttmann 1995, S. 113).

518 Auch mit Blick auf den in den sechziger Jahren diskursprägenden „Strukturalismus", wobei auf diesen (und auf die Abgrenzung von Strukturalismus, Poststrukturalismus und Dekonstruktion) im Folgende nicht weiter eingegangen werden kann.

519 Derrida 1976b orig. 1967, S. 422

Abendlandes"[520] beziehungsweise einen „Bruch" in dieser Geschichte aufzeigen. Er geht davon aus, dass jede Struktur über ein Zentrum verfügen muss, das „die Aufgabe [hat], die Struktur zu orientieren, ins Gleichgewicht zu bringen und zu organisieren – es lässt sich in der Tat keine unorganisierte Struktur denken."[521] Das Zentrum, das „Organisationsprinzip der Struktur", hält dabei das „Spiel der Elemente"[522] in Grenzen. Das Zentrum ist dabei sozusagen feststehend, hier ist die „Permutation oder Transformation der Elemente untersagt."[523] Das Zentrum beherrscht die Struktur und die in der Struktur möglichen Änderungen, obwohl das Zentrum selbst kein Teil der Struktur ist und sich selbst nicht ändern kann.[524] Deshalb kann man „paradoxerweise sagen, dass das Zentrum sowohl innerhalb der Struktur als auch außerhalb der Struktur liegt."[525] Durch die „Unbeweglichkeit" und eine „versicherte Gewissheit", selbst nicht Teil des Spiels zu sein, kann die „Angst gemeistert werden", die entsteht, wenn man in einer gewissen Art „ins Spiel verwickelt ist."[526] Wie bereits erwähnt, kann die Geschichte des Abendlandes „als eine Reihe sich substituierender Zentren [...] gedacht werden."[527] An dieser Stelle kommt Derrida, wie er selbst bemerkt, hier[528] nur mit einer „verkürzten Beweisführung" zu seinem „Hauptthema: Die Bestimmung des Seins als Präsenz in allen Bedeutungen des Wortes."[529] Die Philosophie ist für Derrida immer eine „Metaphysik der Präsenz", die es zu kritisieren beziehungsweise zu dekonstruieren gilt, da zentrale metaphysische Begrifflichkeiten auf Präsenz fundiert sind:

„Man könnte zeigen, dass alle Namen für Begründungen, Prinzip oder Zentrum immer nur die Invarianten einer Präsenz (*eidos, arche, teleos, energia, ouisa* [Essenz,

520 Derrida 1976b orig. 1967, S. 422

521 Derrida 1976b orig. 1967, S. 422

522 Derrida 1976b orig. 1967, S. 423

523 Derrida 1976b orig. 1967, S. 423

524 vgl. Derrida 1976b orig. 1967, S. 424

525 Derrida 1976b orig. 1967, S. 423

526 Derrida 1976b orig. 1967, S. 423

527 Derrida 1976b orig. 1967, S. 423

528 Die ausführliche Beweisführung findet sich unter anderem in der „Grammatologie" (Derrida 2004 orig. 1967).

529 Derrida 1976b orig. 1967, S. 423

Existenz, Substanz, Subjekt], *aletheia*, Transzendentalität, Bewusstsein, Gott, Mensch usw.) bezeichnet haben."[530]

Alle diese Begriffe, die die Idee der Präsenz einschließen, spielen in philosophischen Versuchen, die auch den Diskurs um Kunst und Kultur betreffen, eine entscheidende Rolle. Culler nennt in seiner vielzitierten Schrift zur Dekonstruktion nach Derrida weitere Gegensatzpaare:

„Bedeutung/ Form, Seele/ Körper, Intuition/ Ausdruck, wörtlich/ metaphorisch, Natur/ Kultur, geistig/ sinnlich, positiv/ negativ, transzendental/ empirisch, ernst/ unernst."[531]

Exemplarisch soll der Zusammenhang von Präsenz und den genannten Ideen an dem Begriff „Bedeutung" gezeigt werden: So ist die übliche Vorstellung, die in mehreren Varianten die Basis vieler Theorien bildet, dass in dem Moment des Sprechens die Bedeutung des Gesprochenen kurzzeitig „präsent" ist, also Bewusstsein oder Gedanke sozusagen im „Subjekt" und die gesprochenen Worte für einen Augenblick in einer Art Einklang sind: Signifikat und Signifikant sind gleichzeitig präsent. Im Vergleich dazu ist in der weit verbreiteten Vorstellung in der Schrift die „ursprüngliche" Bedeutung des Autors abwesend und muss durch Interpretation oder Ähnliches wieder in Erfahrung gebracht werden. An dieser Stelle setzt Derridas Kritik an, da er dieser Vorstellung in mehrerer Hinsicht widerspricht und sie in Anlehnung an den Eurozentrismus als Phonozentrismus[532], zurückgehend bis auf Platons Abwertung der Schrift gegenüber der Rede, kritisiert. Dieser Phonozentrismus ist sozusagen die Quelle der „Metaphysik der Präsenz" und wird als Logozentrismus bezeichnet.

Bei den oben von Culler zitierten Gegensatzpaaren ist jeweils der erstgenannte Ausdruck dem *logos* zuzuordnen und hat eine höhere Form der Präsenz.[533] Zusätzlich wird kritisiert, dass ausgehend von dem höheren

530 Derrida 1976b orig. 1967, S. 423

531 Culler 1999, S. 103

532 Die genaue Argumentation, die beispielsweise in der Grammatologie entwickelt wird, spielt für die Zielsetzung der Arbeit keine Rolle und wird hier nicht weiter ausgeführt (vgl. ausführlich Derrida 2004 orig. 1967, S. 16ff).

533 vgl. Culler 1999, S. 103

Ausdruck der niederwertige Gegensatzbegriff nur in Beziehung zu diesem (meist als Negation) gesehen wird.[534] An dieser Stelle muss nun noch geklärt werden, was eigentlich gegen die „Präsenz“ spricht. Hilfreich ist hier das Beispiel des Flugs eines Pfeils, das von vielen Autoren als Erklärung herangezogen wird.[535] Wird davon ausgegangen, dass die Realität das ist, was zu einem bestimmten Augenblick präsent ist, lässt sich die Bewegung des Pfeils nicht fassen. Denn betrachtet man nur einen Augenblick des Pfeilfluges, dann muss sich in diesem Moment der Pfeil an einem bestimmten Ort befinden und ist nicht in Bewegung, da nur dieser einen Augenblick betrachtet wird. Obwohl sich der Pfeil vom Abschuss bis zum Aufschlag in Bewegung befindet, ist zu keinem Augenblick des Fluges die Bewegung präsent. Vielmehr ist die Bewegung nur zu erfassen, wenn man den zu untersuchenden Augenblick so versteht, dass er mit einer Spur der Vergangenheit und Zukunft markiert ist – Bewegung ist also nie im Augenblick präsent, sondern ein Produkt der Vergangenheit und Zukunft.[536]

Übertragen auf den Begriff der Bedeutung wird so augenfällig, dass diese nicht als in dem Augenblick präsent gesehen werden kann, sondern dass auch diese von einer Spur der Vergangenheit und Zukunft markiert ist. Verkürzt gesprochen ist nach Derrida Bedeutung ein Produkt des Kontextes, wobei der Kontext (Zukunft und Vergangenheit) nahezu unbegrenzt ist.[537] Derrida bezeichnet deshalb die Präsenz sozusagen als einen Effekt von Differenzen und führt dazu den Begriff der différance ein:

> „Wir müssen also die Präsenz nicht mehr als absolute Matrixform des Seins, sondern als eine ‚Bestimmung‘ und als einen ‚Effekt‘ denken. Bestimmung oder Effekt innerhalb eines Systems, das nicht mehr das der Präsenz, sondern das der différance ist.“[538]

---

534 vgl. Culler 1999, S. 103

535 vgl. Culler 1999, S. 105

536 vgl. Culler 1999, S. 105

537 An anderer Stelle stellt Derrida fest: „Keine Bedeutung kann außerhalb eines Kontextes determiniert werden, aber kein Kontext kann sie ganz ausführen“ (Derrida zitiert nach Culler 1999, S. 137). Auch das ist hier nicht weiter auszuführen, vgl. dazu ausführlich Culler 1999, S. 106ff und Kimmerle 2000, S. 77ff.

538 Derrida 1999, S. 107

Der Neologismus „différance" mit dem absichtlich fehlerhaften „a" in der Endsilbe ist eine Anspielung auf die Ununterscheidbarkeit des Gesprochenen: Hier „hört" man den Unterschied zu der „différence" nicht. Gleichzeitig gibt Derrida diesem eine neue Bedeutung, da die Endung „ance" zur Bildung substantivierter Verben eingesetzt wird und so auch für „Sich-unterscheiden" und „Aufschieben" steht.[539] Derrida führt dies an anderer Stelle wie folgt aus:

> „Différance ist demnach eine Struktur oder eine Bewegung, die sich nicht mehr von dem Gegensatzpaar Anwesenheit/Abwesenheit her denken lässt. Die différance ist das systematische Spiel der Differenzen, der Spuren von Differenzen, der Verräumlichung, mittels derer sich die Elemente aufeinander beziehen."[540]

In dem Text „Die Struktur, das Zeichen" (vgl. oben) fährt nun Derrida fort und erklärt den „Bruch" und nennt hier Nietzsche, Freud und Heidegger, die mit ihrer Philosophie diesen metaphysisch begründeten Begriff der Struktur und der Präsenz zum ersten Mal erschüttert hätten, wobei sie sich derselben Mittel – der Metaphysik – hätten bedienen müssen:

> „Wir verfügen über keine Sprache [...] die nicht an der Geschichte beteiligt wäre. Wir können keinen destruktiven Satz bilden, der nicht schon der Form, der Logik, den impliziten Erfordernissen dessen sich genügt hätte, was er gerade in Frage stellt."[541]

Derrida nennt hier auch das Beispiel der Bedeutung beziehungswiese des Zeichens und meint, man könne sich des Begriffes des Zeichens nicht entledigen: „Wir können auf seine metaphysische Komplizenschaft nicht verzichten, ohne gleichzeitig auf die kritische Arbeit, die wir gegen sie richten, zu verzichten."[542] Nach einigen Beispielen und vertiefenden Erörterungen kommt Derrida zu folgendem vielzitierten Schluss[543], der direkt Anschluss

539 vgl. Derrida 1986, S. 69 und Culler 1999, S. 108

540 Derrida 1986, S. 67

541 Derrida 1976b orig. 1967, S. 425

542 Derrida 1976b orig. 1967, S. 425

543 vgl. Culler 1999, S. 146

an seine Ästhetik hat. Derridas Vorstellung von Dekonstruktion verfolgt nicht das Ziel, eine neue „Methode“ zu liefern, die auf einer zweiten oder anderen Ebene den „Sinn“ oder die „Bedeutung“ sucht. Es geht ebenfalls nicht darum, eine neue Form der Interpretation zu finden, die die Intention des Autors oder die durch Konventionen bestimmte Bedeutung ermitteln kann oder die Bedeutungsgenerierung durch die Erfahrung des Lesers aufspürt. Es ist eine andere, eine „zweite“ Art der Interpretation:

„Es gibt zwei Interpretationen der Interpretation, der Struktur, des Zeichens und des Spiels. Die eine träumt davon, eine Wahrheit und einen Ursprung zu entziffern, die dem Spiel und der Ordnung der Zeichen entzogen sind, und erlebt die Notwendigkeit der Interpretation gleich einem Exil. Die andere, die dem Ursprung nicht länger zugewandt bleibt, bejaht das Spiel und will über den Menschen und den Humanismus hinaus gelangen, weil Mensch der Name des Wesens ist, das die Geschichte der Metaphysik und der Onto-theologie [sic!] hindurch, das heißt im Ganzen seiner Geschichte, die volle Präsenz, den versichernden Grund, den Ursprung und das Ende des Spiels geträumt hat.“[544]

Wichtig ist hier insbesondere der Hinweis, dass das Spiel „bejaht“ wird, denn das erklärt die Rolle der Kunst oder ästhetischer Texte[545] und deren Interpretation beziehungsweise Dekonstruktion. In „Die Schrift und die Differenz“ findet sich ein weiterer Text, in dem sich Derrida mit dem Schriftsteller und Philosophen Georges Bataille auseinandersetzt und anhand dessen sich sozusagen das ästhetische Programm der Dekonstruktion ermitteln lässt.[546] Derridas ästhetische Grundfigur steht in engem Zusammenhang mit seinem Verständnis von Bedeutung. Wie bereits ausgeführt, ist die Bedeutung ein Effekt der Differenz der Zeichen und nichts außerhalb des Textes selbst. „Ein Text-Äußeres gibt es nicht“ erklärt Derrida in der Grammatologie[547] und erörtert dies anhand der Textlektüre:

544 Derrida 1976b orig. 1967, S. 441

545 Die Dekonstruktion lässt sich sowohl auf ästhetische wie auf philosophische beziehungsweise wissenschaftliche Texte anwenden. Die Grenze zwischen diesen wird aufgeweicht, wobei auch nach Derrida von tendenziell eher ästhetischen oder philosophischen Schriften gesprochen werden kann.

546 vgl. Münker und Roesler 2000, S. 118

547 vgl. Derrida 2004 orig. 1967, S. 74

„Selbst wenn die Lektüre sich nicht mit der Verdoppelung des Textes begnügen darf, so kann sie legitimerweise auch nicht über den Text hinaus – und auf etwas anderes als sie selbst zugehend, auf einen Referenten (eine metaphysische, historische, psycho-biographische Realität) oder auf ein textäußeres Signifikat, dessen Gehalt außerhalb der Sprache [...] seinen Ort haben könnte oder hätte haben können."[548]

Da weder das einzelne Zeichen des Textes außerhalb des Kontextes Sinn oder Bedeutung hat, aber auch der Prozess der Differenzierung der Zeichen unendliche Möglichkeiten bietet und so keinen eindeutigen Sinn hat, kann man hier von einer Negativität des Sinns sprechen. Derrida nennt deshalb den Prozess der Differenzierung ein „Spiel, das keinen Sinn hat", und den Sinn als „eine Funktion des Spiels."[549] Das „Spiel" kommt auch nicht zu einem Ergebnis und bleibt stets offen, da sprachlich unendlich viele Verweisungszusammenhänge denkbar sind.[550] Sowohl der Autor ist bei der Niederschrift des Textes nicht in der Lage, den einzig „wahren" Sinn einzuschreiben, wie es auch dem Leser nicht möglich ist, den Sinn des Textes absolut richtig zu verstehen. Ein ideales Verstehen wäre nur denkbar, wenn sich das Spiel der Differenzen kontrollieren ließe, was durch die unendlichen Verweisungszusammenhänge unmöglich ist.[551] Anhand des Beispiels Bataille zeigt nun Derrida auf, was er als Souverän bezeichnet und was das Ästhetische ausmacht, nämlich dann, wenn die Kunst auf die Form, das Thema und den Sinn verzichtet und so das Spiel mitspielt[552] – wie in der modernen Kunst und Literatur üblich. Wenn der Künstler beispielsweise durch Abstraktion darauf verzichtet, sein Kunstwerk zu einem Abbild der Realität oder einer Idee zu machen, kann er stattdessen mit den eigenen Grenzen experimentieren beziehungsweise die Grenze der Interpretation erkunden. In dem Bewusstsein der Negativität des Sinns, dass also die Frage nach der Bedeutung ins Leere geht, aber nicht sinnlos ist, wird deutlich, was die ästhetische Erfahrung sein muss: Das Poetische ist „was in jedem Diskurs dem absoluten Verlust seines Sinns, dem Un-Grund des Heiligen,

548 Derrida 2004 orig. 1967, S. 274

549 Derrida 1976c orig. 1967, S. 394

550 vgl. Derrida 1976c orig. 1967, S. 394 und Münker und Roesler 2000, S. 119

551 vgl. Derrida 1976c orig. 1967, S. 394 und Münker und Roesler 2000, S. 120

552 vgl. Derrida 1976c orig. 1967, S. 395

des Nicht-Sinns, des Un-Wissens oder des Spiels, und dem Wissensverlust sich erschließen kann.“[553]

An dieser Stelle wird auch der Unterschied zwischen ästhetischen und philosophischen Texten deutlich (vgl. oben). Während Kunstwerke beziehungsweise ästhetische Texte die Negativität des Sinns sozusagen offensichtlich thematisieren, kämpfen wissenschaftliche oder philosophische Texte mit dem gleichen Problem, ohne es direkt zur Schau zu stellen.[554] Der Umgang mit beiden ist identisch; und so kann man Derrida in Anlehnung an Kimmerle ein „ästhetisches Engagement“ bescheinigen und feststellen, Derrida „interpretiert Texte wie Kunstwerke.“[555] Kimmerle erklärt zudem treffend die „paradoxe Parallelität“ von Philosophie und Kunst. Er spricht dabei einen weiteren Aspekt an: Neben der Negativität des Sinns kann man ebenfalls von einer Negativität der Wahrheit sprechen, mit der sowohl die Kunst und insbesondere die Philosophie zu kämpfen hat. Ein Prinzip Derridas ist es jedoch, die Präsenz der Wahrheit anzuzweifeln – wenn überhaupt ein Begriff wie „Wahrheit“ hilfreich ist, dann ist diese in der „Spur“ sowohl anwesend wie abwesend. Daraus schließt Kimmerle:

> „Dieses Wahrheitsgeschehen, jeweils anwesend abwesend zu sein, ist es, das in der Kunst zur Anschauung gebracht wird. Es gibt keine eindeutige Deutung eines Kunstwerks, die seine Wahrheit als voll vergegenwärtigt enthält. So ist auch der philosophische Text als Text die Grundlage für immer neue Interpretationen, in denen dasselbe Geschehen spielt. Dies begründet die Nachbarschaft, die selbst wieder paradoxe Parallelität von philosophischem Denken und Kunst.“[556]

Oder anders ausgedrückt: Die Beschäftigung mit der (modernen) Kunst, die das „Problem“ der unmöglichen Präsenz der Wahrheit offen thematisiert, ist eine Hilfe bei der Analyse philosophischer oder wissenschaftlicher Texte, da hier mit metaphysischen Begrifflichkeiten versucht wird, das „Problem“ der nichtanwesenden „Wahrheit“, dem „Sinn“ oder der „Bedeutung“ zu überspielen. Dies ist ein wichtiges Ergebnis, da es eine typische „Strate-

---

553 Derrida 1976c orig. 1967, S. 395

554 vgl. Derrida 1976c orig. 1967, S. 394

555 Kimmerle 2000, S. 20

556 Kimmerle 2000, S. 20

gie" beim „wissenschaftlichen" Umgang von Kunst und Kultur im Kontext neuer Medien darstellt (vgl. Abschnitt 2.2).

3.9 ZUSAMMENFASSUNG UND FAZIT

In diesem Kapitel wurden die zentralen kunsttheoretischen Konzepte erörtert, die im Kulturmanagement-Diskurs im Kontext der neuen Medien prägend sind. Mit entsprechender Schwerpunktsetzung wurden insbesondere die kunst- und medientheoretischen Ansätze und Konzepte des 20. und 21. Jahrhunderts erörtert, die in kulturmanagerialen Studien (vgl. Kapitel 2) häufig erwähnt und zitiert wurden. Neben einer Analyse von Walter Benjamins metaphysischem Konzept der Aura und einer Erläuterung der Problematik der „Reproduzierbarkeit" (Abschnitt 3.1) wurden Horkheimers und Adornos Überlegungen zur Kulturindustrie (Abschnitt 3.2), Brechts vielzitierte „Radiotheorie" (Abschnitt 3.3), Enzensbergers Verständnis vom emanzipatorischen Mediengebrauch (Abschnitt 3.4) und Ecos „offenes" und Barthes „schreibbares" Kunstwerk (Abschnitt 3.5 und 3.6) behandelt. Nach einem kurzen Exkurs im Abschnitt 3.7 über zentrale Technikphilosophien der Medien im Kontext von Kunst und Kultur (u.a. McLuhan und Kittler) wurden abschließend exemplarisch drei „poststrukturalistische" beziehungsweise „postmoderne" Theorien von Lyotard, Deleuze und Derrida betrachtet (Abschnitt 3.8).

Ermittelt wurden dadurch unterschiedliche diskursprägende Verständnisse des Begriffs und der Funktion von Kunst, der Rolle der Künstler und der Rezipienten, der Vermarktung oder Vermittlung sowie unterschiedliche Kriterien zur Bewertung oder zur Abgrenzung von Kunst. Im folgenden Kapitel werden die Ergebnisse aufgegriffen und auf Kompatibilitäten und Inkompatibilitäten mit dem Web geprüft.

4 Kunst und Social Web – Kompatibilität und Inkompatibilität ‚alter' Theorien mit ‚neuen' Medien

Im Folgenden werden die im 3. Kapitel erarbeiteten Ergebnisse aufgegriffen und zur Erörterung der „Kompatibilität" beziehungsweise „Inkompatibilität" herangezogen. Mit „Kompatibilität" ist hierbei ein hoher Grad an Übereinstimmung der von den Theorien geforderten und im Internet möglichen Handlungs- und Funktionsprinzipen gemeint. Es stellt sich also die Frage, ob das *Social Web* den Raum bereitstellen kann, der für Kunst, Theater und Literatur im aktuellen Diskurs gefordert wird oder ob die Rahmenbedingen des *Social Web* inkompatibel zu diesen sind. Anhand von sieben Abschnitten, die die zentralen Ergebnisse letzten Kapitels aufgreifen, soll dies expliziert werden. Es stellen sich dabei die Fragen

- nach der „digitalen Aura" (in Anschluss an Abschnitt 3.1 zu Benjamin);
- nach der (Un)möglichkeit der ästhetischen Sublimierung in digitalen Welten (in Anschluss an Abschnitt 3.2 zu Adorno und Horkheimer);
- nach dem Problem der Technik-Feindlichkeit, dem postmoderne Kooperationsmodelle gegenüberstehen (in Anschluss an Abschnitt 3.7 und 3.8 zu Techniktheorien und zur Postmoderne);
- nach den besonderen Problemen für darstellende Kunst (in Anschluss an Abschnitt 3.3 zu Brecht);
- nach der Möglichkeit von Kunst im offenen virtuellen Raum (in Anschluss an Abschnitt 3.5 und 3.6 zu Eco und Barthes);

- nach der User-Partizipation (im Anschluss an Abschnitt 3.3 und 3.4. zu Brecht und Enzensberger).

Bevor diese Fragen beantwortet werden, findet sich zu Beginn des Kapitels (Abschnitt 3.1) ein Rückgriff auf Abschnitt 1.2; hier werden in einem kurzen Exkurs die dort ermittelten sechs Prinzipien des *Social Web* auf die Kompatibilität der erarbeiteten Kunsttheorien überprüft, was eine gewisse Basis für die Beschäftigung mit den weiteren Fragen bilden soll.

4.1 EXKURS: PRINZIPIEN DES SOCIAL WEB UND DER KUNST

Im Abschnitt 1.2 wurden sechs Prinzipien des *Social Web* dargestellt, die die Grundkonfiguration der aktuellen Internetpraxis beschreiben:

- Individuumzentrierung;
- Integration;
- Transparenz;
- Selbstorganisation;
- soziale Koppelung;
- Vernetzung.

Im Folgenden soll nun geprüft werden, ob unter den Rahmenbedingungen, die durch diese Prinzipien geschaffen werden, überhaupt ein Raum entsteht, in dem Kunst möglich wird. Dabei sei gleich angemerkt, dass eine genaue Klärung des Begriffs „Kunst“ nicht erforderlich ist beziehungsweise zu keinem befriedigenden Ergebnis führen würde (vgl. unten). Vielmehr geht es darum zu prüfen, ob die Eigenschaften des *Social Web,* angewandt auf Kunst, *ex negativo* hinreichende Eigenschaften sind, um nicht mehr von Kunst sprechen zu können. Anders ausgedrückt kann man sagen, dass alles, was im *Social Web* publiziert wird, den erarbeiteten sechs Prinzipien folgt und damit sechs Eigenschaften hat. Geht man davon aus, dass irgendetwas im *Social Web* als Kunst bezeichnet werden kann, können diese sechs Eigenschaften, die das *Social Web* ausmachen, nicht im Widerspruch zum Verständnis von Kunst stehen.

Da dies im ersten Moment möglicherwiese den Anschein eines umständlichen Vorgehens erweckt, soll hier kurz darauf eingegangen werden, warum ein solches Verfahren für die vorliegende Arbeit von Bedeutung ist. Wie bereits erwähnt, lautet eine Einsicht des kunsttheoretischen Diskurses, dass es ein unmögliches Unterfangen sei, hinreichende oder notwendige Eigenschaften von Kunst zu benennen.[1] Die Frage, welche Eigenschaft ein Gegenstand haben muss, um als Kunst bezeichnet werden zu können, kann also nicht befriedigend beantwortet werden, was gegen sämtliche „essentialistischen" Bestimmungen von Kunst mittels Darstellungs-, Ausdrucks- und Institutionstheorien spricht.[2] Dies schließt aber nicht aus, dass Eigenschaften benannt werden könnten, die ein Ausschlusskriterium sind. Eine Eigenschaft „quadratisch" könnte beispielsweise als Ausschlusskriterium für einen Kreis benannt werden: Ist etwas quadratisch, ist es kein Kreis – ohne den falschen Umkehrschluss zu ziehen, dass alles, was nicht quadratisch ist, ein Kreis ist. Wie im dritten Kapitel gezeigt wurde, ist es nun eine immer wieder anzutreffende Meinung im Diskursfeld von Kunst, Kultur und neuen Medien, dass „echte" Kunst im *Social Web* nicht möglich sei. Dies würde sich bestätigen, wenn eine Eigenschaft des *Social Web* als Ausschlusskriterium für Kunst gälte. Übertragen auf das Beispiel „quadratisch" könnte man das – ohne dabei an Malewitsch zu denken – wie folgt erklären: Angenommen, alle Gegenstände mit der Eigenschaft „quadratisch" sind keine Kunstwerke und im *Social Web* sind alle Gegenstände „quadratisch", dann gibt es im *Social Web* keine Kunstgegenstände.

Die Möglichkeit der Existenz einer solchen Eigenschaft soll im Folgenden geprüft werden. Dafür wird jeweils ein Gedankenexperiment unternommen, bei dem die betreffende Eigenschaft der sechs Prinzipien des *Social Web* auf Kunst übertragen wird. Danach wird analysiert, ob das daraus entstehende Kunstkonzept im Widerspruch zu diskursleitenden Kunsttheorien steht oder sich mit diesen vereinbaren lässt. Ist mindestens eine Eigenschaft nicht kompatibel mit dem Kunstverständnis, müsste die Annahme verworfen werden, dass im *Social Web* Kunst möglich ist. Sind alle sechs Eigenschaften kompatibel, hat man einen weiteren Baustein für die Begründung des Verdachts, dass man möglicherweise an der falschen Stelle gesucht hat. Einer Argumentation, die aufführt, etwas sei kein Kunstwerk,

1 vgl. Reicher 2005, S. 128ff

2 vgl. Reicher 2005, S. 167

weil es im *Social Web* ist, kann man dann entgegenhalten, dass es wohl nicht deshalb kein Kunstwerk sei, weil es im *Social Web* ist, denn dann wäre klargestellt, dass die Prinzipien des *Social Web* prinzipiell nicht einem Kunstverständnis widersprechen.

Das erste Prinzip der „Individuumzentrierung" kann so verstanden werden, dass im Mittelpunkt jeder Social-Web-Anwendung das Individuum steht. Anders ausgedrückt kann man sagen, dass sämtliche Daten, die im *Social Web* veröffentlicht werden, von Individuen, also Menschen, publiziert werden – was als ein Teil der Bedeutung des Adjektivs „social" gesehen werden kann (vgl. Abschnitt 1.2). Dies scheint in keinem Widerspruch zu dem aktuellen Kunstdiskurs zu stehen. Auch wenn es Diskussionen über Kunstwerke der Natur („Das Naturschöne") oder Kunstwerke ohne identifizierbaren Schöpfer gibt, die möglicherweise zufällig entstanden sind, scheint „Individuumzentrierung" kein Ausschlusskriterium zu sein, vielmehr lässt sich sogar sagen, Kunst ist ebenfalls auf das Individuum zentriert.

Das zweite Prinzip der „Integration" meint, dass sich das Individuum beziehungsweise der User in die *Social Networks* integriert und gemeinschaftliche Ziele verfolgt. Auch dies ist nicht als Ausschlusskriterium zu sehen. Auch wenn Kunst nicht immer gemeinschaftliche Ziele verfolgt, gibt es diverse Kunstformen, bei denen sich der einzelne Künstler in die Gemeinschaft fügt und Gemeinsames realisiert – man denke etwa an Orchester oder Schauspieler.

Das dritte Prinzip der „Transparenz" bedeutet im *Social Web*, dass Inhalte, Beziehungen, Bewertungen, Regelungen, Datenschutz sowie die Zusammenhänge und deren Autoren möglichst nachvollziehbar und offen dargestellt werden sollen. Auch dies ist nicht als Ausschlusskriterium zu sehen, denkt man an die Präsentation von Kunst in Museen oder in Publikationen, in denen es ebenfalls darum geht, beispielsweise die Entstehungsgeschichte des Werks möglichst transparent darzustellen.

Das vierte Prinzip des *Social Web* ist das Ideal der „Selbstorganisation". Viele *Social Networks* verzichten deshalb auf strenge Regelungen und setzen auf die Selbstorganisation der Nutzerinnen und Nutzer. Aus dieser entwickeln sich meist tatsächlich Regeln oder Übereinkünfte. Auch dies scheint mit dem Kunstdiskurs erstaunlich kompatibel, denkt man an die geforderte Autonomie der Kunst, in der bestenfalls der Künstler – oder wie Kant schreibt – das Genie „der Kunst die Regel gibt.“[3]

Mit dem fünften Prinzip der „sozialen Koppelung“, das in Wechselbeziehung mit dem vierten Prinzip der „Selbstorganisation“ steht, ist gemeint, dass im *Social Web* zwar prinzipiell jeder publizieren und teilnehmen kann, jedoch der „soziale Status“ eines Users, der beispielsweise durch besonders gut bewertete Beiträge oder Vernetzung erlangt wurde, den Grad der Aufmerksamkeit beeinflusst. Auch hier kann kein Widerspruch gesehen werden: Werke berühmter Künstler werden nicht nur auf dem Kunstmarkt, sondern auch im Kunstdiskurs mit höherer Aufmerksamkeit gehandelt beziehungsweise verhandelt.

Als das sechste Prinzip des *Social Web* kann das der „Vernetzung“ verstanden werden. Dies heißt, dass vernetzte Informationen im Mittelpunkt stehen und nicht oder wenig vernetzte Daten eine untergeordnete Rolle spielen. Auch dieses letzte Prinzip erzeugt keinen Widerspruch. Die Idee der Vernetzung, beispielsweise durch Zitat, Kollage oder intertextuelle Bezüge ist auch an Kunstwerken zu beobachten. Es ist keine notwendige Eigenschaft von Kunst, aber auch kein Ausschlusskriterium.

Es hat sich also gezeigt, dass alle sechs Prinzipien keinen Widerspruch erzeugen, sondern kompatibel erscheinen. Einer Argumentation, die aufführt, etwas sei kein Kunstwerk, weil es im *Social Web* ist, kann man nun anders begegnen: Die Ursache für den potentiellen Status, kein Kunstwerk zu sein, ist nicht dem *Social Web* geschuldet, denn dessen Prinzipien ermöglichen prinzipiell einen Raum, in dem Kunst möglich ist – wenn auch sicherlich nicht für jede Art von Kunst.

4.2 ANFANG UND ENDE DER (DIGITALEN) AURA

Während Benjamin noch den Kinofilm als den „machtvollsten Agenten“[4] der Massenbewegung bezeichnet, hat heute diese Rolle das *Social Web* übernommen oder ist zumindest dabei, sie zu übernehmen. Es liegt deshalb nahe, Benjamins in Abschnitt 3.1 dargestelltes Aura-Konzept auf das *Social Web* zu übertragen. Oder genauer: auf ein Objekt im *Social Web*, bei-

3 Kant 1997 orig. 1790/1793/1799, S. 241f (*Kritik der Urteilskraft*, B 180)

4 Benjamin 1981 orig. 1936, S. 14

spielsweise ein Exponat in einem virtuellen Museum. Nach Benjamin wird durch die technische Reproduktion – also beispielsweise die Digitalisierung – das Objekt von der „Tradition“ getrennt und es kommt zu einer „Liquidierung des Traditionswertes am Kulturerbe.“[5]

Aussagen von Kunst- und Kulturschaffenden zu der Frage, ob ein solches virtuelles Exponat „Kunst“ und mit einem realen Exponat in einem Kunstmuseum[6] vergleichbar sei, werden nicht selten mit dem Verweis auf Benjamin beantwortet. So wird Niehaus, die Leiterin des Deutschen Museums in Bonn, in einem Zeitungsartikel im Jahr 2011 wie folgt zitiert:

> „‚Das Internet wird zur Information genutzt‘, sagte Niehaus, ‚als Appetizer‘. Die teilweise einzigartigen Ausstellungsstücke entfalten nach Ansicht der Museumsdirektorin aber nur dann ihre volle Wirkung, wenn man sie live erlebt. ‚Die Aura kann man nicht virtuell machen‘, meinte sie in Anlehnung an einen bekannten Medientheoretiker: Walter Benjamin.“[7]

Die Direktorin des Landesmuseums Württemberg, Ewigleben, demonstriert in einem Zeitungsinterview im Jahr 2010 ein ähnliches „auratisches“ Verständnis von Kunst und beschreibt die Probleme des virtuellen Museums wie folgt:

> „Die eingepflegten Datenmengen müssen online ohnehin auf ein unerlässliches Maß begrenzt werden und können ein Objekt keinesfalls erschöpfend behandeln – von der auratischen Erfahrung des Originals ganz zu schweigen, die der virtuelle Museumsbesuch auch künftig nicht wird vermitteln können. Im Gegenteil spüren wir in unseren Ausstellungen ein wachsendes Bedürfnis der Internet-Gesellschaft, Geschichte ‚real‘ zu erleben. Die Museen als Orte der Originale und der Authentizität werden in Zukunft noch viel wichtiger werden, als sie es bislang schon waren.“[8]

---

5 Benjamin 1981 orig. 1936, S. 14, vgl. auch Abschnitt 3.1

6 Dies scheint nicht nur auf Kunstmuseen beschränkt. So bemerkt Böndel, Direktor des Deutschen Technikmuseums Berlin, mit Blick auf historische Eisenbahnen in einem Interview im Jahr 2009, dass „die Aura des Originals ja eigentlich das ist, was ein Museum ausmacht: Bei uns sind die Dinge nicht virtuell, sondern real und original“ (Kölsch 2009).

7 Niehaus zitiert nach Stienen 2011

8 Ewigleben zitiert nach Krazeisen 2010

Der Restaurator der Kunstsammlung Nordrhein-Westfalen, Müller, versucht in einem Interview in *Der Zeit* im Jahr 2011 die Befürchtung zu zerstreuen, dass durch Digitalisierung das Kunstwerk seine „Aura" verliere, und wird folgendermaßen zitiert:

„‚Das Kunstwerk behält seine Aura', ist sich Müller sicher [...] Und er will Befürchtungen zerstreuen, dass durch die Möglichkeiten der Digitalisierung einst der Museumsbesuch unnötig wird. ‚Das Digitalisat ersetzt das Original in keiner Weise', betont er."[9]

Bereits 2004 hatte Hollein, der damalige Direktor der Schirn Kunsthalle Frankfurt, in dem vielzitierten Artikel mit dem Titel „Rettet die Aura! Eine Polemik gegen die Virtualisierung und Technisierung der Museen" im *Tagesspiegel* das Aura-Konzept verteidigt. Nach Hollein gehen „in der Informationsgesellschaft auch die physischen Dinge mit ihrer Aura zunehmend verloren"[10] – insbesondere durch multimediale Technik im Museum, aber auch durch Kunst in virtuellen Welten. Nach Hollein wird jedoch die „Aura" eingefordert:

„Dennoch ist das Bedürfnis nach der Aura geblieben, da wir es offensichtlich im täglichen Medienkonsum nicht befriedigen können. Das Museum ist jener Ort, an dem ein Kunstwerk physisch im Hier und Jetzt erfahrbar ist. Eine Erfahrung, die uns in der Gegenwart der virtuellen Welten, die unnachgiebig unsere Wirklichkeit durchdringen, zunehmend abhanden kommt."[11]

Dass die hier zitierten Aussagen zur „Aura" keine Einzelmeinungen sind, zeigt die Äußerung von Lippert, damaliger Leiter des NRW Forum Düsseldorf, in einem Radiointerview im Jahr 2011 zum Thema „virtuelle Museen":

9 Müller zitiert nach Schönauer 2011

10 Hollein 2004

11 Hollein 2004

„Aber meiner Meinung nach – und ich denke, ich bin da mit ganz vielen Kollegen einig – ersetzen sie [virtuelle Exponate] nicht das Auratische, dass man vor einem Foto steht oder vor einem Bild und sagt: Wow!“[12]

Es ist an dieser Stelle nochmals zu betonen, dass selbstverständlich ein „Live-Erlebnis“ oder eine „Primärerfahrung“ von Kunst, Theater, Musik – aber auch anderen Bereichen wie etwa dem Sport – nicht abgestritten wird. Es geht nur um die Frage, ob dies mit dem Aura-Konzept zu belegen ist. Aber wie bereits in Abschnitt 3.1 gezeigt, ist Benjamins Aura nicht materiell und wird mit metaphysischen Argumenten begründet. Im Anschluss an Kant ist an dieser Stelle anzumerken, dass es bei metaphysischen Argumenten nicht möglich ist, sie zu widerlegen, da dies außerhalb der Bedingung der Möglichkeit unserer Erfahrung liegt.[13] Eine Existenz einer immateriellen Aura kann also weder widerlegt noch bewiesen werden. Die Unmöglichkeit, die Existenz der metaphysisch begründeten Aura abzustreiten, hat eine entscheidende Folge: Vertretern des auratischen Kunstverständnisses, die eine Aura dem realen Objekt zuschreiben, jedoch nicht dem virtuellen, ist Inkonsequenz zu bescheinigen. Wenn die Aura als immaterielle Idee, die dem Objekt innewohnt, gesehen wird, so gibt es auf dieser Ebene kein Argument, die Aura einem virtuellen Objekt abzusprechen. Wer also die „analoge“ Aura als metaphysische Größe für reale Kunstwerke postuliert, hat kein Argument gegen eine „virtuelle“ oder „digitale“ Aura. Das soll nicht den Unterschied der Rezeption eines realen und virtuellen Kunstwerks verneinen, aber zeigen, dass der Unterschied des Rezeptions-„Erlebnisses“ nicht mit einer „Aura“, sondern mit durchaus „realen“ Gegebenheiten zu begründen ist. So erfordert der Besuch eines Konzerts im Gegensatz zu der Online-Konzerthalle eine Anfahrt, Kontakt mit den unterschiedlichsten Personen (Kasse, Garderobe, Begleiter), er konfrontiert mit Gerüchen, Geräuschen und der Akustik des Konzertsaals und hat eine Pause mit der Gelegenheit zu Gesprächen – um nur einige Unterschiede zu nennen.

Der Begriff der „Aura“ muss deshalb – insbesondere in der Alltagssprache – nicht unbedingt verworfen werden. An dieser Stelle ist es erneut hilfreich, auf Kant zu verwiesen. Er sieht in metaphysischen Größen durchaus einen Nutzen und bezeichnet diese deshalb als „regulative Ideen“, zu denen

12 Lippert nach Thiel 2011

13 vgl. Kant 1997 orig. 1781/1787, S. 201 (*Kritik der reinen Vernunft,* B 198).

er unter anderem „Gott“ und die „Seele“ zählt.[14] Diese regulativen Ideen sind als Begriffe – vereinfacht gesprochen – eine Hilfe für jeden, der die Komplexität der tatsächlichen Problematik nicht überblicken kann oder will.

Für die Wissenschaft der Kunst und Kultur im Kontext neuer Medien kann aber das Aura-Konzept nicht weiterhelfen. Es lenkt den Blick ab von den tatsächlichen Funktionen und Ursachen der analogen oder digitalen „Kunst“ beziehungsweise des Kunsterlebnisses. Eine Auseinandersetzung mit der Thematik kann jedoch durchaus produktiv sein. Schon 1990 konnte Glaser Benjamins Aura-Konzept und dem damit verknüpften Kulturpessimismus eine positive Seite abgewinnen: Das virtuelle Museum, „das durch die technische Reproduzierbarkeit von Kunst ermöglicht wird, könnte in Überwindung von Benjamins Kulturpessimismus eine große Rolle spielen.“[15] Es macht das „reale“ Museum nicht überflüssig, ergänzt aber einen Aspekt, den bereits Benjamin als positiv anmerkte: die „soziale Funktion [...] nämlich ihre Fundierung auf Politik.“[16]

Auch wenn hier dargelegt wurde, warum ein metaphysisches Aura-Konzept wenig hilfreich ist, muss dies nicht zwingend verworfen werden, weil es nicht als Argument gegen Kunst in neuen Medienwelten verwendet werden kann. Das *Social Web* ist also dahingehend kompatibel, da gezeigt wurde, dass Kunst in virtuellen Welten konsequenterweise eine (digitale) Aura nicht abgesprochen werden kann.

4.3 DIE (UN-)MÖGLICHE ÄSTHETISCHE SUBLIMIERUNG IN DIGITALEN WELTEN

Wenn man Horkheimers und Adornos in Abschnitt 3.2 betrachtetes kritisch-marxistisches Projekt der „Dialektik der Aufklärung“, das nicht nur im „Kulturindustrie“-Kapitel zu einer düsteren Prognose zu Massenmedien und zur Massenkulturindustrie kommt, auf das Internet anwendet, müsste

---

14 vgl. Kant 1997 orig. 1781/1787, S. 339ff (*Kritik der reinen Vernunft,* B 396ff); ausführlich zu Kulturmanagement, Nachhaltigkeit und der „regulativen Idee“ vgl. Frank 2011b, S. 207ff.

15 Glaser 1990, S. 149

16 Benjamin 1981 orig. 1936, S. 18

man das wie folgt formulieren: Die Verlagerung von Produktion und Vermittlung von Kunst und Kultur ins *Social Web* führt zu einer weiteren Verstärkung der kulturellen und sozialen Regression, da die gesellschaftlichen Gegensätze und die Orientierungslosigkeit der Masse durch das im Internet vorherrschende, auf Amüsement und Unterhaltung ausgerichtete Prinzip nur weiter verschleiert werden. Kunst aber darf nach Adorno und Horkheimer auf keinen Fall unterhalten (vgl. Abschnitt 3.2). Stattdessen wird aus Adornos Sicht, wie Wyss darlegt, von der Kunst „die erhabene Leistung [ge]fordert, das existentielle Aushalten von Zerrissenheit auszudrücken“[17] – und auch nicht mehr. Denn wie Wyss ebenfalls festhält, ist für Adorno Kunst „kein Schlüssel zu höheren Weisheiten.“[18] Vielmehr sind Kunstwerke „nicht entzifferbare Hieroglyphen“[19] – oder, wie Adorno selbst schreibt, Schriften, zu denen „der Code verloren ward.“[20] Reproduktion, Massenkonsum und Missbrauch (zu Unterhaltungszwecken) bergen die Gefahr, den Code doch zu entschlüsseln beziehungsweise eine Übersetzung anzubieten, die der „Kunst“ nach Adornos Verständnis nicht gerecht werden kann. Trotzdem kommt Adorno nach Wyss zu dem Schluss, „dass man über Kunst reden muss, gerade weil ihre Botschaft unaussprechlich ist.“[21]

Ein solches Verständnis von Kunst ist so widersprüchlich und gleichzeitig vielseitig und beliebig[22], dass es sowohl für als auch gegen den Einsatz von *Social Media* angewendet werden kann. Gegen das *Social Web* spräche Folgendes: Vollzieht man strikt deren Ansatz nach und hält so – wie Adorno selbst – Jazz wegen „Unterhaltungsverdacht“ für keine Kunst, so ist konsequenterweise dem *Social Web* ebenfalls nichts abzugewinnen. Das *Social Web* wäre für Horkheimer und Adorno nur dann begrüßenswert, wenn in diesem „ästhetische Sublimierung“ möglich ist, also „Erfüllungen als gebrochen darzustellen“ und nicht – wie die Kulturindustrie – zu unterdrücken.[23] Hier könnte man argumentieren, dass nun der Massenbetrug durch die Kulturindustrie nicht mehr in der Form wie in dem bisherigen

17 Wyss 2009, S. 53

18 Wyss 2009, S. 53

19 Wyss 2009, S. 53

20 Wyss 2009, S. 57

21 Wyss 2009, S. 57

22 vgl. auch Ecos Kritik an Adornos Kulturindustrie-Ansatz in Abschnitt 3.5.

23 vgl. Adorno und Horkheimer 1995 orig. 1947, S. 148

Massenmedium Fernsehen möglich sei, da die Inhalte des *Social Web* enorm vielfältig sind und nicht mehr von zentraler Stelle gesteuert werden können. Dadurch, dass theoretisch jeder relativ unkompliziert im *Social Web* publizieren kann, wird die zentrale Steuerung durch die „Kulturindustrie“ ausgehebelt. Das *Social Web* könnte also als der Raum gesehen werden, in dem – zumindest in Nischen – eben gerade eine „Sublimierung im Digitalen“ möglich ist.

Ein anderer Punkt von Adornos und Horkheimers Ansatz lässt sich jedoch nicht auf das *Social Web* übertragen, denn überraschenderweise hat sich das Konsumentenverhalten der „Masse“ verändert. Im Sinne Adornos müsste man behaupten, dass es auch im *Social Web* eine große Auswahl an Produkten, Angeboten und Unterhaltungsprogrammen gibt, die nur als Illusion von der Kulturindustrie aufgebaut sind, um immer nur die Nachfrage nach dem immer Gleichen zu erwecken (vgl. Abschnitt 3.2). Dass dies – sozusagen empirisch – nicht zu halten ist, zeigt beispielsweise die im Abschnitt 1.1 angesprochene Beobachtung zum „Long Tail“. Die großen Umsätze werden im Internet in den Nischenmärkten gemacht (von denen selbstverständlich eine „Industrie“ profitiert) – aber tatsächlich nutzen die User diese Vielfalt, was Adorno so nicht vermutet hat. Der amerikanische Medienwissenschaftler Bolter geht mit Blick auf die überraschende Vielzahl ästhetisch hochwertiger avantgardistischer Filmkunst im Netz, also bei YouTube und ähnlichen Video-Communitys, sogar so weit, diese Kunstform im positiven Sinne als „Massenbewegung“ zu bezeichnen.[24] Münker schlussfolgert daraus, dass „der alte Traum der Avantgarde, die Einebnung der Differenz von Kunst und Lebenspraxis, endlich wahr werde.“[25]

Auch Raupach hat sich in seiner „Kulturkritik des Web 2.0“ mit der „Kulturindustrie“ beschäftigt und in einer ausführlichen Analyse versucht, die Frage zu erörtern, ob das „Web 2.0 ein Mittel gegen die Unzulänglichkeit der Kulturindustrie [ist].“[26] Mit Anlehnung an Adorno und Horkheimer geht Raupach davon aus, dass die Kulturindustrie den „Fokus auf das Geldverdienen“ richte und deshalb zu wenig „Kultur“ gefördert werde, die sich

---

24 So Bolter in einem Vortrag an der Universität Wien im Jahr 2009 (zitiert nach Münker 2009, S. 88).

25 Münker 2009, S. 88

26 Raupach 2013, S. 18

an den „wahren Bedürfnissen des Menschen" orientiere.[27] Da es sich bei der Kulturproduktion im *Social Web*[28] nach Raupach weniger um das „Geldverdienen" dreht, scheinen einige *Social-Media User* „mal etwas wirklich Neues zu versuchen: Kultur zu produzieren, die die Welt wirklich braucht."[29] Um dies zu belegen untersucht Raupach anhand eines selbst entwickelten Kriterienkatalogs „kulturkritisch" diverse Blogs und Communities und kommt hierbei zu zwei Schlussfolgerungen, die sich an das zuvor Erwähnte anschließen: Zum einen wird im *Social Web* „Kultur, wie wir es ‚bisher' kennen, tatsächlich auf den Kopf [ge]stellt"[30] – und das ist im positiven Sinne gemeint. Zum anderen ist es aber auch im *Social Web* möglich, wie am Fließband „warenförmige" Kultur zu produzieren, die sich nicht an den wahren Bedürfnissen der Menschen orientiert, was die Kulturindustrie-Kritik nach Adorno und Horkheimer bestätigt.[31]

In diesem und in den zuvor erwähnten Beispielen zeigt sich, dass die Problemstelle nicht das neue Medium ist, sondern die theoretische Basis des Kunstverständnisses, die je nach Auslegung kompatibel oder inkompatibel scheint. Eine gewisse Konsequenz ist jedoch erforderlich: Wer das *Social Web* wegen des hohen Unterhaltungs- und Massenkonsumanteils im Sinne Adornos als Vehikel der Kulturindustrie brandmarkt und ablehnt, muss anderen Formen der Unterhaltung wie Jazz, Comics, Operette oder populärer Musik ebenso den Status der „Kunst" absprechen und ablehnen. Wer jedoch diesen Aspekt nicht zentral gewichtet, kann die Kompatibilität darin sehen, dass die spezifischen individuellen Kommunikationsformen gerade in der virtuellen Welt die Sublimierung befördern.

27 vgl. Raupach 2013, S. 18

28 Raupach verwendet durchgehend den Begriff „Web 2.0" als Synonym für „Social Web".

29 Raupach 2013, S. 8

30 Raupach 2013, S. 216

31 Raupach 2013, S. 217

4.4 TECHNOLOGIEFEINDLICHKEIT ODER POSTMODERNE KOOPERATIONSMODELLE

Bereits bei der Analyse der Argumentationsmuster der kulturmanagerialen Studien im Abschnitt 3 ist am Rande an einigen Stellen auf die romantisch-antimoderne Technologiefeindlichkeit hingewiesen worden. Ein Ursprung ist im 18. Jahrhundert zu verorten, als in den frühen Jahren der gerade „erfundenen" Geisteswissenschaft diese versuchte, durch diametrale Abgrenzung von der „Technik" sich selbst zu bestimmen. Eine ausführliche Geschichte dieser Technikfeindlichkeit kann hier nicht geleistet werden[32], jedoch soll anhand einiger kurzer Beispiele die Problematik aufgezeigt werden.

Die Kernproblematik[33] kann durch Carl Spitzwegs Gemälde „Gnom, die Eisenbahn betrachtend" veranschaulich werden. Entstanden Mitte des 19. Jahrhunderts, im Ausklang der deutschen Romantik und zur Geburtsstunde der Geisteswissenschaften, illustriert dieses Bild das gefühlte Verhältnis von Technik, Natur und Kunst. Traurig blickt ein am Rande einer Höhle stehender, der Märchenwelt entsprungener Zwerg ins Tal, wo er wohl noch vor kurzem mit Elfen und Wichteln durch die nebeligen Auen wanderte. Die moderne Zeit mit der den Geist der Natur zerstörenden Kraft hält in Form der Eisenbahn Einzug, die der Gnom durch das Tal dampfen sieht. [34]

Noch Anfang des 19. Jahrhunderts hatte der Londoner Professor Dionysius Lardner, dessen Lehrbücher auch in Deutschland überall verbreitet waren, vor dieser neuen Eisenbahntechnik gewarnt, da er fest davon überzeugt war, dass ein Mensch, der sich schneller als 30 km/h bewege, durch plötzlichen Verlust von Raum und Zeit umgehend zu Tode kommen werde.[35] Und auch die alten etablierten Größen des damaligen Kulturbetriebs warnten vor der neuen Technik. So diktierte beispielsweise Goethe im Jahre 1835 Eckermann:

32 vgl. dazu auch Frank 2010c, S. 16ff mit weiteren Beispielen.

33 vgl. ausführlich dazu bei Frank 2010c, S. 16ff

34 Digitalisat siehe www.de.wikipedia.org/wiki/Gnom_Eisenbahn_betrachtend

35 vgl. Lardner 1836 und Gall und Pohl 1999, S. 17

„Junge Leute werden viel zu früh aufgeregt und dann im Zeitstrudel fortgerissen; Reichtum und Schnelligkeit ist, was die Welt bewundert und wonach jeder strebt; Eisenbahnen, Schnellposten, Dampfschiffe und alle möglichen Fazilitäten der Kommunikation sind es, worauf die gebildete Welt ausgeht, sich zu überbieten, zu überbilden und dadurch in der Mittelmäßigkeit zu verharren. Und das ist ja auch das Resultat der Allgemeinheit, dass eine mittlere Kultur gemein werde."[36]

Sind es die „Fazilitäten der Kommunikation", die jede „Kultur" durch „Mittelmäßigkeit" zur Bedeutungslosigkeit verdammen? Die Schnelligkeit, der Reichtum führen zu Verflachung und zum Verlust der eigentlichen Inhalte – so zumindest Goethe.

Die Technologiefeindlichkeit lässt sich als roter Faden bis ins 21. Jahrhundert verfolgen. Welsch sieht die Ablehnung insbesondere dann, wenn die Nutzung neuer Technologien mit „uneingeschränkter Affirmation technologischer Entwicklungen gleichgesetzt [wird]."[37] Lyotard hat sich in seiner bereits erwähnten epochemachenden Studie zum „postmodernen Wissen"[38] genau damit auseinandergesetzt. Bereits 1979 beschreibt Lyotard ein zentrales Problem der neuen Kommunikationstechnologien dahingehend, dass diese „uniformierend" seien.[39] Durch die Notwendigkeit der digitalen Codierung in Bits und Bytes, die zur Verarbeitung von Information in elektronischen Kommunikationssystemen erforderlich sei, entstehe bei dem Prozess der Digitalisierung analoger Daten die Gefahr eines Verlusts:

„In dieser allgemeinen Transformation bleibt die Natur des Wissens nicht unbehelligt. Es kann nur dann in die neuen Kanäle eintreten und einsatzfähig werden, wenn seine Erkenntnis in Informationsquantitäten übertragen werden kann."[40]

Mit dem von Wittgenstein entlehnten Begriff des „Sprachspiels" (vgl. Abschnitt 3.8) versucht Lyotard an mehreren Stellen, seine Beobachtung zu verdeutlichen. Denn das „Sprachspiel der Informatik" sorgt dafür, dass Wissen nur dann generiert werden kann, wenn es als elektronische Informa-

36 Goethe zitiert nach Gall und Pohl 1999, S. 17

37 Welsch 2008, S. 215

38 Lyotard 1986 orig. 1979, vgl. auch Abschnitt 3.8.

39 vgl. Lyotard 1986 orig. 1979, S. 23 und Welsch 2008, S. 219

40 Lyotard 1986 orig. 1979, S. 23f

tion vorliegt und somit „programmiert" werden kann.[41] Durch die Filtermechanismen wird Information durch die programmierten Systeme vorab automatisch selektiert, die Welsch in Anschluss an Lyotard kritisch als die „effektivsten Wahrheitskriterien der Gesellschaft"[42] betitelt und in Anlehnung an das vielzitierte Wittgenstein-Zitat formuliert: „Was nicht programmierbar ist, darüber muss man schweigen."[43] Lyotard sieht in diesen Sprachspielen der Informatik die Gefahr, dass dadurch alle anderen Sprachspiele unterdrückt werden und Wissen ausgegrenzt wird.[44] Lyotard prognostiziert deshalb, „dass all das, was vom überkommenen Wissen nicht in dieser Weise übersetzbar ist, vernachlässigt werden wird."[45] Dies widerspricht dem Konzept der Postmoderne, die gerade die Pluralität und Polymorphie der Sprachspiele beziehungsweise Diskurse begrüßt und gegen jede Totalisierungstendenz arbeitet (vgl. Abschnitt 3.8).

Lyotard sieht jedoch, dass die neuen Technologien auch im Sinne der Postmoderne oder, wie Welsch schreibt, in einem „postmodernen Geist"[46] genutzt werden können. Dafür sind zwei Voraussetzungen erforderlich: Institutionell muss der freie Zugang zu den „Speichern und Datenbanken" gewährt werden, zum anderen ist die „psychologische" Voraussetzung von Bedeutung: die „Phantasie der Gruppen."[47] Damit ist gemeint, dass die Daten von den „Gruppen" nicht nur in der vorprogrammierten Art und Weise, sondern im Sinne des „postmodernen Geistes" genutzt werden (vgl. oben). Durch diese postmoderne Nutzung werden die Uniformierungstendenzen, die den neuen Technologien eigentlich innenwohnen, unterwandert und eine neue Pluralität und Polymorphie geschaffen.[48]

Dieses „postmoderne Kooperationsmodell"[49], wie es von Welsch bezeichnet wird, schafft also den Ausgleich zwischen Technologiefeindlichkeit und blinder Technikeuphorie. Kritisiert werden nur die „Ausschließ-

41 vgl. Welsch 2008, S. 219 und Lyotard 1986 orig. 1979, S. 23

42 Welsch 2008, S. 219

43 Welsch 2008, S. 219

44 vgl. Lyotard 1986 orig. 1979, S. 25ff

45 Lyotard 1986 orig. 1979, S. 24

46 Welsch 2008, S. 219

47 Welsch 2008, S. 219

48 vgl. Lyotard 1986 orig. 1979, S. 24 und Welsch 2008, S. 210

49 vgl. Welsch 2008, S. 223

lichkeitsansprüche des Technologischen", die einem postmodernen Konzept widersprechen, denn „weder ein Technologie-Monopol noch antitechnologische Affekte sind Sache der Postmoderne."[50] Und nicht nur in der „Postmoderne": Auch mit Blick auf Brecht oder Enzensberger kann man erkennen, dass hier nicht eine Ausschließlichkeit gefordert wird, die neuen Medien werden als weitere Möglichkeit neben den aktuellen Formen und Medien gesehen (vgl. Abschnitt 3.3 und 3.4).

Welsch führt im Anschluss an Lyotard ein solches „Kooperationsmodell" weiter aus und kritisiert dabei insbesondere die vorherrschende Hierarchisierung, die alles Nichttechnologische negativ bewerte – oder umgekehrt. Welschs Forderung lautet deshalb:

> „Man wird dabei von hierarchischen Bewertungen Abstand zu nehmen haben, wonach etwa – klassisch-modern – nur das Technologische wertvoll oder – romantisch-antimodern – nur das Nicht-Technologische menschlich sei."[51]

Wie diese „Kooperation" aussehen kann, illustriert Welsch am Beispiel der Standpunkte zweier berühmter Künstler und Architekten. Zum einen Le Corbusier, den Welsch hier als „klassisch-modernen" Vertreter der Technologie-Euphorie aufführt[52], da dieser sich begeistert über Ozeandampfer äußert und diese als „reine Schöpfung technischen Geistes"[53] lobt, in denen universelles Leben, Wohnen, Unterhalten bis hin zur Fortbewegung möglich ist.[54] Zum zweiten Paolo Portoghesi, den er im Vergleich als Vertreter des postmodernen Kooperationsmodells aufführt. Dieser lobt einen besonderen Typus großer japanischer Segelschiffe, bei denen die komplizierten Segelsysteme elektronisch gesteuert werden, was Welsch exemplarisch für das Technikverständnis im Sinne des Kooperationsmodells sieht, denn hier „ist das Technologische in eine intelligente Dienstfunktion eingetreten."[55]

50 Welsch 2008, S. 222

51 Welsch 2008, S. 223

52 So zumindest mit Blick auf Le Corbusiers Bewertung des Ozeandampfers, vgl. dazu Welsch 2008, S. 225.

53 zitiert nach Welsch 2008, S. 224

54 vgl. Welsch 2008, S. 224

55 Welsch 2008, S. 225

Das Kooperationsmodell zeigt also, wie das *Social Web* als kompatibler Ort für Kunst und Kultur gesehen werden kann, wenn kein Ausschließlichkeitsanspruch besteht und keine Hierarchisierung vorgenommen wird. Dann sind virtuelle Welten eine Ergänzung zu den etablierten Orten, etwa dem Museum, dem Theater oder dem Konzertsaal, die gleichberechtigt mit ihren jeweils eigenen medialen Besonderheiten nebeneinander bestehen können.

4.5 DARSTELLENDE KUNST UND ,MEDIENTHEATER'

Im kulturmanagerialen Diskurs wurde aus unterschiedlichen Perspektiven die Frage gestellt, inwieweit darstellende Kunst im virtuellen Raum möglich ist, also eine Theateraufführung im Internet, etwa mit virtuellen Avataren als Schauspieler oder durch Video-Streaming (vgl. Kapitel 2). Meist wird dies mit der Frage nach der Aura verknüpft, was bereits erörtert wurde (vgl. Abschnitt 4.2). Unabhängig davon ist eine weitere Besonderheit des virtuellen Raums gegenüber dem realen, dass dieser nahezu unendlich groß ist sowie Kommunikation und Interaktion ermöglicht, ohne dass die Personen sich an demselben realen Ort befinden müssen. Die nahezu unendliche Größe ist insbesondere für das Kunstmuseum von Bedeutung, da die Ausstellungsflächen technisch sozusagen nicht limitiert sind (vgl. Abschnitt 4.6). Die Ortsunabhängigkeit der Kommunikation spielt für das Theater ein zentrale Rolle, da Szenarien möglich sind, bei denen Zuschauer und Schauspieler nicht mehr an demselben physischen Ort anwesend sein müssen, was viele bisherige Vorstellungen des Theaters vor „dramatische" Probleme stellt (vgl. unten). Deshalb soll im Folgenden die Frage gestellt werden, ob in diesem virtuellen Raum überhaupt darstellende Kunst möglich ist oder ob hier gerade begrenzter und ortsungebundener „realer" Raum benötigt wird.

Dabei soll ein kurzer historischer Vergleich helfen, den Baecker in seiner Studie zur „Nächsten Gesellschaft" entwirft. Mit Blick auf die aktuellen Entwicklungen in der Informationstechnologie stellt Baecker fest, dass „wir es mit nichts Geringerem zu tun [haben] als mit der Vermutung, dass die Einführung des Computers für die Gesellschaft ebenso dramatische Folgen hat wie zuvor nur die Einführung der Sprache, der Schrift und des Buchdrucks."[56] Baecker verortet deshalb die aktuelle Gesellschaft in einer Übergangsphase der „vom Buchdruck getragenen modernen Gesellschaft zu einer vom Computer getragenen nächsten Gesellschaft."[57] Diese Entwicklung müsste nach Baecker, der sich hier auf Luhmann[58] bezieht, auch in der Kunst zu beobachten sein, da

„[...] neue Formen der überschüssigen Sinnproduktion eines zuerst einmal nicht bearbeitbaren Zuviels an Möglichkeiten [...] nach Formen ihrer Verarbeitung suchen."[59]

In einem mit „Medientheater" überschriebenen Kapitel untersucht Baecker deshalb das zeitgenössische Theater nach „überschüssiger Sinnproduktion" und findet diese – verkürzt gesprochen – auf der Bühne wieder, wo mit Hilfe der neuen Medientechnik (Videoprojektion, Lichteffekte, Audiotechnik) diese stattfindet. Das Theater wird zum „Medientheater" und „stellt auf die Bühne, was an elektronischen Medien zu haben ist, und schaut sich an, wie sich Stimmen und Gesten jetzt noch bewähren."[60] Diese Beobachtung ist häufig anzutreffen. So bemerkte Fischer-Lichte schon 1997 in ihrer vielzitierten Schrift zur „Entdeckung des Zuschauers", dass das Theater des 20. Jahrhunderts

„[...] auf jeden Fall auch als Theater im Medienzeitalter zu bestimmen ist. Denn es ist wohl kaum zu bezweifeln, dass Entstehung und Verbreitung der neuen Medien – Film, Rundfunk, Fernsehen, Video – Strukturen und Funktion des Theaters wesentlich berührt haben."[61]

Und eine bereits im Kapitel 2 erwähnte Studie des Theaterwissenschaftlers Otto, der insbesondere den Aspekt der Interaktivität, die das Internet ermöglicht, analysiert, stellt fest, dass die „Entdeckung des Theaters als In-

56 Baecker 2007, S. 7

57 Baecker 2007, S. 81

58 Insbesondere auf Luhmanns „Die Gesellschaft der Gesellschaft" (Luhmann 1998).

59 Baecker 2007, S. 81

60 Baecker 2007, S. 81

61 Fischer-Lichte 1997, S. 205

teraktion [...] das Echo der Festlegung der medialen Spezifik des Computers auf Interaktivität [ist].“[62]

Diese Überlegung lässt sich historisch in etwa folgendermaßen durchdeklinieren: Es ist anzunehmen[63], dass sich durch die Erfindung der Schrift dramatische Werke dahingehend verändert haben, dass Stoff und Form komplexer geworden sind, da sie nicht mehr memoriert und mündlich tradiert, sondern schriftlich fixiert werden konnten. Durch die Erfindung des Buchdruckes und die dadurch entstehende massenhafte Verbreitung von Büchern veränderten sich dramatische Texte unter anderem dahingehend, dass die Autoren nicht nur das Publikum der Aufführung, sondern auch den Leser des gedruckten Textes vor Augen hatten.[64] Eine unglückliche, aber in der Praxis anzutreffende Schlussfolgerung[65] aus den Überlegungen von Baecker, Fischer-Lichte und Otto könnte jedoch sein, dass nach der Erfindung des Internets erstaunlicherweise etwas anderes geschieht: Das neue Mediums wird tendenziell nicht für das Theater „genutzt“, vielmehr wird versucht, die Konzepte des neue aufgekommenen Mediums auf das alte Medium „Bühne“ zu übertragen. Das lässt sich im Vergleich mit der Erfindung des Buchdrucks folgendermaßen parallelisieren: Es ist in etwa so, wie wenn man sich weigert, die Druckmaschinen zu nutzen und stattdessen versucht, wie gedruckt zu schreiben, also die Neuerung des neuen Mediums „Druck“ auf die des älteren Mediums „Schrift“ überträgt. Und so ist es für das Theater eine komplizierte Aufgabe, auf der Bühne Interaktivität wie in einem Computerspiel oder Interaktion mit den Zuschauern wie in einem *Social Network* zu ermöglichen.[66] Wenn sich also das zeitgenössische

62 Otto 2012, S. 14

63 Hier kann und soll keine Geschichte des Theaters entwickelt werden – die folgenden Überlegungen dienen als Gedankenexperiment.

64 Auch dies ist sehr pauschalisierend und dient mehr als Gedankenexperiment, vgl. vorherige Fußnote und unten und den im dritten Kapitel erwähnten Band „Theater und Medien“ (Schoenmakers et al. 2008).

65 vgl. Kapitel 2.

66 vgl. die Beispiele bei Otto 2012, S. 85ff und Kapitel 2; Pranz versucht in seiner Studie zur „Theatralität digitaler Medien“ ebenfalls in Anlehnung an Fischer-Lichte darzustellen, dass Chatkommunikation und Computerspiele in gewisser Weise „theatraler Wirklichkeit“ entspricht (vgl. Pranz 2009, S. 14ff) – was eigentlich eine Umsetzung dieser auf „realen“ Bühnen begünstigen müsste.

Theater Konzepten der neuen Medien bedient, diese jedoch „analog" im „alten" Raum, der klassischen Bühne und dem Theatersaal inszeniert, äußern sich Kritiker und Publikum – von Ausnahmen abgesehen – größtenteils wenig positiv[67] – und meist genau darum, weil diese Konzepte eigentlich den Raum der virtuellen Welten benötigen, aber im geschlossenen, begrenzten Raum des Theaters zur Aufführung kommen. Ob dies das zentrale Problem des zeitgenössischen Theaters schlechthin ist, soll hier nicht behauptet werden – sicherlich muss es jedoch als ein Problem gesehen werden. Eine Folge lässt sich jedoch daraus ablesen: Jedes gescheiterte Experiment mit „neuen Medien" auf deutschen Bühnen scheint die Skepsis gegenüber dem Nutzen des *Social Web* zu erhöhen.

Um dies an einem aktuellen Beispiel zu veranschaulichen, kann man einen Blick auf die Anfang 2013 in der Blogosphäre geführte Diskussion um *Tweetups* in Museen und Theatern anführen.[68] Ein *Tweetup* ist ein Treffen von Nutzern des Mikroblogging-Dienstes *Twitter* an einem realen Ort, beispielsweise bei einer Sportveranstaltung oder einer politischen Kundgebung, mit dem Ziel, die entsprechende Veranstaltung parallel in „Echtzeit" mittels mobiler Geräte zu kommentieren und zu diskutieren. Ein Ziel ist dabei neben dem Austausch, Nichtanwesende an dem realen Ereignis teilhaben zu lassen. Im Kulturbereich finden solche *Tweetups* seit etwa 2011 im Kontext von Marketing-Aktionen, Orchester-Proben[69] oder Museums-Führungen statt. Die Anfang 2013 geplante erstmalige Durchführung eines *Tweetups* während einer Theaterveranstaltung in dem privaten Schlosspark Theater Berlin[70], bei der 50 Sitzplätze für Twitter-User reserviert waren, führte im *Social Web* zu einer intensiven Diskussion über den möglichen Sinn und Unsinn eines solchen Vorgehens.[71] Die Argumente der Gegner

67 vgl. beispielsweise die Diskussion um die *Tweetups* im folgenden Absatz.

68 Ausgangspunkt der Diskussion war eine Blogparade initiiert von Karin Janner: www.livekritik.de/blog/blogparade-digital-im-theatersaal (5.4.2013)

69 vgl. Frisch 2014, S. 14ff

70 Da das Schlosspark Theater seit 2008 von dem Komiker und Schauspieler Dieter Hallervorden betrieben wird, stand das *Tweetup* zusätzlich unter Nonsens-Verdacht.

71 Mitte 2013 wurden diverse *Tweetups* in deutschen Museen durchgeführt, unter anderem im Linden Museum Stuttgart und im Museum für Moderne Kunst Frankfurt, was eine ähnliche Diskussion auslöste und in der Publikation „All

sind im Groben an dem Argument der „Störung" festzumachen (der Schauspieler, der anderen Zuschauer aber auch der „Aura"), die Befürworter loben im Großen und Ganzen die neuen interaktiven Möglichkeiten des *Social Web*, das auch vor der Theaterbühne nicht Halt machen dürfe (vgl. technikdeterministische Ansätze in Abschnitt 2.1).

Beide Argumente sind mit den bereits erörterten Problemen behaftet und wenig hilfreich. Mit Blick auf den (kunst-)theoretischen Diskurs kann man jedoch die Frage stellen, ob es für das Theater von Bedeutung ist, dass sich die Zuschauer bereits während der Aufführung austauschen. Eine mögliche Antwort oder sogar die Lösung ist letztendlich bereits von Brecht formuliert worden: Ein neues Medium braucht eine neue Kunstform – mit der wichtigen Einschränkung, dass diese neue Form nicht wegen dem Medium „erfunden" wird, sondern das Bedürfnis dafür schon vorhanden war, jedoch mit bisherigen Medien nicht realisiert werden konnte (vgl. Brechts Rohstoff-Beispiel in Abschnitt 3.3). So wie Brecht den *Ozeanflug* speziell für den Rundfunk entwickelt, um die „Interaktion" mit dem Zuschauer zu ermöglichen[72], müsste das Theater im Umgang mit dem *Social Web* eine neue Form finden. Geschieht dies nicht, ist es für Brecht eine „ungesunde" Kunstproduktion, wenn beispielsweise nur die Inhalte von einem Medium zum anderen kopiert werden, ohne diese zuvor medienspezifisch anzupassen.[73] Brecht plädiert stattdessen dafür, mit Hilfe neuer Technologien „gesünder" zu kommunizieren und etwa neue Formen wie „akustische Romane" für das Radio zu entwickeln (vgl. Abschnitt 3.3).

Übertragen auf das *Tweetup* könnte das heißen: Da sich im kunsttheoretischen Diskurs nicht ermitteln lässt, dass hier vor der Einführung der neuen Medien ein Austausch der Zuschauer untereinander während der Veranstaltung gefordert wurde (nicht zu verwechseln mit Partizipation und Interaktion, vgl. Abschnitt 4.7), ist hier der Sinn eines solchen *Tweetups* im ersten Moment schwer zu begründen und nach Brecht eher als „ungesund" zu bezeichnen. Vielmehr müsste das Schauspiel selbst um die Bedingung des *Tweetups* angepasst werden und eine neue Form finden, in der diese Art der Diskussion und Berichterstattung verknüpft werden kann – beispiels-

you tweet is love. Tweetups in Kultureinrichtungen" (Bamberger et al. 2013) zusammengefasst wurde.

72 Zumindest in Ansätzen, vgl. Abschnitt 3.3.

73 vgl. Brecht 1967, S. 120 und Abschnitt 2.1.3

weise durch Interaktion (vgl. Abschnitt 4.7). Oder man bindet ein solches *Tweetup* an der Stelle ein, an der vom Zuschauer auch bisher Diskussion und Auseinandersetzung mit dem Stück gefordert und gewünscht wird: vor und nach der Veranstaltung sowie in den Pausen. Geschieht das nicht, besteht die von Baecker prognostizierte „Gefahr" des „Medientheaters", die den „überschüssigen Sinn" im *Social Web* verpuffen lässt.[74]

Ein im *Social Web* vieldiskutierter Vortrag[75] des Theaterwissenschaftlers und Theaterautors Schmid, der Anfang 2014 bei der Jahreskonferenz der Dramaturgischen Gesellschaft gehalten wurde, setzt hier an und erklärt, warum es von zentraler Bedeutung ist, sich mit dieser „Gefahr" auseinanderzusetzen. Ausgehend von den rückgängigen Besucherzahlen im Sprechtheater versucht Schmidt den aktuellen „Bedeutungsverlust des Theaters" zu erklären. Neben der Kritik an der „starre[n] und überalterte[n] Arbeitsweise und Organisation"[76] des Theaterbetriebs bemängelt Schmidt insbesondere, dass auf deutschen Bühnen zu wenig über das Gegenwärtige, das heißt die digitale Revolution durch das *Social Web*, reflektiert werde. In Anlehnung an Baecker (vgl. oben) spricht Schmidt von der „nächsten Gesellschaft", die seiner Ansicht nach eine „Netzgesellschaft" sei und mit dem sich das Theater auseinandersetzen müsse[77] – jedoch nicht, indem es einfach im Theater ein *Tweetup* veranstalte:

> „Dabei wäre es falsch, sich auf die technischen Innovationen zu konzentrieren. Die Technik ist nur ein Oberflächenphänomen, die Veränderungen sind nicht technologisch, sondern soziologisch. Die Technik bringt neue Verhaltensweisen hervor und macht sie sichtbar."[78]

Nach Schmidt geht es also darum, die gesellschaftliche Veränderung aufzugreifen und zu reflektieren, die durch das *Social Web* entstanden seien, indem man sich auch der Mittel des *Social Web* bediene. Da das Theater nach Schmidt nicht „technikfremd" ist, was er mit Blick auf die Geschichte

74 vgl. Baecker 2007, S. 81

75 Im Folgenden zitiert nach der Veröffentlichung des Vortrags auf nachtkritik.de (siehe Schmidt 2014)

76 Schmidt 2014

77 vgl. Schmidt 2014

78 Schmidt 2014

belegt, in dem er aufführt, dass bereits die „Griechen [...] mit Ekyklema und Mechané [spielten], die Renaissance mit der Technik der Perspektivmalerei, das Barock mit der Lichttechnik, Max Reinhardt mit der Filmtechnik“[79], sei es in der Lage, kritisch auszuwählen, welche Elemente des *Social Web* nutzbar sind. Dann könne das Theater der Ort sein, an dem die aktuelle Gesellschaft, also die Netzgesellschaft, reflektiert werde, was dann die zentrale Bedeutung des Theaters folgendermaßen erkläre:

> „Weil Theater der einzige Ort ist, an dem sich Analoges und Mediales treffen und reflektiert werden können, weil Theater ein außermedialer Ort ist, der Mediales und Technisches in sich aufnehmen und reflektieren kann. Weil Theater ein Ort der Gesellschaft in der Gesellschaft ist, an dem sich über Gesellschaft in Gesellschaft ästhetisch reflektieren lässt.“[80]

Schmidt betont deshalb, dass sich das Theater mit den aktuellen, durch die digitalen Welten geprägten Lebensbedingungen auseinandersetzen müsse. Er fordert, mit neuen künstlerischen Formen zu experimentieren und „Digitales in die künstlerische Arbeit zu integrieren, damit zu spielen und es zu reflektieren.“[81]

Die zu Beginn des Abschnitts gestellte Frage, inwieweit Theater im virtuellen Raum möglich sei, lässt sich also dahingehend beantworten, dass im realen Raum das *Social Web* für darstellende Kunst nur dann zum Einsatz kommen sollte, wenn es mit einer kunsttheoretischen beziehungsweise theaterwissenschaftlichen Position begründet werden kann. Im virtuellen Raum ändern sich die Parameter so vielfältig, dass für die darstellende Kunst eine neue Form gefunden werden muss, um nach Brecht eine „gesunde“ Kunstproduktion zu erreichen (vgl. Abschnitt 4.7).

79 Schmidt 2014

80 Schmidt 2014

81 Schmidt 2014

4.6 DAS KUNSTMUSEUM IM GESCHLOSSEN-REALEN ODER IM OFFEN-VIRTUELLEN RAUM

Die nahezu unendliche Größe des virtuellen Raums ist gerade für das Kunstmuseum eine besondere Herausforderung, da die Ausstellungsfläche technisch sozusagen nicht limitiert ist. Während die Anzahl der Kunstwerke in einem realen Ausstellungsraum von dessen Fläche begrenzt wird, können in einem virtuellen Online-Museum ohne nennenswerte Mehrkosten beliebig viele Exponate ausgestellt werden. Dieser „Verlockung" zu folgen ist, wie vielfach in der Forschung zu lesen ist (vgl. Kapitel 3), durchaus nachvollziehbar:

„Die Kunst scheint heute innerlich bereit zu sein, den Verlockungen des Medienzeitalters zu folgen, aus dem Museum auszuziehen und sich durch die neuen medialen Kanäle verbreiten zu lassen. [...] Die Bereitschaft der Kunst, sich in den Medien [...] d.h. außerhalb des Museums, zu engagieren, ist durchaus verständlich. Damit lässt sich ein größeres Publikum erreichen und verführen, damit kann man Geld verdienen."[82]

Was aber im ersten Moment als großer Vorteil erscheint, kann aus Sicht der Kritiker als Nachteil gesehen werden. Exemplarisch hierfür sei hier Groys Position aufgeführt: Seiner Ansicht nach zeichnet sich das Museum ja gerade dadurch aus, dass es im Unterschied zu den virtuellen Welten ein endlicher Raum ist, in dem nicht alles ausgestellt werden kann.[83] Durch diesen Unterschied erhalte das Museum eine wichtige „Kontrollfunktion", die entscheide, was relevante Kunstwerke seien und was nicht als (bedeutende) Kunst gesehen werden könne.[84] Groys prognostiziert bereits 1997 folgende Entwicklung:

„Vermehrt sich das Museum, tendiert die Zahl der museumsähnlichen Strukturen ins Unendliche, [dadurch] wird dieser Unterschied allmählich ausgelöscht."[85]

82 Groys 1997, S. 7

83 vgl. Groys 1997, S. 18

84 Groys 1997, S. 18

85 Groys 1997, S. 18

Da für Groys das „Unendliche in unserer Kultur [...] nicht durch das Museum, sondern durch die Medien repräsentiert [ist]“[86], verliert ein virtuelles Museum in den unendlichen Medienwelten seine eigentliche Aufgabe. Für Groys ist „die Welt der Medien [...] die Welt der Arbeit, weil die Entlastung durch das Museum dort nicht mehr stattfindet.“[87] Durch Vorauswahl und Vorsortierung soll dem Interessierten Kunst leichter zugänglich gemacht werden. Diese Selektion, die das Museum betreibt, bezeichnet Groys sogar als „Zensur“[88], versteht dies jedoch letztendlich nicht negativ, sondern erklärt deren Notwendigkeit wie folgt:

> „Wir brauchen die Zensur, um die kulturelle Produktion zu begrenzen und die Welt nicht in eine einzige Kulturmüllhalde zu verwandeln.“[89]

Nach Groys operiert diese „Zensur“ bis ins 19. Jahrhundert mit dem Begriff der „Qualität“, die auf Basis eines „festgelegten Kanons der Meisterwerke“[90] definiert wurde. Die technischen Reproduktionsmöglichkeiten im 20. Jahrhundert (vgl. Benjamin in Abschnitt 3.1) und die dadurch ansteigende Anzahl an Kunstwerken, aber auch an Kunstproduzenten, führen dazu, dass Qualität nicht mehr als das Merkmal angesehen werden kann, da ein Überangebot an Qualität besteht. Nach Groys wird deshalb die kulturelle Zensur im 20. Jahrhundert durch „Innovation“ neu legitimiert.[91] Nicht nur in der Kunst, sondern auch in anderen Bereichen wie Wissenschaft oder Wirtschaft sei zu beobachten, dass nahezu alles, was nicht „innovativ“ erscheine, tendenziell eher verworfen werde. Deshalb kritisiert Groys „Innovation“ als eine „Ideologie“, die das Verbot beinhalte, „das Alte zu tun.“[92] Der dadurch entstehende Innovationsdruck ist auch in der Kunstwelt und den Kunstmuseen zu beobachten. In den neuen Medienwelten, in der unendlicher Raum und damit unendliche Möglichkeiten bestehen, ist Innovation noch leichter zu realisieren, was Groys nicht als Vorteil sieht. Denn gerade

86 Groys 1997, S. 19

87 Groys 1997, S. 19

88 Groys 1997, S. 81

89 vgl. Groys 1997, S. 81

90 Groys 1997, S. 81

91 vgl. Groys 1997, S. 84

92 Groys 1997, S. 84

durch die fehlende Zensur und die unendliche Vielfalt in den Medien werden

„[...] Texte und Bilder für ihre Rezipienten schwer verständlich, denn das Verstehen kann nur durch den Vergleich mit dem Bestehenden erfolgen. Ein solcher Vergleich ist aber im Meer der unzensierten Kulturproduktionen nicht mehr möglich.“[93]

Wie viele andere Kritiker moniert Groys zwar den Innovationsdruck, wendet sich aber andererseits gegen die Beliebigkeit der postmodernen Theorien. Trotz des Slogans „nothing new“ haben sich auch diese nicht von dem Innovationsdruck befreien können. Groys nennt als Beispiel dafür Duchamps Schneeschaufel[94] und das Anfang des 20. Jahrhunderts „innovative“ Ready-Made-Konzept. Jedoch übersieht er hier, dass dieses (post)-moderne Kunstwerk, wie viele ähnliche Kunstwerke, zwei Aspekte beinhaltet: Zwar ist die Idee der Ready-Mades kunstgeschichtlich durchaus eine Innovation, jedoch handelt es sich bei dem Objekt der Schneeschaufel um einen alltäglichen Gegenstand, der das Postulat „nothing new“ erfüllt. Das Merkmal der „Innovation“ scheint also nicht das Problem der kulturellen Zensur zu sein, vielmehr die Zensur selbst, egal welches Merkmal sie als Selektionskriterium wählt.

Im Kontext der Überlegung zu den virtuellen Welten stellt sich also hier die Frage, was die Argumente gegen eine solche kulturelle Zensur sind. Oder anders formuliert: Welche Vorteile ergeben sich dadurch, dass die „unendlichen“ Medienwelten nicht von der kulturellen Zensur betroffen sind? Dafür sind in Anschluss an Eco und Barthes (vgl. Abschnitt 3.5 und 3.6) mehrere Punkte zu nennen: Eco und Barthes unterscheiden mit unterschiedlicher Schwerpunktsetzung, aber mit ähnlichem Ergebnis zwischen zwei[95] Arten von Kunstwerken: das „offene“ und „schreibbare“ Kunstwerk gegenüber dem „geschlossenen“ und „lesbaren“ Kunstwerk. Erstgenanntes ist das anzustrebende Ideal, das für Eco für „Freiheit“ steht[96], für Barthes für „Pluralität“ statt „Hegemonie“ – nicht nur auf der Ebene der Bedeutung

93 Groys 1997, S. 88

94 Betitelt mit „In Advance of the broken Arm“ (1913)

95 Aufgeführt werden hier die zwei extremen Formen. Sowohl Barthes als auch Eco sehen hier unterschiedliche Zwischenstufen, vgl. Abschnitt 4.5 du 4.6.

96 vgl. Eco 1990 orig. 1962, S. 31

oder des Sinns.[97] Die Form der Kunst, die auch den Aspekt der Partizipation beinhaltet (vgl. Abschnitt 4.7), braucht den unendlichen Raum, um sich entfalten zu können. Ecos „offenes" Kunstwerk, das er wie eine offene Diskussion versteht[98], benötigt den unendlichen Raum, in der die wie auch immer gearteten Ergebnisse dieser „Diskussion" Platz finden können. Ähnlich ist auch Barthes' Vorstellung des „schreibbaren" Kunstwerks zu verstehen. Wenn ein Musikstück weiterkomponiert, ein Text weitergeschrieben oder ein Kunstwerk, beispielsweise durch eine Kollage, erweitert oder in einen neuen Zusammenhang gestellt werden soll, so muss hierfür ein großer, im besten Fall unendlicher Raum bereitstehen, um dies ermöglichen zu können. Das von Groys geäußerte Bedenken, dass durch die Vielfalt der Produktion die Aufmerksamkeit auf das Einzelne abnehme, ist dabei sicherlich berechtigt. Aber im Kontext der Argumente der „Freiheit" und „Pluralität" (vgl. oben) ist dies letztendlich zu begrüßen.

Um auf die anfangs gestellte Frage zurückzukommen: Der unendliche Raum der virtuellen Welten macht gerade diese Konzepte der „offenen" oder schreibbaren" Kunstwerke erst möglich, ist also mit diesen kompatibel. Dadurch wird das reale Museum im begrenzten Raum nicht überflüssig, aber zukünftig möglicherweise nur noch der Ort sein, an dem die „geschlossenen" und „lesbaren" Kunstwerke ihren adäquaten Raum finden.

4.7 JEDER USER (K)EIN KÜNSTLER

Die Forderung nach der allgemeinen Zugänglichkeit zu und Teilhabe an Kunst ist eine seit dem frühen 19. Jahrhundert immer wieder im Diskursfeld Kunst und Kultur auftauchende Idee. Exemplarisch[99] sei hier auf Beuys verwiesen, dessen bekannte Aussage „Jeder Mensch ein Künstler"[100] diese Forderung nach dem aktiven und gestaltenden Rezipienten und der Demokratisierung der Kunstproduktion, der „kollektiven Kreativität"[101], am prägnantesten veranschaulicht. Ein bereits erörtertes Problem bei der Um-

97 vgl. Barthes 1987 orig. 1970, S. 9

98 vgl. Eco 1990 orig. 1962, S. 40

99 vgl. dazu auch andere Beispiele bei Frank 2010c, S. 16ff.

100 Beuys 1995 orig. 1985

101 Beuys 1995 orig. 1985

setzung dieser Forderung ist, dass dies ja ebenso impliziert: jedem Menschen ein Museum oder jedem Menschen einen Ort, an dem die eigene Kunst anderen präsentiert werden kann. In den Ausstellungsräumen der Museen ist dies jedoch nicht möglich, da der „reale“ Raum der Ausstellungsfläche begrenzt ist, was durch die unendlichen Räume eines virtuellen Museums jedoch aufgehoben wird (vgl. Abschnitt 4.6). Ein virtuelles Museum kann so eingerichtet werden, dass sich jeder Besucher in den virtuellen Räumen als Künstler betätigen kann, etwa um virtuell ausgestellte Objekte zu modifizieren oder eigene Objekte zu erstellen, da hier, anders als im realen Museumsbau, nahezu unendlich viel Fläche zur Verfügung steht. In einem Online-Museum wäre also Beuys‘ Forderung einlösbar: jeder Mensch ein Künstler, da das Internet dafür die ‚unendliche’ Präsentationsfläche bereitstellt (vgl. Abschnitt 2.2.5). Beuys‘ Konzept der „Sozialen Plastik“ und die Idee der „Social Software“ scheinen also auf gleichen Fundamenten zu ruhen. Jedoch beinhalten diese Aspekte sozusagen nur die „technische“ Seite.

Kritische Beobachter der aktuellen Diskussion um das „partizipative Museum“ [102] sehen darin nicht unbedingt eine positive Entwicklung. Exemplarisch sei dafür Imhofs Kritik genannt[103], die versucht, die Entwicklung des Museumswesens zum „partizipativen Museum“ historisch zu erklären. Anhand von Beispielen aus dem römischen Imperium und der französischen Revolution geht Imhof davon aus, dass „Geschichte in Umbruchsituationen zum Bauchladen wird [...] um Kontinuität in der Diskontinuität herzustellen.“[104] Durch Auswertung diverser Studien zum deutschen Ausstellungswesen wird hier eine parallele Entwicklung gesehen: Seit den sechziger und siebziger Jahren gehen politische und gesellschaftliche Entwicklungen mit „Paradigmenwechsel im Museumswesen“[105] und „Rückgriffen“ auf die Geschichte einher, ähnlich wie gegenwärtig im Kontext der Partizipation auf Beuys oder Brecht. Imhof kritisiert, dass damals wie heute „eine verstärkte kritische Auseinandersetzung innerhalb der Expertenkultur

102 vgl. dazu die Auseinandersetzung mit dem Tagungsband „Das partizipative Museum“ (Gessner et al. 2012c) und Simons „The participatory museum“ (Simon 2010) im Abschnitt 2.2.

103 vgl. Imhof 2012, S. 61ff

104 Imhof 2012, S. 61

105 Imhof 2012, S. 62

[fehlt].“[106] Derzeit sieht Imhof die Gefahr, dass einzig und allein der „Publikumserfolg“ im Vordergrund steht. Der aktuelle Zustand

> „[...] ist misslich und verstärkt die Gefahr, dass das Museumswesen unreflektiert seine tatsächlichen bildungsbürgerlichen Traditionen, Normen und Werte in einer kommerziell fokussierten Eventorientierung verliert, ohne neue Leitbilder zu schaffen.“[107]

Eine aktive Auseinandersetzung mit dieser Thematik wird sowohl in den Geisteswissenschaften, in den Feuilletons, aber insbesondere bei den Experten im Museum selbst vermisst, wo „Theorie und Praxis des Ausstellungswesens im neuen Stress um das Publikum wenig reflektiert [wird].“[108] Da die Idee der „Partizipation“ durch das *Social Web* sich gerade größter Beliebtheit erfreut, wird dieses Konzept mit zaghaften Verweisen unbedacht auf die Geschichte auf das Museum übertragen – in der Hoffnung, dadurch die Besuchermassen anzuziehen:

> „Das partizipative Museum und die neue Beliebigkeit in der Gegenwartsannäherung sind Entwicklungen eines kulturhistorischen Museumswesens, das sich in die Ausgeh-, Freizeit und Eventkultur einzugliedern sucht und eingliedern muss.“[109]

Beachtenswert ist die Begründung für diese Entwicklung: Imhof sieht die Schuld bei der „dominierenden Museumstheorie der Gegenwart [...], der Kompensationstheorie“ [110], und bezieht sich hier insbesondere auf die Schriften von Lübbe.[111] Die Kompensationstheorie lebt vor allem von der „metaphysischen Annahme eines unausweichlichen technisch-ökonomischen Fortschrittsprozesses, auf den die Kultur nur reagiert.“[112] Ähnlich wie im Abschnitt 2.1 dieser Arbeit gezeigt wurde, wird die „Unausweichlichkeit“ der Entwicklung des Internets vorgeschoben, um eine reflektierte

106 Imhof 2012, S. 63
107 Imhof 2012, S. 63
108 Imhof 2012, S. 64
109 Imhof 2012, S. 64
110 Imhof 2012, S. 64
111 vgl. Lübbe 1989
112 Imhof 2012, S. 64

Auseinandersetzung ausblenden zu können. Zudem wird die Präsentation von Kunst und Kultur durch Museen als das „Opium für das Volk in der Fortschrittsdynamik der Moderne" verstanden, in der „die Vergangenheit kompensatorisch für das Publikum musealisiert und ästhetisiert [wird]."[113] In diesem Kontext dienen Museen nur dazu, den „Stress des Fortschritts auszuhalten."[114] Um dabei größtmögliche Wirkung zu erzielen, werden „Ausstellungen zwangsläufig zu Massenmedien."[115] Imhof fordert deshalb

> „[...] ein 'back to the roots' [...] zu einer nicht-kompensatorischen, sondern spannungsreichen, vergangenheitsinformierten Gegenwartsvergegenwärtigung [...] Museumswesen muss heute Kritik hervorrufen, um kritische Räsonnements zu ermöglichen."[116]

Bemerkenswert an dieser Kritik ist Folgendes: Anstatt deshalb die neuen Medien und insbesondere die Möglichkeiten des *Social Web* kategorisch abzulehnen, werden von Imhof diese als angebracht gesehen, wenn diese im Rahmen des kunst- und kulturtheoretischen beziehungsweise kulturpolitischen Anliegens geeignet erscheinen. So bemerkt Imhof abschließend, dass das Museum „durch Anschaulichkeit und Sinnlichkeit der Ausstellungen [...] reflektiertes Wissen [...] vermitteln [muss]. Wenn das auch mit partizipatorischen Mitteln gelingt, spricht nichts dagegen."[117]

Dieser Blickwechsel vom Technikdeterminismus zu der Frage des Nutzens des Mediums zu den zuvor formulierten Zielen ist von Bedeutung und führt erneut zu Brecht. Wie bereits erörtert, wird dessen Radiotheorie oftmals wenig reflektiert als Argument für partizipatorische Praktiken angeführt. In Abschnitt 3.3 wurde dargestellt, dass in vielen Untersuchungen zu dieser Thematik hauptsächlich der gesellschaftskritische „revolutionäre" Charakter hervorgehoben wird. Jedoch schreibt Brecht ebenso: „Also für Erneuerungen, gegen Erneuerungen!"[118] und fordert eine ständige Auseinandersetzung „zur besseren Verwendung der Apparate im Interesse der

113 Imhof 2012, S. 64

114 Imhof 2012, S. 64

115 Imhof 2012, S. 65

116 Imhof 2012, S. 66

117 Imhof 2012, S. 66

118 Brecht 1967, S. 133

Allgemeinheit.“[119] Gerade diese Stelle zeigt, dass Brecht insbesondere ein „revolutionärer“ Umgang mit neuen Medien zu attestieren ist. Denn übertragen auf die Frage, welches Medium für Kunst geeignet sei, lässt sich in Anlehnung an Brecht folgendermaßen antworten: Es ist eben nicht die Frage des Mediums, sondern das der gesellschaftlichen Rahmenbedingungen und des Kunstverständnisses. Nicht ein neuer Rundfunk oder das *Social Web* eröffnet neue Möglichkeiten. Geht man von einem Kunstverständnis aus, das den von Brecht geforderten kommunikativen Aspekt beinhaltet, also im Radio beispielsweise die „Wiedereinsetzung und Aktivierung [des Hörers] als Produzent“[120], so bilden Medien, die Kommunikation ermöglichen und fördern, einen Katalysator für Kunst. Bestreitet man diesen Aspekt jedoch und geht von einem Kunstverständnis aus, das mit einem Sender-Empfänger-Modell und monodirektionaler Kommunikation operiert und nicht damit rechnet, dass der Empfänger, also der Rezipient des Kunstwerks, selbst zum Sender wird, also ein „Hörer“ bleibt, so kann man sowohl bidirektionale Medien wie die Brecht'sche Radio-Utopie als auch das *Social Web* als Medium für Kunst als überflüssig erachten.

Zugespitzt könnte man im Sinne Brechts formulieren: Für eine „folgenlose“ und „kulinarische“ Kunst eignen sich Medien, die möglichst wenig Raum für Feedback und Veränderung durch den Rezipienten zulassen. Für das Gegenteil eignen sich Medien, die zumindest über Rückkanäle verfügen, selbst wenn diese aufgrund der gesellschaftlichen Rahmenbedingungen nicht und oder nur wenig genutzt werden. Ein neues Medium mit partizipativen Möglichkeiten ist also nicht das „Wundermittel“, kann aber das Vehikel sein, wenn im Kontext des Kunstverständnisses eine bidirektionale Kommunikation gewünscht wird. Wie bereits zu Beginn des Abschnitts 3.3 angedeutet, wäre es verkürzt, das *Social Web* nur als eine verspätete Erfüllung von Brechts Theorie zu verstehen. Vielmehr ist die „Radiotheorie“ ein Ansatz, um den inhärenten Zusammenhang von Kunstverständnis und (neuen) Medien zu veranschaulichen, was sich ebenso anhand des *Social Web* zeigen lässt, aber auch für zukünftige neue Medien fruchtbar gemacht werden kann. Brecht schreibt über den Rundfunk:

119 Brecht 1967, S. 133, vgl. auch Abschnitt 3.3

120 Brecht 1967, S. 126

„Diesem Bestreben des Rundfunks, Belehrendes künstlerisch zu gestalten, kämen Bestrebungen der modernen Kunst entgegen, welche der Kunst einen belehrenden Charakter geben möchten."[121]

Dieses lässt sich mit dem Blick auf das *Social Web* folgendermaßen umformulieren: Dem Bestreben des *Social Web*, Informationen ‚*user-generated*' – also partizipativ – zu gestalten, kämen Bestrebungen der modernen Kunst entgegen, welche der Kunst einen partizipativen Charakter geben möchten.

Dass solche partizipativen Bestrebungen im Kulturbetrieb[122] seit langem vorhanden sind, zeigt beispielsweise die zuvor erwähnte theaterwissenschaftliche Studie von Fischer-Lichte.[123] Bereits im „Avantgardetheater" im ersten Drittel des 20. Jahrhunderts kann diese Hinwendung zum Besucher festgestellt werden: „Theater soll in jedem Zuschauer die Kreativität freilegen und entwickeln."[124] Dies soll „den Zuschauer in Aktivität versetzen"[125] und ihn zu einem „neuen Menschen" machen – was je nach politischer Ausrichtung unterschiedliche Aspekte beinhaltet. Um dies umzusetzen, plädiert die Avantgarde des Theaters für Umbauten des „Mediums" Bühne. Gefordert und teilweise umgesetzt werden neue Theatergebäude, um der neuen Rolle zwischen Zuschauer und Bühne gerecht zu werden.[126] Aber nicht nur die Gebäude, sondern auch die Bewegung aus dem Theatergebäude ist seit dem Beginn des 20. Jahrhunderts zu beobachten. Viele Theaterformen, die versuchen, der Lebenswelt des Zuschauers näher zu kommen, um diese zu „aktivieren", haben hier ihren Ursprung: unter anderem das Theater im öffentlichen Raum, an Originalschauplätzen oder an

---

121 Brecht 1967, S. 131

122 Was im Folgenden für das Theater ausgeführt wird, ist parallel dazu auch in der bildenden Kunst und der Literatur seit dem frühen 20. Jahrhundert zu beobachten. In einer Art „Rezipientenkultur" dominiert die Vorstellung, dass der Betrachter oder Leser die Kunstwerke erst in Gang setzt (vgl. Weibel 2007, S. 24ff).

123 vgl. Fischer-Lichte 1997

124 Fischer-Lichte 1997, S. 14

125 Fischer-Lichte 1997, S. 15

126 vgl. Fischer-Lichte 1997, S. 15

ungewöhnlichen Orten wie in Ruinen oder Fabrikhallen[127]. Seit den sechziger Jahren führt das zeitgenössische Theater – und insbesondere das postmoderne Theater – diesen Ansatz fort, den Fischer-Lichte mit „Rezipieren ist Produzieren, Zuschauen ist Handeln"[128] beschreibt. Gemeint ist also hier nicht die aktive Teilnahme, wie beispielsweise in einem interaktiven Computerspiel oder der Sonderform des „Mitmach-Theaters", sondern die „stille" Aktivierung beim Rezipieren. Wenn Fischer-Lichte die „Entdeckung des Zuschauers" im 20. Jahrhundert als die „Dominantenverschiebung von der internen hin zur externen theatralen Kommunikation"[129] bezeichnet und diese Entwicklung begrüßt, kann im Anschluss daran nachgedacht werden, wie eine weitere „externe" und „aktive" partizipatorische Kommunikation durch die Mittel des *Social Web* aussehen könnte.

Im Anschluss an diese Überlegungen und an das zu Beginn des Kapitels erwähnte Diktum „Jeder Mensch ein Künstler" zu formulieren: „Jeder User (des Social *Web*) ein Künstler", wäre jedoch sicherlich zu voreilig. Hier kann erneut auf Enzensberger verwiesen werden (vgl. Abschnitt 3.4), der die Problematik der unzähligen künstlerischen „Produzenten" wie folgt kritisiert:

> „Denn die Aussicht darauf, dass mit Hilfe der Medien in Zukunft jeder zum Produzenten werden kann, bliebe unpolitisch und borniert, sofern diese Produktion auf individuelle Bastelei hinausliefe."[130]

Enzensberger sieht deshalb, dass zwar jeder zum Produzenten werden kann, aber deshalb nicht automatisch zum Künstler. Er führt als Beispiel die Dia-Serie der letzten Urlaubsreise an[131], was heute ebenso an vielen Stellen im Internet zu sehen ist: Das Vorhandensein der Produktionstechnologien reicht bei weitem nicht aus, jeden in die Lage zu versetzen, künstlerisch oder gesellschaftlich Bedeutungsvolles zu produzieren. Technologie alleine ist nicht genug, vielmehr muss eine Selbstorganisation der Beteiligten initiiert werden, die auf gesellschafts- oder kunsttheoretischen Konzepten ba-

127 vgl. Fischer-Lichte 1997, S. 16

128 Fischer-Lichte 1997, S. 15

129 Fischer-Lichte 1997, S. 38

130 Enzensberger 1970, S. 169f

131 vgl. Enzensberger 1970, S. 168f

siert, um überhaupt Sinnhaftes oder Relevantes erzeugen zu können. Die „Umwälzung der Produktionsbedingungen“[132] ist der Beginn, gefordert wird jedoch – ähnlich wie bei Brecht – eine neue Ästhetik, die diesen neuen Produktionsbedingungen gerecht wird (vgl. Abschnitt 3.4).

Drei weitere Punkte sind im Anschluss an Enzensberger noch zu nennen, die für den verstärkten Einsatz von *user-generated content* im Kunst- und Kulturbereich sprechen. Zum einen wird betont, dass die neuen Produktionsbedingungen, insbesondere das „gesprochene Wort“ bei Video und Tonaufnahmen, den „Klassencharakter“ der Schrift aufhebe.[133] Dieses demokratische Argument kann so übertragen werden, dass im *Social Web* nicht primär mittels Schrift kommuniziert werden muss, sondern durch Video- oder Audiobeiträge es nahezu jedem möglich ist, an dem Diskurs teilzunehmen.

Zum zweiten ist von Bedeutung, dass Enzensberger davon überzeugt ist, dass in den neuen Medienwelten ebenso „Manipulation“[134] stattfinde und deshalb – auch im Diskurs von Kunst und Kultur – nicht ausschließlich „demokratisch“ oder „herrschaftsfrei“ kommuniziert werde, da auch hier Faktoren wie Macht und Profit eine Rolle spielen könnten. Die veränderten Produktionsverhältnisse des *Social Web*, die jeden zum potentiellen Produzenten erheben, machen ebenso „jeden zum Manipulateur.“[135] Da nun jeder in die Rolle des Produzenten schlüpfen kann, lernt er dabei die Möglichkeiten der Manipulation kennen und ist somit besser in der Lage, sich diesen entgegenzustellen.

Als drittes ist noch zu erwähnen, dass auch Enzensberger sich gegen ein „abgeschlossenes“ Kunstwerk ausspricht, das bei seiner Vorstellung des emanzipatorischen Mediengebrauchs gar nicht wünschenswert sei.[136] Vielmehr soll der Rezipient des Kunstwerks dieses weiterverarbeiten oder daran anschließen können. Hieran kann auch eine Rolle des Users im *Social Web* abgelesen werden: Nicht jeder User ist ein Künstler, aber da das von Künstlern im *Social Web* Produzierte nicht abgeschlossen ist, kann jeder User daran weiterarbeiten und sich so künstlerisch betätigen.

---

132 Enzensberger 1970, S. 178

133 vgl. Enzensberger 1970, S. 182

134 Enzensberger 1970, S. 164

135 Enzensberger 1970, S. 166

136 vgl. Enzensberger 1970, S. 178

Dies führt erneut zu Eco und Barthes, die mit ihren Konzepten des „offenen“ und „schreibbaren“ Kunstwerks Ähnliches intendieren (vgl. oben, in Abschnitt 3.6). Auch wenn Barthes‘ „Weiterschreiben“ eines Kunstwerks in dem Akt des „Nachdenkens“ über das Werk gesehen werden kann, sieht er den Aspekt der Kommunikation über das Kunstwerk sowie die aktive Auseinandersetzung mit dem Kunstwerk (vgl. Abschnitt 3.6). Überträgt man dies auf das *Social Web,* so kann man sagen, dass hier jeder User in der Lage ist, Vorhandenes zu mischen, zu verändern, zu imitieren, zu zitieren oder neu anzuordnen. Aber nicht jeder User ist in der Lage, „Kunst“ zu produzieren, aber eben an vorhandener „Kunst“ weiterzuarbeiten und dabei die „befreienden“ Kräfte der Kunst offenzulegen, was bisher nur dem Künstler vorbehalten war.

Weibel bringt dies folgendermaßen auf den Punkt: „selbst programmieren, nicht nur programmiert werden.“[137] Aber Weibel belässt es nicht bei solchen allgemeinen Aussagen, sondern expliziert, basierend auf seiner Erfahrung als Leiter des Zentrums für Kunst und Medientechnologie in Karlsruhe, wie eine solche, durch die Idee des *„user-generated content“* getragene Ausstellung[138] aussehen könnte: Der Kurator wählt ein Thema und stellt ausgewählte Texte und Kunstwerke in das virtuelle Museum sowie einen Teil davon in das reale, räumlich begrenzte Museum. Das virtuelle Museum ist jedoch nicht statisch und geschlossen, sondern Weibel will damit „jedem die Möglichkeit geben, [...] seine eigenen Gedanken, seine Meinung oder sogar seine eigenen Kunstwerke ins Netz zu stellen. Die Idee ist nun, dass diese Texte, Meinungen und Kunstwerke gleichzeitig wieder in das reale Museum hinein projiziert werden.“[139] Teile der Netzdaten werden also Teil der realen Ausstellung; und durch im Museum bereitgestellte Computer oder mitgebrachte Smartphones ist bei Interesse der Besucher des realen Museums zudem in der Lage, das gesamte virtuelle Datenmaterial zu verfolgen und zu kommentieren oder zu erweitern. Ebenso kann über das Internet jeder Interessierte etwas zu der Ausstellung beitragen, diese kommentieren und ergänzen:

137 Weibel 2007, S. 26

138 vgl. Weibel 2007, S. 27ff

139 Weibel 2007, S. 27

„Die Besucher des Museums haben somit nicht nur Zugang zu Informationen, die von den Kuratoren und Künstler vor Ort kommen, sondern über das Netz auch die Informationen von Personen, die nie im Museum waren oder auch ins Museum kommen werden. Umgekehrt sitzt jemand zuhause in Malaysia oder Südamerika an seinem Computer und kann aus der Ferne nicht nur als Betrachter an dieser Ausstellung teilnehmen, sondern auch als Benutzer, er kann nämlich seine eigenen Kunstwerke und Texte einbringen und diese Eingaben erscheinen [...] dann direkt im Museumsraum. Virtuelle und reale Sphären durchdringen einander."[140]

Literaturmuseum „Gleimhaus" in Halberstadt, das den Nachlass des Dichters Johann Wilhelm Ludwig Gleim beherbergt, demonstriert mit dem Projekt „Gleim-net, Social Networking im 18. Jahrhundert" die Möglichkeit der Verschmelzung von realen Museum und *Social Web*. Gleim, der im 18. Jahrhundert unter anderem mit Klopstock, Lessing, Herder, Jean Paul und Wieland korrespondierte und von dem über 10.000 Briefe archiviert sind, gilt als ein „Netzwerker" des 18. Jahrhunderts und wird deshalb auf der Website des Museums mit „Augenzwinkern [...] als ‚Erfinder von Facebook' bezeichnet."[141] Zusammen mit dem Fachbereich Informatik der Hochschule Harz wurde für ein museumspädagogisches Projekt für Schulkassen eine Facebook-ähnliche Software „Gleim-net" entwickelt. Jedem Jugendlichen wird im Museum eine Rolle einer Dichterin oder Dichter des 18. Jahrhunderts zugelost, beispielsweise Herder oder Klopstock. Mit Hilfe einer kurzen biographischen Information sowie der Exponate im Museum (beispielsweise des Portraits) informieren sich alle Schülerinnen und Schüler über die ihnen zugeteilte Rolle. Dann nutzen sie das *Social-Web-Tool* „Gleim-net", um sich in der durch Facebook bekannten Diskussionsform auszutauschen und diverse Rätsel um die einzelnen Rollen zu lösen. Damit „will das Gleimhaus Jugendlichen und ihre modernen Kommunikationswelt auf Augenhöhe begegnen. Facebook, WhatsApp und Smartphone sollen nicht länger verteufelt, sondern als interessante Phänomene ernst genommen werden."[142] Die meisten Schüler haben keine Berührungsängste, und im spielerischen Chat wird nebenbei nicht nur Literaturgeschichte, sondern

140 Weibel 2007, S. 27

141 www.gleimhaus.de (3.1.2014)

142 Reiter 2014, S. 54

auch Medienkompetenz eingeübt. Auf der Website des Projekts heißt es dazu:

„Das Programm setzt bei der Alltagswirklichkeit der heutigen Jugend an. Es verbindet die Medien der aktuellen sozialen Kommunikation und die Faszination der Technik mit dem Reiz des Rollenspiels zur interaktiven Vermittlung der Dichter und Denker des Aufklärungszeitalters und der Freundschaftskultur des 18. Jahrhunderts. Gleim-net schafft zudem die Möglichkeit, die eigene Gegenwart als eine historisch gewordene zu reflektieren – und das auf unterhaltsame Weise. Für die Lehrkräfte bietet das Programm eine vielleicht seltene Chance, sich in den Kommunikationsmedien der Schülergeneration zu versuchen.“[143]

Im Anschluss an „Gleim-net“ findet für die Jugendlichen ein „klassisches“ museumspädagogisches Programm statt – es können beispielsweise historische Masken ausprobiert werden oder mit Tinte und Feder geschrieben werden. Durch die zuvor durchgeführte virtuelle Kommunikation im *Social Web* „Gleim-net“ ist das Interesse deutlich gesteigert.[144] Und es besteht sogar die Möglichkeit, durch das *Social Web* dies nach dem Museumsbesuch zu vertiefen und andere zu beteiligen, die nicht vor Ort in dem Museum waren.[145] Dieses Projekt zeigt einen Ansatz, in dem das Reale vom Virtuellen profitiert und den Museumsraum deshalb nicht überflüssig macht, sondern ergänzt. Es zeigt auch, was auf praktischer Ebene ein Aspekt des „schreibbaren“ Kunstwerks sein kann: Kommunikation, Diskussion und Austausch über Literatur, die mit Hilfe des *Social Web* unkompliziert möglich ist. Auch die Kompatibilitäten alter Theorien mit neuen Medien werden erneut sichtbar: So zeigt sich der Poet und Aufklärer des 18. Jahrhunderts als Vordenker von *Social Media*.

Das in Anschluss an Lyotard vorgestellte Kooperationsmodell (vgl. Abschnitt 4.4), das weder dem realen noch dem virtuellen Raum einen Vorzug gibt, ist hier in ähnlicher Form wiederzuerkennen. Das Reale profitiert vom Virtuellen und macht das reale Museum deshalb nicht überflüssig, wie Weibel mit Blick auf die Besucher expliziert: „Lokale Betrachter partizipie-

143 URL der Website siehe oben.

144 Reiter 2014, S. 54

145 Bei „Gleim-net“ ist dies derzeit noch nicht möglich, es wäre jedoch eine denkbare Option.

ren am Netz und am Geschehen im realen Raum.“[146] Es verändert sich damit jedoch das Verständnis von „Museum“, von „Theater“ und ähnlichen Kulturbetrieben. Diese werden „also idealerweise zu einer Plattform, in der die Menschen miteinander über die Kunstwerke oder Themenbereiche sprechen, diskutieren etc.“[147]

146 Weibel 2007, S. 27

147 Weibel 2007, S. 29

Zusammenfassung und Ausblick

Durch die Lektüre und Kritik der Argumentationslinien der kulturmanagerialen Forschung, die Analyse der Vernetzung mit kunst- und kulturtheoretischen Diskursen sowie daraus sich entwickelnden Problematiken, die sich durch das Internet und das *Social Web* für Kulturbetriebe ergeben, wurde eine Vielzahl von Problemstellen ermittelt und diskutiert. Die Ergebnisse sollen auf theoretischer Basis helfen, ein neues Herangehen an Online-Medien im deutschsprachigen Kulturbetrieb zu ermöglichen. Der in vielen Fällen vorherrschende, zurückhaltende und teilweise stiefmütterliche Umgang mit ihnen wird bisher mit einer Reihe von Theoriefragmenten begründet, die bei näherer Betrachtung Inkonsequenzen aufweisen, die im Rahmen dieser Arbeit untersucht wurden. Als die wichtigsten Ergebnisse, reduziert auf das zentrale Moment, können folgende drei Punkte genannt werden:

(1) Im Kulturbereich ist die bisherige Befassung mit dem Internet und *Social Media* oberflächlich und technizistisch. Die Analyse der kulturmanagerialen Literatur zum Thema „neue Medien" hat gezeigt, dass der Diskurs primär von drei Argumentationslinien bestimmt wird: Technikdeterministische Ansätze sehen in dem Einsatz neuer Medien eine unvermeidliche Entwicklung, an der kein Weg vorbeiführe. Aufgrund dieser Annahme können sämtliche Überlegungen über die Vor- und Nachteile neuer Medien nahezu vollkommen ausgeblendet werden, was teilweise zu einer unreflektierten und damit blinden Technikeuphorie führt. Ökonomische Argumentationsmodelle stellen die Kostenersparnisse bei Kunstvermittlung und Kulturmarketing mit neuen Medien in den Vordergrund. Dies führt bei einigen Ansätzen ebenso dazu, dass auch hier keine weiteren Reflexionen über mögliche Nachteile oder andere Vorteile notwendig erscheinen, da der öko-

nomische Aspekt als so gewichtig angesehen wird. Geistes- und kulturwissenschaftliche Ansätze berufen sich auf kunst-, kultur- oder medientheoretische Aspekte, um den Einsatz neuer Medien zu bewerten. Es konnte gezeigt werden, dass ein solches Vorgehen gegenüber den beiden anderen Positionen von Vorteil ist, da dieses dem Gegenstand des Kulturbetriebs gerecht wird und zudem keine oder weniger Fragestellungen ausgeblendet werden. Aber es überwiegt bei Vertretern dieser Herangehensweise eine kritische Haltung gegenüber neuen Medien. Deren Einsatz für die Kunst- und Kulturvermittlung wird oft deshalb abgelehnt, weil theoretische Standpunkte eingenommen werden, die im Diskurs der Kunst- und Kulturtheorie als überholt angesehen werden, etwa durch metaphysische Argumente bei Vertretern eines auratischen Kunstverständnisses. Daraus kann gefolgert werden, dass die Auseinandersetzung mit neuen Medien in Kunst und Kulturbetrieb Hand in Hand mit dem Diskurs über allgemeine kunst-, kultur- und medientheoretische Ansätze geführt werden muss, was im dritten und vierten Kapitel dieser Arbeit exemplarisch durchgeführt wurde.

(2) Ein Resultat dieser Auseinandersetzung ist, dass zwischen aktuellen Internetpraktiken und den untersuchten Kunst- und Kulturtheorien eine inhärente Kompatibilität, also ein hoher Grad an Übereinstimmung, der von den Theorien geforderten und im Internet möglichen Handlungs- und Funktionsprinzipen zu erkennen ist. *Social Media* eröffnet neue Möglichkeiten der Kunstproduktion – und das, was nun technisch möglich ist, wurde seit rund hundert Jahren von Philosophen und Künstlern vorgedacht. Das *Social Web* kann deshalb den Raum bereitstellen, der für Kunst, Theater und Literatur im aktuellen Diskurs gefordert wird, da sich zeigte, dass „alte", ursprünglich als utopische geltende Forderungen an Kunst, mit den „neuen" Medien realisierbar sind. Die bisherigen Formen der Präsentation von Kunst, etwa der Museumsbau oder das Theaterhaus, werden dadurch nicht obsolet, sondern können durch eine Fusion von realen und virtuellen Welten nur gewinnen.

(3) Bei einer solchen Fusion wäre der bemerkenswerteste Gewinn durch den partizipativen Aspekt zu erwarten. Während ein grundlegendes Prinzip des Social Web die Idee des „user-generated content" darstellt, ist im Kunstdiskurs etwa seit Beginn der 19. Jahrhunderts eine Bewegung zum Rezipienten zu erkennen, die aktivierende und partizipative Formen fordert. Eine Fusion heißt demnach „user-generated culture", was als der Schlüssel-

begriff für die Zukunft deutscher Museen und Theater gesehen werden sollte.

Während in dieser Arbeit dazu insbesondere die theoretischen Konzepte erörtert wurden, sollten zukünftige Forschungsarbeiten daran anschließen und untersuchen, wie insbesondere die Idee der *„user-generated culture*" in konkrete Online-Präsenzen, beispielsweise in virtuelle Museen, umgesetzt werden könnte. Denn wie nicht nur Jank mit Blick auf die aktuelle Situation feststellt, nutzen „kulturelle Einrichtungen heute nur einen minimalen Anteil der vom *Social Web* angebotenen Möglichkeiten."[1] Und noch deutlicher zeigt sich, dass „die partizipativen Praktiken der Handlungs- und Kommunikationsräume des *Social Web*s die Museen noch nicht wirklich erreicht haben."[2]

Eine Neuausrichtung auf solche partizipative Praktiken, die auf einer reflektierten und theoretisch fundierten Einbeziehung des Users beruhen, bedeutet große Umbaumaßnahmen im Kulturbetrieb. Wie Weibel feststellt, ist dies eine Veränderung, die „vielen Leuten nicht gefallen wird, aber es ist auch eine Revolution", weil eben nun die „Konsumenten versuchen, zum Experten zu werden."[3] Wie erarbeitet wurde, macht dies den Experten im Museum nicht überflüssig, sondern weist ihm als Begleiter und Moderator dieses Prozesses eine andere, aber weiterhin zentrale Rolle zu. Im Anschluss an Weibel wird auch hier die Meinung vertreten, dass Museen (und Kulturbetriebe im Allgemeinen) sich dieses Problem vergegenwärtigen werden müssen:

> „Wenn es uns nicht gelingen sollte, [...] diese Problematik klarzustellen, dann werden die Möglichkeiten einer Kulturerneuerung mit und durch das Internet nicht in den Ausmaßen genutzt werden können, wie es eigentlich möglich wäre. Dann wäre eine Chance für Kultur und Bildung verspielt."[4]

Wie hier ebenfalls erkannt wurde, kann dies nur interdisziplinär geschehen. Theorie und Konzepte aus Informatik, Philosophie und Kulturwissenschaft müssen ständig durch gegenseitigen Austausch auf Kompatibilitäten ge-

1 Jank 2012, S. 153; Details siehe Kapitel 2

2 Jank 2012, S. 153

3 Weibel 2007, S. 29

4 Weibel 2007, S. 31

prüft werden – nicht nur in der Forschung. Wie beispielsweise Schmidt für das Theater fordert, sollten „Back- und Frontendprogrammierer, Digitaldesigner, Informationsarchitekten, App-Entwickler [...] Hacker und Bastler"[5] ebenso selbstverständlich an einem Theater arbeiten wie der Bühnentechniker oder Schauspieler.

Ob man jedoch, wie der im *Social Web* vieldiskutierte Vorschlag lautet, deshalb „Kultur als Software"[6] denken sollte, ist fraglich. Denn aus der Perspektive der Kultureinrichtungen legt dies den Gedanken nahe, dass damit eine weitere Kommerzialisierung der Kultur einherginge – was in dieser Debatte mehrfach deutlich ausgesprochen wird, beispielsweise durch Dirk von Gehlen. Dieser erhofft sich durch die Gleichsetzung von Kultur und Software nicht nur, dass sich „neue Möglichkeiten im Denken und Erstellen von Kunst", sondern eben auch „neue Geschäftsmodelle eröffnen."[7] Gehlen will damit erreichen, dass die „Digitalisierung nicht als Bedrohung, sondern als Chance [gesehen wird]"[8] – bewirkt aber wohl genau das Gegenteil (vgl. dazu Kapitel 2, insbesondere Abschnitt 2.2). Schmidt unterbreitet hier einen anderen[9] Vorschlag (vgl. Abschnitt 4.5): Er bedient sich ebenfalls eines Begriffs der Informatik und spricht von dem „agilen Theater", was jedoch mehr auf den Prozess statt auf das Produkt zielt. Übertragen auf den Begriff der *user-generated culture* könnte dies also heißen: „Kultur" soll nicht mit „Software" gleichgesetzt werden, vielmehr kann aber die „Kunst- und Kulturproduktion" von der „agilen Softwareentwicklung"[10] lernen. Denn in der Softwareentwicklung heißt „agil" vereinfacht

---

5 Schmidt 2014

6 Gehlen 2013, S. 8; in Anlehnung an den „liquid culture" Ansatz der Blogger Blumritt, Köhler und David, die ebenfalls in dem Buch zu Worte kommen (www.slow-media.net, 13.5.2014).

7 Gehlen 2013, S. 9. Eine Leitfrage des Buches lautet, wie „eigentlich neue Geschäftsmodelle für Kunst und Kultur im digitalen Raum aus[sehen]" (Gehlen 2013, S. 22). Zur Problematik der Verwendung des Begriffs „Geschäftsmodell" im Kulturbereich vgl. auch Frank 2010b, S. 20ff.

8 Gehlen 2013, S. 9

9 Auch von Gehlen denkt dabei zeitweise an den Prozess. So heißt es an einer anderen Stelle, man solle „Kulturproduktion wie ein Fußballspiel verstehen" (Gehlen 2013, S. 19).

10 Starke 2011, S. 6; Starke bezieht sich hier auf den Ansatz von Hruschka.

gesagt: „beweglich und flexibel zu sein, Mitdenken statt ‚Dienst nach Vorschrift' und Dogma."[11] Somit könnten die Schwerpunkte der agilen Softwarenwicklung[12] als Leitgedanken für die Umsetzung des Umbaus zu *user-generated culture* fungieren:

- offen für Änderungen statt Festhalten an alten Plänen;
- eher ergebnisorientiert als prozessorientiert;
- „Miteinander darüber reden" statt „gegeneinander arbeiten";
- eher Vertrauen statt Kontrolle;
- Bottom-up etablieren statt Top-down diktieren.

Wie dies Konzept der agilen Softwarenentwicklung im Detail für den Umbau der Kulturproduktion zu nutzen wäre, müssen weitere Forschungsarbeiten klären. Abschließend bleibt hier nur Folgendes festzuhalten: Wird dieser notwendige Umbau nicht begonnen, werden Kulturbetriebe, wie Weibel mit Blick auf das Museum feststellte, endgültig den Einfluss verlieren, aktuelle Kunst und Kultur und damit die Entwicklung der Gesellschaft im digitalen Zeitalter mitzugestalten:

> „[Dann] wird das Museum irgendwann eine relativ obsolete Funktion haben, denn der Betrachter wird sagen, ich gehe nur noch ins Museum, wenn ich ein Kulturverhalten verspüren möchte wie im 19. oder 20. Jahrhundert."[13]

11 Starke 2011, S. 6

12 nach Starke und Hruschka, vgl. Starke 2011, S. 6 und www.agilemanifesto.org (1.7.2014)

13 Weibel 2007, S. 29

Literatur

Adorno, Theodor W. (1993 orig. 1972): Ästhetische Theorie. Frankfurt am Main.

Adorno, Theodor W. (1998 orig. 1966): Negative Dialektik. Frankfurt am Main.

Adorno, Theodor W. (2009 orig. 1953): Prolog zum Fernsehen. In: Michael Grisko (Hg.): Texte zur Theorie und Geschichte des Fernsehens. Stuttgart, S. 52–66.

Adorno, Theodor W.; Horkheimer, Max (1995 orig. 1947): Dialektik der Aufklärung. Philosophische Fragmente. Frankfurt am Main.

Alby, Tom (2007): Web 2.0. Konzepte Anwendungen Technologien. München.

Alexander, Thor (2006): Elektronischer Knigge. Netiquette und Verhaltensregeln für die berufliche und private Tele- und Onlinekommunikation. Berlin.

Anderson, Chris (2007): The long tail. Nischenprodukte statt Massenmarkt. Das Geschäft der Zukunft. München.

Autsch, Sabiene (2005): „Expositionen“ – Künstlerhaus und Atelier im Medienumbruch. In: Sabiene Autsch, Michael Grisko und Peter Seibert (Hg.): Atelier und Dichterzimmer in neuen Medienwelten. Zur aktuellen Situation von Künstler- und Literaturhäusern. Bielefeld, S. 27–54.

Autsch, Sabiene; Grisko, Michael; Seibert, Peter (Hg.) (2005): Atelier und Dichterzimmer in neuen Medienwelten. Zur aktuellen Situation von Künstler- und Literaturhäusern. Bielefeld.

Baecker, Dirk (2007): Studien zur nächsten Gesellschaft. Frankfurt am Main.

Balzert, Helmut; Schröder, Marion; Schäfer, Christian (2011): Wissenschaftliches Arbeiten. Ethik, Inhalt und Form wissenschaftlicher Arbeiten in der Wirtschaftsinformatik. Herdecke.

Bamberger, Daniela (2011): Kulturelles Marketing und Social Media am Beispiel des Städel Museums. In: Bernd Wagner (Hg.): Jahrbuch für Kulturpolitik 2011. Digitalisierung und Internet. Essen, S. 215–218.

Bamberger, Daniela; Baksa-Soós, Máté; D'Angelo, Viviana; Greisinger, Sybille; Gries, Christian (Hg.) (2013): All You Tweet Is Love. Tweetups in Kultureinrichtungen. Bonn.

Barabási, Albert-László (2003): Linked. How everything is connected to everything else and what it means for business, science, and everyday life. New York.

Barthes, Roland (1987 orig. 1970): S/Z. Frankfurt am Main.

Barthes, Roland (1999 orig. 1973): Die Lust am Text. Frankfurt am Main.

Barthes, Roland (2000 orig. 1968): Der Tod des Autors. In: Fotis Jannidis, Gerhard Lauer, Matias Martínez und Simone Winko (Hg.): Texte zur Theorie der Autorschaft. Stuttgart, S. 185–193.

Barthes, Roland (Hg.) (2002a orig. 1985): Das semiologische Abenteuer. Frankfurt am Main.

Barthes, Roland (2002b orig. 1985): Einführung in die strukturale Analyse von Erzählungen. In: Roland Barthes (Hg.): Das semiologische Abenteuer. Frankfurt am Main, S. 102–143.

Barthes, Roland (2010 orig. 1980): Die helle Kammer. Bemerkung zur Photographie. Frankfurt am Main.

Barthes, Roland (2012 orig. 1957): Mythen des Alltags. Berlin.

Bartsch, Ingo (Hg.) (2002): Auch wir Maschinen, auch wir mechanisiert! Die zweite Phase des italienischen Futurismus 1915–1945. Bielefeld.

Baudrillard, Jean (1982 orig. 1976): Der symbolische Tausch und der Tod. München.

Baudrillard, Jean (1995): Illusion, Desillusion, Ästhetik. In: Stefan Iglhaut und Florian Rötzer (Hg.): Illusion und Simulation. Begegnung mit der Realität. Ostfildern, S. 90–101.

Baus, Christine (2008): Das Formelle in der informellen Malerei. Heidelberg.

Benjamin, Walter (1981 orig. 1936): Das Kunstwerk im Zeitalter seiner technischen Reproduzierbarkeit. Drei Studien zur Kunstsoziologie. 12. Auflage. Frankfurt am Main.

Berressem, Hanjo (1995): Félix Guattari. In: Norbert Retlich und Bernd Lutz (Hg.): Metzler Philosophen Lexikon. 2. Auflage. Stuttgart, S. 332–335.

Berressem, Hanjo (1998): Gilles Deleuze. In: Ansgar Nünning (Hg.): Metzler-Lexikon Literatur- und Kulturtheorie. Stuttgart, S. 86–87.

Bertram, Georg W. (2005): Kunst. Eine philosophische Einführung. Stuttgart.

Beuys, Joseph (1995 orig. 1985): Sprechen über Deutschland. Rede vom 20. November 1985 in den Münchner Kammerspielen. Wangen.

Biermann, Harald (1999): Museum im Internet. In: Petra Rösgen (Hg.): Informationstechnologie im Museum. Wissenschaftliches Symposion am 1. und 2. Dezember 1997 im Haus der Geschichte der Bundesrepublik Deutschland, Bonn. Bonn, S. 185–195.

Bleicher, Joan Kristin (2005): Vom Programm durch das Portal in den Cyberspace. Ordnungsmuster von Internetangeboten. In: Ludwig Fischer (Hg.): Programm und Programmatik. Kultur- und medienwissenschaftliche Analysen. Konstanz, S. 357–370.

Bogen, Manfred; Kuck, Roland; Schröter, Jens (Hg.) (2009): Virtuelle Welten als Basistechnologie für Kunst und Kultur? Eine Bestandsaufnahme. Bielefeld.

Bolwin, Rolf (2010): Gesunder Selbsterhaltungstrieb: Theater im digitalen Zeitalter. In: Olaf Zimmermann und Theo Geißler (Hg.): Digitalisierung. Kunst und Kultur 2.0. Berlin, S. 18–20.

Bolz, Norbert (1994): Computer als Medium – Einleitung. In: Norbert Bolz, Friedrich A. Kittler und Georg Christoph Tholen (Hg.): Computer als Medium. München, S. 9–16.

Bolz, Norbert (1995a): Am Ende der Gutenberg-Galaxis. Die neuen Kommunikationsverhältnisse. München.

Bolz, Norbert (1995b): Deleuze/Guattari. Anti-Ödipus. Kapitalismus und Schizophrenie I. In: Rolf Günter Renner und Engelbert Habekost (Hg.): Lexikon literaturtheoretischer Werke. Stuttgart, S. 33–35.

Bolz, Norbert (1995c): Deleuze/Guattari. Kafka. Für eine kleine Literatur. In: Rolf Günter Renner und Engelbert Habekost (Hg.): Lexikon literaturtheoretischer Werke. Stuttgart, S. 191–192.

Bolz, Norbert (1995d): Inszenierte Welt. In: Michael Fehr (Hg.): Platons Höhle. Das Museum und die elektronischen Medien. Köln, S. 159–166.

Brecht, Bertolt (1967): Schriften zur Literatur und Kunst I. Gesammelte Werke Band 18. Frankfurt am Main.

Breidenich, Christof (2010): Wie kommen die neuen Medien in die alten Menschen? Ästhetik, Gestaltung und Internet im Spiegel der Kultur- und Kunstgeschichte. In: Hans Scheurer und Ralf Spiller (Hg.): Kultur 2.0. Neue Web-Strategien für das Kulturmanagement im Zeitalter von Social Media. Bielefeld, S. 101–117.

Breitenbach, Patrick (2010): Kultur zu vernetzen. Ein Plädoyer zur digitalen Vernetzung von Kultur. In: Hans Scheurer und Ralf Spiller (Hg.): Kultur 2.0. Neue Web-Strategien für das Kulturmanagement im Zeitalter von Social Media. Bielefeld, S. 92–100.

Brock, Bazon (1995): Vom Höhlenschatten zum neuronalen Höhlenzeichen. Eine verkürzte Perspektive. In: Michael Fehr (Hg.): Platons Höhle. Das Museum und die elektronischen Medien. Köln, S. 21–24.

Bunz, Mercedes (2008): Vom Speicher zum Verteiler. Die Geschichte des Internet. Berlin.

Busemann, Katrin (2013): Wer nutzt was im Social Web? In: Media Perspektiven (7-8), S. 391–400.

Busemann, Katrin; Gscheidle, Christoph (2012): Web 2.0: Habitualisierung der Social Communitys. Ergebnisse der ARD/ZDF-Onlinestudie 2012. In: Media Perspektiven (7-8), S. 380–391.

Cassirer, Ernst (2009 orig. 1930): Schriften zur Philosophie der symbolischen Formen. Hamburg.

Castells, Manuel (2005): Die Internet-Galaxie. Internet, Wirtschaft und Gesellschaft. Wiesbaden.

Clemens, Hans; Wolters, Christof (1996): Sammeln, Erforschen, bewahren und Vermitteln. Das Sammlungsmanagement auf dem Weg vom Papier zum Computer. In: Mitteilungen und Berichte aus dem Institut für Museumskunde Berlin (6), S. 6–10.

Culler, Jonathan (1999): Dekonstruktion. Derrida und die poststrukturalistische Literaturtheorie. Reinbek bei Hamburg.

Culnan, Mary; Markus, Lynne (1987): Information Technologies. In: Fredric M. Jablin (Hg.): Handbook of organizational communication. An interdisciplinary perspective. Newbury Park, Calif, S. 420–443.

Daft, Richard L.; Lengel, Robert H. (1986): Organizational Information Requirements, Media Richness and Structural Design. In: Management Science 32 (5), S. 554–571.

Danto, Arthur C. (1991): Die Verklärung des Gewöhnlichen. Eine Philosophie der Kunst. Frankfurt am Main.

Davis, Erik (1998): Techgnosis. Myth, magic, mysticism in the age of information. New York.

Degele, Nina (2002): Einführung in die Techniksoziologie. München.

Deleuze, Gilles (1994 orig. 1981): Logik der Sensation. Francis Bacon. 2 Bände. München.

Deleuze, Gilles; Guattari, Félix (1976 orig. 1975): Kafka. Für eine kleine Literatur. Frankfurt am Main.

Deleuze, Gilles; Guattari, Félix (1977 orig. 1972): Anti-Ödipus: Kapitalismus und Schizophrenie I. Frankfurt am Main.

Deleuze, Gilles; Guattari, Félix (1977): Rhizom. Berlin.

Deleuze, Gilles; Guattari, Félix (2000 orig. 1991): Was ist Philosophie? Frankfurt am Main.

Deleuze, Gilles; Guattari, Félix (2005 orig. 1980): Tausend Plateaus. Kapitalismus und Schizophrenie. 6. Aufl. Berlin.

Dennis, Alan R.; Kinney, Susan T. (1998): Testing Media Richness Theory in the New Media: The Effects of Cues, Feedback, and Task Equivocality. In: Information Systems Research (9), S. 256–274.

Derrida, Jacques (Hg.) (1976a orig. 1967): Die Schrift und die Differenz. Frankfurt am Main.

Derrida, Jacques (1976b orig. 1967): Die Struktur, das Zeichen und das Spiel im Diskurs der Wissenschaft der Menschen. In: Jacques Derrida (Hg.): Die Schrift und die Differenz. Frankfurt am Main, S. 422–442.

Derrida, Jacques (1976c orig. 1967): Von der beschränkten zur allgemeinen Ökonomie. Ein rückhaltloser Hegelanismus. In: Jacques Derrida (Hg.): Die Schrift und die Differenz. Frankfurt am Main, S. 380–421.

Derrida, Jacques (1986): Positionen. Gespräche mit Henri Ronse, Julia Kristeva, Jean-Louis Houdebine, Guy Scarpetta. Graz.

Derrida, Jacques (1999): Randgänge der Philosophie. Wien.

Derrida, Jacques (2004 orig. 1967): Grammatologie. Frankfurt am Main.

Diemand, Vanessa; Mangold, Michael; Weibel, Peter (Hg.) (2007): Weblogs, Podcasting und Videojournalismus. Neue Medien zwischen demokratischen und ökonomischen Potenzialen. Hannover.

Dietschreit, Frank (1986): Enzensberger. In: Bernd Lutz (Hg.): Metzler Autoren Lexikon. Deutschsprachige Dichter und Schriftsteller vom Mittelalter bis zur Gegenwart. Stuttgart, S. 139–140.

Dietschreit, Frank; Heinze-Dietschreit, Barbara (1986): Hans Magnus Enzensberger. Stuttgart.

Disse, Jörg (2001): Kleine Geschichte der abendländischen Metaphysik. Von Platon bis Hegel. Darmstadt.

Dombois, Johanna (2008): Die Unruhe hinter der Uhr zu lesen suchen. Vom Umgang mit den Neuen Medien in der Opernarbeit. In: Henri Schoenmakers, Stefan Bläske, Kay Kirchmann und Jens Ruchatz (Hg.): Theater und Medien. Grundlagen – Analysen – Perspektiven; eine Bestandsaufnahme. Bielefeld, S. 347–356.

Doulis, Mario; Agotai, Doris; Wyss, Hans Peter (2009): Spatial Interface Wahrnehmungsfelder und Gestaltungsansätze im Virtuellen Raum. In: Manfred Bogen, Roland Kuck und Jens Schröter (Hg.): Virtuelle Welten als Basistechnologie für Kunst und Kultur? Eine Bestandsaufnahme. Bielefeld, S. 55–64.

Drda-Kühn, Karin; Marschall, Alexander (2011): Mut zum Experiment – soziale Netzwerke als Chance für den Kulturtourismus im ländlichen Raum. In: Karin Janner, Christian Holst und Axel Kopp (Hg.): Social Media im Kulturmanagement. Grundlagen, Fallbeispiele, Geschäftsmodelle, Studien. Heidelberg, S. 303–312.

Düttmann, Gracía (1995): Jaques Derrida. Die Schrift und die Differenz. In: Rolf Günter Renner und Engelbert Habekost (Hg.): Lexikon literaturtheoretischer Werke. Stuttgart, S. 113–114.

Eagleton, Terry (1994): Ästhetik. Die Geschichte ihrer Ideologie. Stuttgart.

Ebersbach, Anja; Glaser, Markus; Heigl, Richard (2011): Social Web. Konstanz.

Eco, Umberto (1984 orig. 1964): Apokalyptiker und Integrierte. Zur kritischen Kritik der Massenkultur. Frankfurt am Main.

Eco, Umberto (1990 orig. 1962): Das offene Kunstwerk. Frankfurt am Main.

Eco, Umberto (1991): Semiotik – Entwurf einer Theorie der Zeichen. München.

Eco, Umberto (1994 orig. 1968): Einführung in die Semiotik. München.

Egenhofer, Sebastian (1996): The sublime is now. Zu den Schriften und Gesprächen Barnett Newmans. Koblenz.

Eirund, Helmut; Klütsch, Christoph; Koplin, Martin; Schatral, Susanne (2007): Augmented museum – Besucher erkunden und gestalten mit. In: Michael Mangold, Peter Weibel und Julie Woletz (Hg.): Vom Betrachter zum Gestalter. Neue Medien in Museen – Strategien Beispiele und Perspektiven für die Bildung. Baden-Baden, S. 185–201.

Elzenheimer, Regine (2008): Simultaneität – Immaterialität – Performativität. Aspekte der Integration elektronischer und live-elektronischer Medien im zeitgenössischen Musik-Theater. In: Henri Schoenmakers, Stefan Bläske, Kay Kirchmann und Jens Ruchatz (Hg.): Theater und Medien. Grundlagen – Analysen – Perspektiven; eine Bestandsaufnahme. Bielefeld, S. 337–346.

Engell, Lorenz (1998): Umberto Eco. In: Ansgar Nünning (Hg.): Metzler-Lexikon Literatur- und Kulturtheorie. Stuttgart, S. 106–107.

Enzensberger, Hans Magnus (1962): Einzelheiten Band 1: Bewußtseins-Industrie. Frankfurt am Main.

Enzensberger, Hans Magnus (1970): Baukasten zu einer Theorie der Medien. In: Kursbuch (20), S. 159–186.

Enzensberger, Hans Magnus (1988): Die vollkommene Leere. Das Nullmedium Oder Warum alle Klagen über das Fernsehen gegenstandslos sind. In: Der Spiegel (20), S. 234–244.

Enzensberger, Hans Magnus (2000a): Das digitale Evangelium. Propheten, Nutznießer und Verächter. In: Der Spiegel (2), S. 96–101.

Enzensberger, Hans Magnus (2000b): Einladung zu einem Poesie-Automaten. Frankfurt am Main.

Ernst, Christoph (2010): Emergente Öffentlichkeit? Bausteine zu einer Theorie der Weböffentlichkeit. In: Konrad Scherfer (Hg.): Webwissenschaft. Eine Einführung. Berlin, S. 73–90.

Ette, Ottmar (1998): Roland Barthes. In: Ansgar Nünning (Hg.): Metzler-Lexikon Literatur- und Kulturtheorie. Stuttgart, S. 36–37.

Faßler, Manfred (1997): Handlung ohne Ende? Simulation, elektronisch verteiltes Wissen und programmierte Hybride. In: Irmela Schneider und Christian Werner Thomsen (Hg.): Hybridkultur. Medien, Netze, Künste. Köln, S. 299–323.

Fehr, Michael (Hg.) (1995): Platons Höhle. Das Museum und die elektronischen Medien. Köln.

Fehr, Michael (Hg.) (1998): Open Box. Künstlerische und wissenschaftliche Reflexionen des Museumsbegriffs. Karl-Ernst-Osthaus-Museum. Köln.

Feyerabend, Paul (1986 orig. 1976): Wider den Methodenzwang. Frankfurt am Main.

Filk, Christian (2007): Das Weltbild des Ohres. Reflexionen über 80 Jahre Radioforschung. In: medienheft (24.8.2007), S. 1–18.

Fischer-Lichte, Erika (1997): Die Entdeckung des Zuschauers. Paradigmenwechsel auf dem Theater des 20. Jahrhunderts. Tübingen.

Flusser, Vilém (1985): Ins Universum der technischen Bilder. Göttingen.

Foucault, Michel (1984): Von der Freundschaft als Lebensweise. Im Gespräch. Berlin.

Foucault, Michel (1988): Was ist ein Autor? In: Michel Foucault (Hg.): Schriften zur Literatur. Frankfurt am Main, S. 7–31.

Foucault, Michel (2003 orig. 1966): Die Ordnung der Dinge. Eine Archäologie der Humanwissenschaften. Frankfurt am Main.

Frank, Simon A. (2010a): Kulturgezwitscher 2009. Twitter-Nutzung im Kunst- und Kulturbetrieb – Daten der Erhebung 2009. Norderstedt.

Frank, Simon A. (2010b): Über Raubvögel, Hegel und das „Geschäftsmodell 2.0“ für den Kunst- und Kulturbereich. In: Geschäftsmodelle im Web 2.0. Sonderheft zu Kulturmanagement Network, S. 20–22.

Frank, Simon A. (2010c): User-generated culture. Die inhärente Kompatibilität von Internetpraxis, Kunst- und Kulturtheorie als Fundament zukünftiger Kulturangebote. In: Hans Scheurer und Ralf Spiller (Hg.): Kultur 2.0. Neue Web-Strategien für das Kulturmanagement im Zeitalter von Social Media. Bielefeld, S. 16–27.

Frank, Simon A. (2011a): Kulturmarketing im Internet. In: Armin Klein (Hg.): Kompendium Kulturmanagement. Handbuch für Studium und Praxis. München, S. 559–586.

Frank, Simon A. (2011b): Nachhaltigkeit als „regualtive Idee“. In: Patrick S. Föhl, Patrick Glogner-Pilz, Markus Lutz und Yvonne Pröbstle (Hg.): Nachhaltige Entwicklung in Kulturmanagement und Kulturpolitik. Ausgewählte Grundlagen und strategische Perspektiven. Wiesbaden, S. 207–218.

Frank, Simon A. (2011c): Online-Kulturmarketing und Social Media. In: Armin Klein (Hg.): Kompendium Kulturmarketing. Handbuch für Studium und Praxis. München, S. 141–166.

Frank, Simon A. (2011d): Retweet @Zarathustra: Also! Die Kommunikationskultur auf Twitter als (Un)Heilsbringer für den Kunst- und Kulturbetrieb? In: Karin Janner, Christian Holst und Axel Kopp (Hg.): Social Media im Kulturmanagement. Grundlagen, Fallbeispiele, Geschäftsmodelle, Studien. Heidelberg, S. 419–430.

Freud, Sigmund (2010 orig. 1930): Das Unbehagen in der Kultur. Stuttgart.

Frisch, Florian (2014): Kulturgezwitscher und Trollgebashe. In: das Orchester (4), S. 14–17.

Gabriel, Roland; Weber, Peter; Schroer; Nadja; Lux, Thomas (2012): Basiswissen Wirtschaftsinformatik. Herdecke, Witten.

Gall, Lothar; Pohl, Manfred (1999): Die Eisenbahn in Deutschland. Von den Anfängen bis zur Gegenwart. München.

Gehlen, Dirk von (2013): Eine neue Version ist verfügbar – Update. Wie die Digitalisierung Kunst und Kultur verändert. Berlin.

Gemmeke, Claudia (2001): Real und digital. Multimedia im Museum. In: Claudia Gemmeke, Hartmut John und Harald Krämer (Hg.): Euphorie digital? Aspekte der Wissensvermittlung in Kunst, Kultur und Technologie. Tagungsband zur gleichnamigen Veranstaltung des Fortbildungszentrums Abtei Brauweiler/Rheinisches Archiv- und Museumsamt und des Heinz-Nixdorf-Museums-Forums, Paderborn, am 28./ 29. September 1998. Bielefeld, S. 183–190.

Gemmeke, Claudia; John, Hartmut; Krämer, Harald (Hg.) (2001a): Euphorie digital? Aspekte der Wissensvermittlung in Kunst, Kultur und Technologie. Tagungsband zur gleichnamigen Veranstaltung des Fortbildungszentrums Abtei Brauweiler/Rheinisches Archiv- und Museumsamt und des Heinz-Nixdorf-MuseumsForums, Paderborn, am 28./ 29. September 1998. Fortbildungszentrum für Museen; Rheinland. Bielefeld.

Gemmeke, Claudia; John, Hartmut; Krämer, Harald (2001b): Vorwort. In: Claudia Gemmeke, Hartmut John und Harald Krämer (Hg.): Euphorie digital? Aspekte der Wissensvermittlung in Kunst, Kultur und Technologie. Tagungsband zur gleichnamigen Veranstaltung des Fortbildungszentrums Abtei Brauweiler/Rheinisches Archiv- und Museumsamt und des Heinz-Nixdorf-MuseumsForums, Paderborn, am 28./ 29. September 1998. Bielefeld, S. 9–11.

Gerchow, Jan; Gesser, Susanne; Jannelli, Angela (2012): Nicht von gestern! Das historische museum frankfurt wird zum Stadtmuseum für das 21. Jahrhundert. In: Susanne Gessner, Martin Handschin, Angela Jannelli und Sibylle Lichtensteiger (Hg.): Das partizipative Museum. Zwischen Teilhabe und User Generated Content: neue Anforderungen an kulturhistorische Ausstellungen. Bielefeld, S. 22–32.

Gessner, Susanne; Handschin, Martin; Jannelli, Angela; Lichtensteiger, Sibylle (Hg.) (2012a): Das partizipative Museum. Zwischen Teilhabe und User Generated Content: neue Anforderungen an kulturhistorische Ausstellungen. Bielefeld.

Gessner, Susanne; Handschin, Martin; Jannelli, Angela; Lichtensteiger, Sibylle (2012b): Das partizipative Museum: Gesellschaftspolitische Grundlagen und programmatische Entwürfe. Einführung. In: Susanne Gessner, Martin Handschin, Angela Jannelli und Sibylle Lichtensteiger (Hg.): Das partizipative Museum. Zwischen Teilhabe und User Generated Content: neue Anforderungen an kulturhistorische Ausstellungen. Bielefeld, S. 72–74.

Gessner, Susanne; Jannelli, Angela; Handschin, Martin; Lichtensteiger, Sibylle (2012c): Das partizipative Museum. In: Susanne Gessner, Martin Handschin, Angela Jannelli und Sibylle Lichtensteiger (Hg.): Das partizipative Museum. Zwischen Teilhabe und User Generated Content: neue Anforderungen an kulturhistorische Ausstellungen. Bielefeld, S. 10–19.

Giesecke, Michael (2001): Herkunft und Zukunft der Museen als kulturelle Informationsspeicher. In: Claudia Gemmeke, Hartmut John und Harald Krämer (Hg.): Euphorie digital? Aspekte der Wissensvermittlung in Kunst, Kultur und Technologie. Tagungsband zur gleichnamigen Veranstaltung des Fortbildungszentrums Abtei Brauweiler/Rheinisches Archiv- und Museumsamt und des Heinz-Nixdorf-Museums-Forums, Paderborn, am 28./ 29. September 1998. Bielefeld, S. 63–78.

Glaser, Hermann (1990): Aura, Museum, Aufhebung. Kultur im Zeitalter der technischen Reproduzierbarkeit. In: Achim Preiß und Hugo Borger (Hg.): Das Museum. Die Entwicklung in den 80er Jahren; Festschrift für Hugo Borger zum 65. Geburtstag. München, S. 141–150.

Glaser, Peter (1997): Magischer Hauch. In: Spiegel Spezial: Der digitale Mensch 3, S. 27–28.

Glesner, Julia (2005): Theater und Internet. Zum Verhältnis von Kultur und Technologie im Übergang zum 21. Jahrhundert. Bielefeld.

Grassmuck, Volker (2010): Die Kulturflatrate als Antwort auf das Internet. Von der Vision eines Sozialvertrags in einer Kulturgesellschaft. In: Olaf Zimmermann und Theo Geißler (Hg.): Digitalisierung. Kunst und Kultur 2.0. Berlin, S. 184–187.

Grassmuck, Volker (2011): Kreativität und ihre Bezahlung: vom Marktversagen zu Peer-to-Peer. In: Bernd Wagner (Hg.): Jahrbuch für Kulturpolitik 2011. Digitalisierung und Internet. Essen, S. 341–348.

Große, Ernst-Ulrich (1998): Konnotation. In: Ansgar Nünning (Hg.): Metzler-Lexikon Literatur- und Kulturtheorie. Stuttgart, S. 279–280.

Groth, Peter (1980): Hörspiele und Hörspieltheorien sozialkritischer Schriftsteller in der Weimarer Republik. Berlin.

Groys, Boris (1997): Logik der Sammlung. Am Ende des musealen Zeitalters. München.

Günzel, Stephan; Schmidt-Grépály, Rüdiger (Hg.) (2002): Nietzsches Schreibmaschinentexte. Weimar.

Hächler, Beat (2012): Gegenwartsräume. Ansätze einer sozialen Szenografie im Museum. In: Susanne Gessner, Martin Handschin, Angela Jannelli und Sibylle Lichtensteiger (Hg.): Das partizipative Museum. Zwischen Teilhabe und User Generated Content: neue Anforderungen an kulturhistorische Ausstellungen. Bielefeld.

Handschin, Martin; Lichtensteiger, Sibylle; Vögeli, Detlef (2012): Gegenwart als Kernthema und Partizipation als Selbstverständnis: das Stapferhaus Lenzburg. In: Susanne Gessner, Martin Handschin, Angela Jannelli und Sibylle Lichtensteiger (Hg.): Das partizipative Museum. Zwischen Teilhabe und User Generated Content: neue Anforderungen an kulturhistorische Ausstellungen. Bielefeld, S. 33–40.

Hartmann, Frank (2010): Techniktheorie der Medien. In: Stefan Weber (Hg.): Theorien der Medien. Von der Kulturkritik bis zum Konstruktivismus. Konstanz, S. 51–77.

Hartmann, Peter; Höhne, Inga (2007): MNT 2.0 – Zur Weiterentwicklung der MedienNutzer-Typologie. In: Media Perspektiven (5), S. 235-241.

Hartmann, Sebastian (2011): neanderweb 2.0 – „Evolution“ als Konzept für das Neanderthal Museum im Social Web. In: Karin Janner, Christian Holst und Axel Kopp (Hg.): Social Media im Kulturmanagement. Grundlagen, Fallbeispiele, Geschäftsmodelle, Studien. Heidelberg, S. 269–284.

Haselbach, Dieter; Klein, Armin; Knüsel, Pius; Opitz, Stephan (2012): Der Kulturinfarkt. Von Allem zu viel und überall das Gleiche: eine Polemik über Kulturpolitik, Kulturstaat, Kultursubvention. München.

Hauptmann, Elisabeth (1967): Anmerkungen zur Bertolt Brechts Kunst und Literatur I. Gesammelte Werke Band 18. Frankfurt am Main.

Held, Jutta; Schneider, Norbert; Held-Schneider (2007): Grundzüge der Kunstwissenschaft. Gegenstandsbereiche, Institutionen, Problemfelder. Köln.

Helmes, Günter; Köster, Werner (2002): Texte zur Medientheorie. Stuttgart.

Henner-Fehr, Christian (2011): Crowdfunding: mit kleinen Beträgen Kunst und Kultur unterstüzen. In: Bernd Wagner (Hg.): Jahrbuch für Kulturpolitik 2011. Digitalisierung und Internet. Essen, S. 231–234.

Hippner, Hajo (2006): Bedeutung, Anwendungen und Einsatzpotenziale von Social Software. In: Knut Hildebrand und Josefine Hofmann (Hg.): Social Software. Heidelberg, S. 30–35.

Hochmuth, Uwe; Diemand, Vanessa; Lindner, Christina; Weibel, Peter (Hg.) (2009): Ich, Wir und Die Anderen. Neue Medien zwischen demokratischen und ökonomischen Potenzialen II. Hannover.

Hollein, Max (2004): Rettet die Aura! Eine Polemik gegen die Virtualisierung und Technisierung der Museen. In: Tagesspiegel 2004, 28.05.2004. Online verfügbar unter http://www.tagesspiegel.de/kultur/rettet-die-aura/519600.html.

Holst, Christian (2010): „Ein ungeheures Kanalsystem“ Podcasts im Medienmix von Kultureinrichtungen. In: Hans Scheurer und Ralf Spiller (Hg.): Kultur 2.0. Neue Web-Strategien für das Kulturmanagement im Zeitalter von Social Media. Bielefeld, S. 138–150.

Horst, Thomas (1995): Walter Benjamin. In: Norbert Retlich und Bernd Lutz (Hg.): Metzler Philosophen Lexikon. Stuttgart, S. 102–104.

Hüllen, Werner (1985): Erzählte Semiotik. Betrachtungen zu Umberto Ecos ‚Der Name der Rose‘. In: Renate Haas und Christine Klein-Braley (Hg.): Literatur im Kontext. Festschrift für Helmut Schrey. Sankt Augustin, S. 113–132.

Hünnekens, Annette (2002): Expanded museum. Kulturelle Erinnerung und virtuelle Realitäten. Bielefeld.

Imhof, Kurt (2012): Die Musealisierung des Aktuellen: eine Kritik. In: Susanne Gessner, Martin Handschin, Angela Jannelli und Sibylle Lichtensteiger (Hg.): Das partizipative Museum. Zwischen Teilhabe und User Generated Content: neue Anforderungen an kulturhistorische Ausstellungen. Bielefeld, S. 61–71.

Jank, Sabine (2012): Strategie der Partizipation. In: Susanne Gessner, Martin Handschin, Angela Jannelli und Sibylle Lichtensteiger (Hg.): Das partizipative Museum. Zwischen Teilhabe und User Generated Content: neue Anforderungen an kulturhistorische Ausstellungen. Bielefeld, S. 146–155.

Janner, Karin (2010): Marketing 2.0. In: Hans Scheurer und Ralf Spiller (Hg.): Kultur 2.0. Neue Web-Strategien für das Kulturmanagement im Zeitalter von Social Media. Bielefeld, S. 119–138.

Janner, Karin (2011): Blog, Facebook, Twitter, YouTube – was soll ich nutzen? Orientierung im Dschungel der Tools. In: Karin Janner, Christian Holst und Axel Kopp (Hg.): Social Media im Kulturmanagement. Grundlagen, Fallbeispiele, Geschäftsmodelle, Studien. Heidelberg, S. 25–56.

Jürgens, Ekkehard (2001): Internet: Forschungsfeld mit Fallstricken. In: Werner Heinrichs und Armin Klein (Hg.): Deutsches Jahrbuch für Kulturmanagement 2000. Baden-Baden, S. 97–111.

Kaiser, Marcus; Hopf, Gregor (2011): Blog, Facebook, Twitter, YouTube – was soll ich nutzen? Orientierung im Dschungel der Tools. In: Karin Janner, Christian Holst und Axel Kopp (Hg.): Social Media im Kulturmanagement. Grundlagen, Fallbeispiele, Geschäftsmodelle, Studien. Heidelberg, S. 77–100.

Kamper, Dietmar (1991): Mimesis und Simulation. Von den Körpern zu den Maschinen. In: Kunstforum International (114), S. 86–94.

Kant, Immanuel (1997 orig. 1781/1787): Kritik der reinen Vernunft. Herausgegeben von Wilhelm Weischedel. Frankfurt am Main.

Kant, Immanuel (1997 orig. 1790/1793/1799): Kritik der Urteilskraft. Herausgegeben von Wilhelm Weischedel. Frankfurt am Main.

Kapp, Ernst (1877): Grundlinien einer Philosophie der Technik. Zur Entstehungsgeschichte der Kultur aus neuen Gesichtspunkten. Braunschweig.

Kaul, Helge (2011): Neue Finanzierungsmodelle für Online-Content und Kulturprojekte. In: Karin Janner, Christian Holst und Axel Kopp (Hg.): Social Media im Kulturmanagement. Grundlagen, Fallbeispiele, Geschäftsmodelle, Studien. Heidelberg, S. 405–412.

Kerckhove, Derrick de; Leeker, Martina; Schmidt, Kerstin (2008): McLuhan neu lesen. Kritische Analysen zu Medien und Kultur im 21. Jahrhundert. Bielefeld.

Kimmerle, Heinz (2000): Jaques Derrida zur Einführung. Hamburg.

Kimmich, Dorothee; Renner, Rolf Günter; Stiegler, Bernd (1996): Texte zur Literaturtheorie der Gegenwart. Stuttgart.

Kittler, Friedrich A. (1977): „Das Phantom unseres Ichs" und die Literaturpsychologie. E. T. A. Hoffmann – Freud – Lacan. In: Friedrich A. Kittler und Horst Turk (Hg.): Urszenen. Literaturwissenschaft als Diskursanalyse und Diskurskritik. Frankfurt am Main, S. 139–166.

Kittler, Friedrich A. (1980): Austreibung des Geistes aus den Geisteswissenschaften. Programme des Poststrukturalismus. Paderborn.

Kittler, Friedrich A. (1986): Grammophon, Film, Typewriter. Berlin.

Kittler, Friedrich A. (1989): Die Nacht der Substanz. Bern.

Kittler, Friedrich A. (1993): Draculas Vermächtnis. Technische Schriften. Leipzig.

Kittler, Friedrich A. (2000): Eine Kulturgeschichte der Kulturwissenschaft. München.

Klein, Armin (2005): Kultur-Marketing. Das Marketingkonzept für Kulturbetriebe. München.

Klein, Armin (2011a): Hybrides Kulturmarketing. In: Bernd Wagner (Hg.): Jahrbuch für Kulturpolitik 2011. Digitalisierung und Internet. Essen, S. 195–206.

Klein, Armin (2011b): Online-Kulturmarketing und Social Media Marketing. In: Armin Klein (Hg.): Taten.Drang.Kultur. Kulturmanagement in Deutschland 1990–2030. Wiesbaden, S. 165–178.

Knopf, Jan (1995): Bertolt Brecht. Das epische Theater. In: Rolf Günter Renner und Engelbert Habekost (Hg.): Lexikon literaturtheoretischer Werke. Stuttgart, S. 121–123.

Koch, Michael; Richter, Alexander (2009): Enterprise 2.0. Planung, Einführung und erfolgreicher Einsatz von Social Software in Unternehmen. München.

Kock, Ned (2004): The psychobiological model: Towards a new theory of computer-mediated communication based on Darwinian evolution. In: Organization Science 15 (2), S. 327–348.

Kocks, Klaus (1981): Brechts literarische Evolution. München, Bochum.

Kocyba, Hermann (1995): Gilles Deleuze. In: Norbert Retlich und Bernd Lutz (Hg.): Metzler Philosophen Lexikon. Stuttgart, S. 200–203.

Kohle, Hubertus; Kwastek, Katja (2003): Computer, Kunst und Kunstgeschichte. Köln.

Kölsch, Jochen (2009): alpha-Forum. Dr. Dirk Böndel, Direktor Deutsches Technikmuseum Berlin im Gespräch mit Jochen Kölsch. BR alpha, 23.01.2009. Online verfügbar unter http://www.br.de/fernsehen/br-alpha/sendungen/alpha-forum/dirk-boendel-gespraech100.html.

Kopka, Tobias; Weber, Anna-Carolin (2011): Community-Craft. Community-Strategien im Bereich digitaler Spiele als Anregungen für den Kulturbereich. In: Karin Janner, Christian Holst und Axel Kopp (Hg.): Social Media im Kulturmanagement. Grundlagen, Fallbeispiele, Geschäftsmodelle, Studien. Heidelberg.

Krabiel, Klaus-Dieter (1993): Brechts Lehrstücke. Entstehung und Entwicklung eines Spieltyps. Stuttgart.

Krabiel, Klaus-Dieter (2001): Der Lindberghflug/ Der Flug der Lindberghs/ Der Ozeanflug. In: Jan Knopf (Hg.): Brecht-Handbuch. Band 1. Stuttgart, S. 216–225.

Kramer, Sven (2010): Walter Benjamin zur Einführung. Hamburg.

Krämer, Harald (2001): Museumsinformatik und Digitale Sammlung. Wien.

Krazeisen, Thomas (2010): Ort der Originale und der Authentizität. Im Gespräch mit Cornelia Ewigleben, Direktorin des Landesmuseums Württemberg. In: Esslinger Zeitung 2010, 13.02.2010, S. 37. Online unter http://www.esslinger-zeitung.de/lokal/kultur/schaufenster/Artikel 520416.cfm.

Kreutzer, Till (2011): Remix-Culture und Urheberrecht. In: Bernd Wagner (Hg.): Jahrbuch für Kulturpolitik 2011. Digitalisierung und Internet. Essen, S. 325–340.

Krümmel, Clemens (1995): Platons Höhle. Ausstellungsdokumentation. In: Michael Fehr (Hg.): Platons Höhle. Das Museum und die elektronischen Medien. Köln, S. 176–207.

Kuni, Verena (2011): Prosumer. In: Hedy Graber, Dominik Landwehr und Veronika Sellier (Hg.): Kultur digital. Begriffe, Hintergründe, Beispiele. Basel, S. 327–328.

Lachermeier, Johannes; Wach, Antonia (2011): neanderweb 2.0 – „Evolution" als Konzept für das Neanderthal Museum im Social Web.

In: Karin Janner, Christian Holst und Axel Kopp (Hg.): Social Media im Kulturmanagement. Grundlagen, Fallbeispiele, Geschäftsmodelle, Studien. Heidelberg, S. 285–302.

Lang, Peter Christian (1995): Theodor W. Adorno. In: Norbert Retlich und Bernd Lutz (Hg.): Metzler Philosophen Lexikon. Stuttgart, S. 8–12.

Lardner, Dionysius (1836): Die Dampfmaschine faßlich beschrieben und erklärt, insbesondere in ihrer praktischen Anwendung auf Eisenbahnen und Dampfschiffahrt. Leipzig.

Leschke, Rainer (2001): Medientheorie. In: Helmut Schanze (Hg.): Handbuch der Mediengeschichte. Stuttgart, S. 14–40.

Leschke, Rainer (2003): Einführung in die Medientheorie. München.

Leschke, Rainer (2010): ‚Diese Site wird nicht mehr gewartet'. Medienanalytische Perspektiven in den Medienwechseln. In: Konrad Scherfer (Hg.): Webwissenschaft. Eine Einführung. Berlin, S. 52–72.

Liessmann, Konrad Paul (1998): Kulturindustrie. In: Ansgar Nünning (Hg.): Metzler-Lexikon Literatur- und Kulturtheorie. Stuttgart, S. 292–293.

Lindhoff, Lena (1995): S/Z. In: Rolf Günter Renner und Engelbert Habekost (Hg.): Lexikon literaturtheoretischer Werke. Stuttgart, S. 369–370.

Lübbe, Hermann (1989): Die Aufdringlichkeit der Geschichte. Herausforderungen der Moderne vom Historismus bis zum Nationalsozialismus. Köln.

Luhmann, Niklas (1994): Soziale Systeme. Grundriß einer allgemeinen Theorie. Frankfurt am Main.

Luhmann, Niklas (1998): Die Gesellschaft der Gesellschaft. Frankfurt am Main.

Lull, James (2002): The Push and Pull of Global Culture. In: James Curran und David Morley (Hg.): Media and Culture Theory. London, S. 132–164.

Lyotard, François (1986 orig. 1979): Das postmoderne Wissen. Köln.

Lyotard, Jean François (1985): Immaterialität und Postmoderne. Berlin.

Lyotard, Jean-François (1996 orig. 1986): Postmoderne für Kinder. Briefe aus den Jahren 1982–1985. Wien.

Lyotard, Jean-François (2006 orig. 1989): Das Inhumane. Plaudereien über die Zeit. Wien.

Lyotard, Jean-François (2011 orig. 1973): Discourse, figure. Minneapolis.

Majetschak, Stefan (2007): Ästhetik zur Einführung. Hamburg.

Mandel, Birgit (2011): Die Rolle der Kulturvermittlung im Web 2.0 und den digitalen Medien. In: Bernd Wagner (Hg.): Jahrbuch für Kulturpolitik 2011. Digitalisierung und Internet. Essen, S. 207–214.

Mangold, Michael; Weibel, Peter; Woletz, Julie (2007a): Das Museum als Bildungsinstitution und Teil einer Medienkultur im 21. Jahrhundert. In: Michael Mangold, Peter Weibel und Julie Woletz (Hg.): Vom Betrachter zum Gestalter. Neue Medien in Museen – Strategien Beispiele und Perspektiven für die Bildung. Baden-Baden, S. 13–20.

Mangold, Michael; Weibel, Peter; Woletz, Julie (Hg.) (2007b): Vom Betrachter zum Gestalter. Neue Medien in Museen – Strategien Beispiele und Perspektiven für die Bildung. Zentrum für Kunst und Medientechnologie. Baden-Baden.

Mangold, Michael; Woletz, Julie (2007): Bildung, Wissen, Narrativität. Wissensvermittlung durch Digital Storytelling nicht nur im Museum. In: Michael Mangold, Peter Weibel und Julie Woletz (Hg.): Vom Betrachter zum Gestalter. Neue Medien in Museen – Strategien Beispiele und Perspektiven für die Bildung. Baden-Baden, S. 33–48.

Marcuse, Herbert (1966): Repressive Toleranz. In: Robert Paul Wolff, Barrington Moore und Herbert Marcuse (Hg.): Kritik der reinen Toleranz. Frankfurt am Main, S. 9–128.

Margreiter, Reinhard (1999): Realität und Medialität. Zur Philosophie des ‚Media Turns'. In: Medien Journal 23 (1), S. 9–18.

McLuhan, Marshall (2007 orig. 1964): Understanding media. The extensions of man. Reprinted. London.

McLuhan, Marshall (2011 orig. 1967): Das Medium ist die Message. Ein Inventar medialer Effekte. Stuttgart.

McLuhan, Marshall; Nevitt, Barrington (1972): Take today. The executive as dropout. New York.

Melichar, Ferdinand (2010): Verwertungsgesellschaften im digitalen Zeitalter. Digital Rights Management-Systeme machen Verwertungsgesellschaften nicht überflüssig. In: Olaf Zimmermann und Theo Geißler (Hg.): Digitalisierung. Kunst und Kultur 2.0. Berlin, S. 210–212.

Mersch, Dieter (1993): Umberto Eco zur Einführung. Hamburg.

Meyer, Erik (2010): Erinnerungskultur 2.0? Kommemorative Kommunikation und Aufmerksamkeitsökonomie. In: Hans Scheurer und Ralf Spiller (Hg.): Kultur 2.0. Neue Web-Strategien für das Kulturmanagement im Zeitalter von Social Media. Bielefeld, S. 82–92.

Misoch, Sabina (2006): Online-Kommunikation. Paderborn.

Missomelius, Petra (2006): Digitale Medienkultur. Bielefeld, Marburg.

Mittelmeier, Martin (2013): Adorno in Neapel. Wie sich eine Sehnsuchtslandschaft in Philosophie verwandelt. München.

Mosdorf, Siegmar; Werth, Christoph (1999): Online oder offline – Zukunft oder bereits Vergangenheit? Neue Medien im Kulturbereich. In: Petra Rösgen (Hg.): Informationstechnologie im Museum. Wissenschaftliches Symposion am 1. und 2. Dezember 1997 im Haus der Geschichte der Bundesrepublik Deutschland, Bonn. Bonn, S. 157–164.

Müller, Ulrich (2006): Theodor W. Adornos „Negative Dialektik". Darmstadt.

Münker, Stefan (2009): Emergenz digitaler Öffentlichkeiten. Die sozialen Medien im Web 2.0. Frankfurt am Main.

Münker, Stefan; Roesler, Alexander (2000): Poststrukturalismus. Stuttgart.

Narayan-Schürger, Sita (2003): Die Bedeutung von Informationssystemen im Marketing und in der Pädagogik von Kunstmuseen. Ludwigsburg.

Nelson, Theodor Holm (1987): Literary machines. The report on, and of, project Xanadu concerning word processing, electronic publishing, hypertext, thinkertoys, tomorrow's intellectual revolution, and certain other topics including knowledge, education and freedom. South Bend.

Neumann, Bernd (2011): Vorwort. In: Bernd Wagner (Hg.): Jahrbuch für Kulturpolitik 2011. Digitalisierung und Internet. Essen, S. 9–12.

Nowotny, Helga; Scott, Peter; Gibbons, Michael (2004): Wissenschaft neu denken. Wissen und Öffentlichkeit in einem Zeitalter der Ungewißheit. Weilerswist.

Nünning, Ansgar (Hg.) (1998): Metzler-Lexikon Literatur- und Kulturtheorie. Stuttgart.

Oehmichen, Ekkehardt (2007): Die neue MedienNutzerTypologie MNT 2.0. In: Media Perspektiven (5), S. 226–233.

O'Reilly, Tim (2005): What Is Web 2.0: Design Patterns and Business Models for the Next Generation of Software. Online verfügbar unter http://www.oreillynet.com/pub/a/oreilly/tim/news/2005/09/30/what-is-web-20.html.

Otto, Ulf (2012): Internetauftritte. Eine Theatergeschichte der neuen Medien. Bielefeld.

Pfeil, Elke (2005): Brecht-Haus Berling: Authentische Dichterräume heute. In: Sabiene Autsch, Michael Grisko und Peter Seibert (Hg.): Atelier und

Dichterzimmer in neuen Medienwelten. Zur aktuellen Situation von Künstler- und Literaturhäusern. Bielefeld, S. 143–153.

Pfenning, Gerhard (2011): Urheberrecht und Rechtsverwaltung in der Informationsgesellschaft. In: Bernd Wagner (Hg.): Jahrbuch für Kulturpolitik 2011. Digitalisierung und Internet. Essen, S. 315–324.

Pircher, Wolfgang (1995): Höhlenansichten. Bedingungen und Folgen von Platons Höhlengleichnis. In: Michael Fehr (Hg.): Platons Höhle. Das Museum und die elektronischen Medien. Köln, S. 25–35.

Poser, Hans (2001): Wissenschaftstheorie. Eine philosophische Einführung. Stuttgart.

Postman, Neil (1994): Das Technopol. Die Macht der Technologien und die Entmündigung der Gesellschaft. Frankfurt am Main.

Pott, Sandra (2007): „Poesie der Wissenschaft?" – Hans Magnus Enzensbergers Gedichte über Naturforscher der Frühen Neuzeit. In: Zeitschrift für Germanistik 17 (2), S. 340–360.

Pranz, Sebastian (2009): Theatralität digitaler Medien. Eine wissenssoziologische Betrachtung medialisierten Alltagshandelns. Wiesbaden.

Pscheida, Daniela (2010): Das Wikipedia-Universum. Wie das Internet unsere Wissenskultur verändert. Bielefeld.

Qubeck, Susann (1999): Museumsmarketing im Internet. Grundlagen – Anwendungen – Potentiale. Bielefeld.

Raupach, Christian (2013): Kulturkritik des Web 2.0. Baden-Baden.

Reckwitz, Erhard (1998): Referenz. In: Ansgar Nünning (Hg.): Metzler-Lexikon Literatur- und Kulturtheorie. Stuttgart, S. 454–455.

Reicher, Maria E. (2005): Einführung in die philosophische Ästhetik. Darmstadt.

Reichwald, Ralf; Möslein, Kathrin; Sachenbacher, Hans (2000): Telekooperation. Verteilte Arbeits- und Organisationsformen. Berlin.

Reiter, Anja (2014): Gefällt mir. Ein alter Dichter als der Erfinder von Facebook? In: Die ZEIT (2), S. 54.

Renner, Rolf Günter; Habekost, Engelbert (Hg.) (1995): Lexikon literaturtheoretischer Werke. Stuttgart.

Reussner, Eva Maria (2010): Publikumsforschung für Museen. Internationale Erfolgsbeispiele. Bielefeld.

Rheingold, Howard (1991): Virtual reality. New York.

Ropohl, Günter (1999 orig. 1978): Allgemeine Technologie. Eine Systemtheorie der Technik. München.

Rösgen, Petra (Hg.) (1999): Informationstechnologie im Museum. Wissenschaftliches Symposion am 1. und 2. Dezember 1997 im Haus der Geschichte der Bundesrepublik Deutschland, Bonn. Haus der Geschichte der Bundesrepublik Deutschland. Bonn.

Röthler, David; Wenzlaff, Karsten (2011): Neue Finanzierungsmodelle für Online-Content und Kulturprojekte. In: Karin Janner, Christian Holst und Axel Kopp (Hg.): Social Media im Kulturmanagement. Grundlagen, Fallbeispiele, Geschäftsmodelle, Studien. Heidelberg.

Röttger-Denker, Gabriele (1997): Roland Barthes zur Einführung. Hamburg.

Rötzer, Florian (1995): Bilder in Bildern – oder: Vom Bild zur virtuellen Welt. In: Michael Fehr (Hg.): Platons Höhle. Das Museum und die elektronischen Medien. Köln, S. 57–75.

Rusch, Gebhard; Schanze, Helmut; Schwering, Gregor (2007): Theorien der Neuen Medien. Kino, Radio, Fernsehen, Computer. Paderborn.

Ryan, Judith (1995): Jean-François Lyotard. Das postmoderne Wissen. In: Rolf Günter Renner und Engelbert Habekost (Hg.): Lexikon literaturtheoretischer Werke. Stuttgart, S. 66–67.

Schanze, Helmut (2002): Medien. In: Helmut Schanze und Susanne Pütz (Hg.): Metzler Lexikon Medientheorie, Medienwissenschaft. Stuttgart, S. 199–201.

Schanze, Helmut; Pütz, Susanne (Hg.) (2002): Metzler Lexikon Medientheorie, Medienwissenschaft. Stuttgart.

Schelsky, Helmut (1965): Auf der Suche nach Wirklichkeit. Gesammelte Aufsätze. Düsseldorf.

Scherfer, Konrad (2010): Ist das Web ein Medium? In: Konrad Scherfer (Hg.): Webwissenschaft. Eine Einführung. Berlin, S. 10–29.

Scheurer, Hans; Spiller, Ralf (Hg.) (2010): Kultur 2.0. Neue Web-Strategien für das Kulturmanagement im Zeitalter von Social Media. Bielefeld.

Scheytt, Oliver (2011): Vorwort. In: Bernd Wagner (Hg.): Jahrbuch für Kulturpolitik 2011. Digitalisierung und Internet. Essen, S. 13–14.

Schicha, Christian (2010): Kritische Medientheorien. In: Stefan Weber (Hg.): Theorien der Medien. Von der Kulturkritik bis zum Konstruktivismus. Konstanz, S. 104–123.

Schirrmacher, Frank (2009): Payback. Warum wir im Informationszeitalter gezwungen sind, zu tun, was wir nicht tun wollen, und wie wir die Kontrolle über unser Denken zurückgewinnen. München.

Schlemm, Vera (2003): Database Marketing im Kulturbetrieb. Wege zu einer individualisierten Besucherbindung im Theater. Bielefeld.

Schlösser, Christian (2009): Hans Magnus Enzensberger. Paderborn.

Schmid, Ulrike (2011): Das Social-Media-Engagement deutscher Museen und Orchester. In: Karin Janner, Christian Holst und Axel Kopp (Hg.): Social Media im Kulturmanagement. Grundlagen, Fallbeispiele, Geschäftsmodelle, Studien. Heidelberg, S. 413–418.

Schmidt, Jan (2006): Weblogs. Eine kommunikationssoziologische Studie. Konstanz.

Schmidt, Siegfried J. (1995): Platons Höhle – ein philosophischer „Betriebsunfall"? In: Michael Fehr (Hg.): Platons Höhle. Das Museum und die elektronischen Medien. Köln, S. 36–56.

Schmidt, Siegfried J. (1996): Die Welten der Medien. Grundlagen und Perspektiven der Medienbeobachtung. Braunschweig.

Schmidt, Ulf (2014): Auf dem Weg zum agilen Theater. Online verfügbar unter http://nachtkritik.de/index.php?view=article&id=9072

Schneider, Norbert (1996): Geschichte der Ästhetik von der Aufklärung bis zur Postmoderne. Eine paradigmatische Einführung. Stuttgart.

Schoenmakers, Henri; Bläske, Stefan; Kirchmann, Kay; Ruchatz, Jens (Hg.) (2008): Theater und Medien. Grundlagen – Analysen – Perspektiven; eine Bestandsaufnahme. Institut für Theater- und Medienwissenschaft. Bielefeld.

Scholem, Gershom Gerhard (1963): Judaica. Studien zur jüdischen Mystik. Frankfurt am Main.

Schönauer, Sven (2011): Klee als Scan – Digitale Revolution im Museum. In: Zeit Online 2011, 14.03.2011. Online unter http://www.zeit.de/news-032011/14/iptc-bdt-20110314-17-29245884xml.

Schrape, Jan-Felix (2011): Social Media, Massenmedien und gesellschaftliche Wirklichkeitskonstruktion. In: Berliner Journal für Soziologie (3), S. 407–429.

Schröter, Jens (2004): Das Netz und die virtuelle Realität. Bielefeld, Essen.

Schulz, Gabriele (2010): Der Urheber steht im Mittelpunkt. Zur Berliner Rede zum Urheberrecht 2010. In: Olaf Zimmermann und Theo Geißler (Hg.): Digitalisierung. Kunst und Kultur 2.0. Berlin, S. 157–159.

Schulz, Gabriele; Ernst, Stefanie (2010): Einführung. In: Olaf Zimmermann und Theo Geißler (Hg.): Digitalisierung. Kunst und Kultur 2.0. Berlin, S. 8–13.

Schulze, Claudia (2001): Multimedia in Museen. Standpunkte und Perspektiven interaktiver digitaler Systeme im Ausstellungsbereich. Wiesbaden.

Schulze, Gerhard (2011): Strukturwandel der Öffentlichkeit 2.0. Kunst und Publikum im digitalen Zeitalter. In: Bernd Wagner (Hg.): Jahrbuch für Kulturpolitik 2011. Digitalisierung und Internet. Essen, S. 27–40.

Schwarz, Hans-Peter (1997): Medien, Kunst, Geschichte. Medienmuseum ZKM. München.

Schweibenz, Werner (2008): Vom traditionellen zum virtuellen Museum. Die Erweiterung des Museums in den digitalen Raum des Internets. Frankfurt am Main.

Seibert, Peter (2005): Kein Ort? Nirgends? Anmerkungen zur Ausstellung von Exil und Exilliteratur. In: Sabiene Autsch, Michael Grisko und Peter Seibert (Hg.): Atelier und Dichterzimmer in neuen Medienwelten. Zur aktuellen Situation von Künstler- und Literaturhäusern. Bielefeld, S. 239–260.

Short, John; Williams, Ederyn; Christie, Bruce (1976): The social psychology of telecommunications. London.

Sieck, Jürgen; Herzog, Michael A. (2006): Kultur und Informatik. Entwickler Architekten und Gestalter der Informationsgesellschaft. Frankfurt am Main, New York.

Siedschlag, Alexander (2005): Politische Öffentlichkeit. Wiesbaden.

Siepmann, Eckhard (1998): Mnemosyne im technischen Raum. In: Michael Fehr (Hg.): Open Box. Künstlerische und wissenschaftliche Reflexionen des Museumsbegriffs. Köln, S. 338–356.

Sievers, Norbert (2011): ‚netz.macht.kultur'– Kulturpolitik in der digitalen Gesellschaft. In: Bernd Wagner (Hg.): Jahrbuch für Kulturpolitik 2011. Digitalisierung und Internet. Essen, S. 15–26.

Simon, Holger (2011): Mediennutzung über das mobile Web als Chance für die Kunst- und Kulturvermittlung. In: Karin Janner, Christian Holst und Axel Kopp (Hg.): Social Media im Kulturmanagement. Grundlagen, Fallbeispiele, Geschäftsmodelle, Studien. Heidelberg, S. 329–338.

Simon, Nina (2010): The participatory museum. Santa Cruz.

Simon, Nina (2012): Das partizipative Museum. In: Susanne Gessner, Martin Handschin, Angela Jannelli und Sibylle Lichtensteiger (Hg.): Das partizipative Museum. Zwischen Teilhabe und User Generated Content: neue Anforderungen an kulturhistorische Ausstellungen. Bielefeld, S. 95–108.

Simonis, Anette (1998): Walter Benjamin. In: Ansgar Nünning (Hg.): Metzler-Lexikon Literatur- und Kulturtheorie. Stuttgart, S. 44–45.

Sonneburg, Stephan (2011): Brauchen Kulturmarken Markenkultur? In: Karin Janner, Christian Holst und Axel Kopp (Hg.): Social Media im Kulturmanagement. Grundlagen, Fallbeispiele, Geschäftsmodelle, Studien. Heidelberg, S. 191–208.

Spitzer, Manfred (2012): Digitale Demenz. Wie wir uns und unsere Kinder um den Verstand bringen. München.

Staarmann, Gabriele (2001): Kunstvermittlung digital. In: Claudia Gemmeke, Hartmut John und Harald Krämer (Hg.): Euphorie digital? Aspekte der Wissensvermittlung in Kunst, Kultur und Technologie. Tagungsband zur gleichnamigen Veranstaltung des Fortbildungszentrums Abtei Brauweiler/Rheinisches Archiv- und Museumsamt und des Heinz-Nixdorf-Museums-Forums, Paderborn, am 28./29. September 1998. Bielefeld, S. 191–198.

Starke, Gernot (2011): Effektive Softwarearchitekturen. Ein praktischer Leitfaden. München.

Stienen, Sascha (2011): Das Medium und die Botschaft. In: General Anzeiger Bonn 2011, 26.07.2011, S. 17. Online unter www.general-anzeiger-bonn.de/lokales/wissenschaft/Das-Medium-und-die-Botschaft-article44827.html.

Stork, Yvonne (1998): Ferdinand de Saussure. In: Ansgar Nünning (Hg.): Metzler-Lexikon Literatur- und Kulturtheorie. Stuttgart, S. 476–478.

Surowiecki, James (2005): The wisdom of crowds. Why the many are smarter than the few and how collective wisdom shapes business, economies, societies, and nations. New York.

Thiel, Sabine (2011): Museum und Kunst. Wie passt das zusammen? Interview mit Werner Lippert, Leiter des NRW Forum Düsseldorf. Antenne Düsseldorf, 21.02.2011.

Tröndle, Martin; Greenwood, Steven; Kirchberg, Volker; Tschacher, Wolfgang; Wintzerith, Stéphanie; Omlin, Sibylle; van den Berg, Karen (2009): Postkulturmanagement. In: Sigrid Bekmeier-Feuerhahn, Karen van den Berg, Steffen Höhne, Rolf Keller, Angela Koch, Birgit Mandel et al. (Hg.): Forschen im Kulturmanagement. Bielefeld, S. 127–153.

Turing, Alan (1937): On Computable Numbers, with an Application to the ‚Entscheidungsproblem'. In: Proceedings of the London Mathematical Society (42), S. 230–265.

van Eimeren, Birgit; Frees, Beate (2013): Rasanter Anstieg des Internetkonsums – Onliner fast drei Stunden täglich im Netz. In: Media Perspektiven (7-8), S. 358–372.

van Eimeren, Birgit; Frees, Beate (2014): 79 Prozent der Deutschen online – Zuwachs bei mobiler Internetnutzung und Bewegtbild. In: Media Perspektiven (7-8), S. 378–395.

van Quine, Willard Orman (1987 orig. 1960): Wort und Gegenstand. Stuttgart.

Vill, Susanne (2008): Spielräume zwischen Medienkunst und Virtueller Realität. In: Henri Schoenmakers, Stefan Bläske, Kay Kirchmann und Jens Ruchatz (Hg.): Theater und Medien. Grundlagen – Analysen – Perspektiven; eine Bestandsaufnahme. Bielefeld, S. 457–478.

Vogelsang, Axel (2012): The Revolution Will Be Televised. Social Media und das partizipative Museum. In: Susanne Gessner, Martin Handschin, Angela Jannelli und Sibylle Lichtensteiger (Hg.): Das partizipative Museum. Zwischen Teilhabe und User Generated Content: neue Anforderungen an kulturhistorische Ausstellungen. Bielefeld, S. 203–212.

Volker, Klaus (1988): Bertolt Brecht. Eine Biographie. Reinbek bei Hamburg.

Wacker, Markus; Lehmann, Matthias; Stelzer, Ralph (2009): MySpace – Virtuelle Realitäten in dreidimensionalen Räumen. In: Manfred Bogen, Roland Kuck und Jens Schröter (Hg.): Virtuelle Welten als Basistechnologie für Kunst und Kultur? Eine Bestandsaufnahme. Bielefeld, S. 87–98.

Wagner, Bernd (Hg.) (2011): Jahrbuch für Kulturpolitik 2011. Digitalisierung und Internet. Essen.

Wall, Tobias (2006): Das unmögliche Museum. Zum Verhältnis von Kunst und Kunstmuseen der Gegenwart. Bielefeld.

Warnke, Martin (2011): Theorien des Internet zur Einführung. Hamburg.

Weber, Anna-Carolin; Kopka, Tobias (2010): Online-Communities. Theoretische und praktische Grundlagen für Kulturschaffende. In: Hans Scheurer und Ralf Spiller (Hg.): Kultur 2.0. Neue Web-Strategien für das Kulturmanagement im Zeitalter von Social Media. Bielefeld, S. 187–194.

Weber, Stefan (2010a): Einführung: (Basis-)Theorien für die Medienwissenschaft. In: Stefan Weber (Hg.): Theorien der Medien. Von der Kulturkritik bis zum Konstruktivismus. Konstanz, S. 15–48.

Weber, Stefan (2010b): Konstruktivistische Medientheorien. In: Stefan Weber (Hg.): Theorien der Medien. Von der Kulturkritik bis zum Konstruktivismus. Konstanz, S. 170–188.

Weber, Stefan (2010c): Systemtheorien der Medien. In: Stefan Weber (Hg.): Theorien der Medien. Von der Kulturkritik bis zum Konstruktivismus. Konstanz, S. 189–206.

Weber, Stefan (Hg.) (2010d): Theorien der Medien. Von der Kulturkritik bis zum Konstruktivismus. Konstanz.

Wehnert, Stefanie (2002): Literaturmuseen im Zeitalter der neuen Medien. Leseumfeld – Aufgaben – didaktische Konzepte. Kiel.

Weibel, Peter (1995): Digital Doubles. In: Stefan Iglhaut und Florian Rötzer (Hg.): Illusion und Simulation. Begegnung mit der Realität. Ostfildern, S. 192–207.

Weibel, Peter (2007): Web 2.0 und das Museum. In: Michael Mangold, Peter Weibel und Julie Woletz (Hg.): Vom Betrachter zum Gestalter. Neue Medien in Museen – Strategien Beispiele und Perspektiven für die Bildung. Baden-Baden, S. 23–32.

Welsch, Wolfgang (2008): Unsere postmoderne Moderne. Berlin.

Wiedemann, Heinrich (2006): Medienpädagogik. In: Otto Altendorfer und Ludwig Hilmer (Hg.): Medienmanagement. Band 4: Gesellschaft-Moderation und Präsentation-Medientechnik. Wiesbaden, S. 91–112.

Wiener, Oswald (1995): Strukturen und Wahrheit. In: Michael Fehr (Hg.): Platons Höhle. Das Museum und die elektronischen Medien. Köln, S. 230–256.

Winter, Carsten (2011): Von der Push- zur Pull-Kultur(-innovation). In: Karin Janner, Christian Holst und Axel Kopp (Hg.): Social Media im Kulturmanagement. Grundlagen, Fallbeispiele, Geschäftsmodelle, Studien. Heidelberg, S. 149–190.

Winter, Gundolf (2009): Virtualität oder zur Inszenierung von Raumbildlichkeit in der italienischen Wandmalerei. In: Manfred Bogen, Roland Kuck und Jens Schröter (Hg.): Virtuelle Welten als Basistechnologie für Kunst und Kultur? Eine Bestandsaufnahme. Bielefeld, S. 7–24.

Wittgenstein, Ludwig (1990 orig. 1957): Tractatus logico-philosophicus, Tagebücher 1914–1916, Philosophische Untersuchungen. Frankfurt am Main.

Wohlfromm, Anja (2002): Museum als Medium – neue Medien in Museen. Überlegungen zu Strategien kultureller Repräsentation und ihre Beeinflussung durch digitale Medien. Köln.

Wöhrle, Dieter (1988): Bertolt Brechts medienästhetische Versuche. In: Dieter Wöhrle (Hg.): Bertolt Brechts medienästhetische Versuche. Köln, Konstanz, S. 45–60.

Wunderlich, Antonia (2008): Der Philosoph im Museum. Witten/ Herdecke. Online verfügbar unter http://deposit.d-nb.de/cgi-bin/dokserv?id=3108871&prov=M&dok_var=1&dok_ext=htm.

Wyss, Beat (2009): Nach den großen Erzählungen. Frankfurt am Main.

Zacharias, Wolfgang (2011): Kulturelle Medienbildung 2.0. Kultur, Politik, Medien, Bildung vernetzten und neu vermessen? In: Bernd Wagner (Hg.): Jahrbuch für Kulturpolitik 2011. Digitalisierung und Internet. Essen, S. 275–284.

Zeuch, Ulrike (2005): Möglichkeiten und Grenzen medienintegrierender Ausstellungskonzepte für historische Räume am Beispiel des Lessinghauses von 1730 in Wolfenbüttel. In: Sabiene Autsch, Michael Grisko und Peter Seibert (Hg.): Atelier und Dichterzimmer in neuen Medienwelten. Zur aktuellen Situation von Künstler- und Literaturhäusern. Bielefeld, S. 201–220.

Zima, Peter V. (1995): Literarische Ästhetik. Methoden und Modelle der Literaturwissenschaft. Tübingen.

Zimmermann, Olaf; Geißler, Theo (Hg.) (2010): Digitalisierung. Kunst und Kultur 2.0. Berlin.

Zimmermann, Olaf; Schulz, Gabriele (2010a): Ein Stein wird ins Wasser geworfen. Zur Diskussion der Kulturflatrate. In: Olaf Zimmermann und Theo Geißler (Hg.): Digitalisierung. Kunst und Kultur 2.0. Berlin, S. 167–170.

Zimmermann, Olaf; Schulz, Gabriele (2010b): Internet-Enquett: Hohe Erwartung oder Skepsis. In: Olaf Zimmermann und Theo Geißler (Hg.): Digitalisierung. Kunst und Kultur 2.0. Berlin, S. 190–193.

Zimmermann, Olaf; Schulz, Gabriele (2010c): Zeitwende Digitalisierung. In: Olaf Zimmermann und Theo Geißler (Hg.): Digitalisierung. Kunst und Kultur 2.0. Berlin, S. 14–18.

Zons, Reimar (1998): Friedrich Kittler. In: Ansgar Nünning (Hg.): Metzler-Lexikon Literatur- und Kulturtheorie. Stuttgart, S. 259–260.

Zypries, Brigitte (2010): Kopien brauchen Originale. Urheberrecht in der Wissensgesellschaft. In: Olaf Zimmermann und Theo Geißler (Hg.): Digitalisierung. Kunst und Kultur 2.0. Berlin, S. 124–126.

Schriften zum Kultur- und Museumsmanagement

Patrick S. Föhl, Patrick Glogner
Kulturmanagement als Wissenschaft
Überblick – Methoden – Arbeitsweisen.
Einführung für Studium und Praxis

Oktober 2016, ca. 150 Seiten, kart., ca. 14,99 €,
ISBN 978-3-8376-1164-9

Martin Tröndle
Die reflexive Kulturorganisation
Theorie und Praxis
des integrierten Kulturmanagements
(unter Mitarbeit von Julian Stahl)

April 2016, ca. 220 Seiten, kart., ca. 29,99 €,
ISBN 978-3-8376-2918-7

Oliver Scheytt, Simone Raskob,
Gabriele Willems (Hg.)
Die Kulturimmobilie
Planen – Bauen – Betreiben.
Beispiele und Erfolgskonzepte

März 2016, ca. 400 Seiten, kart., ca. 49,99 €,
ISBN 978-3-8376-2981-1

Leseproben, weitere Informationen und Bestellmöglichkeiten finden Sie unter www.transcript-verlag.de

Schriften zum Kultur- und Museumsmanagement

Carl Christian Müller,
Michael Truckenbrodt
Handbuch Urheberrecht im Museum
Praxiswissen für Museen, Ausstellungen, Sammlungen und Archive

Januar 2016, ca. 200 Seiten, kart., ca. 25,99 €,
ISBN 978-3-8376-1291-2

Andrea Hausmann (Hg.)
Handbuch Kunstmarkt
Akteure, Management und Vermittlung

2014, 480 Seiten, kart., zahlr. Abb., 29,99 €,
ISBN 978-3-8376-2297-3

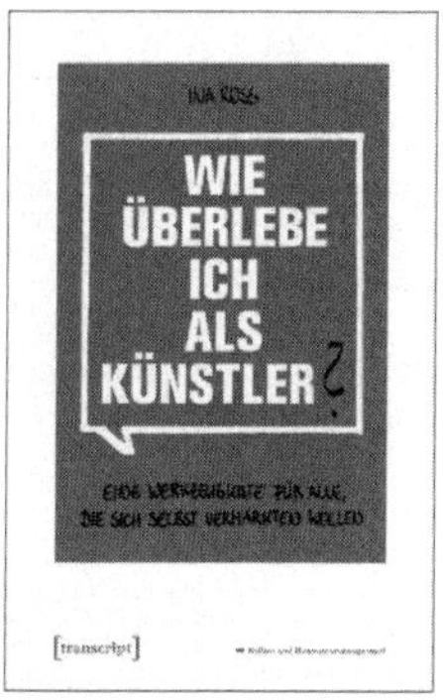

Ina Roß
Wie überlebe ich als Künstler?
Eine Werkzeugkiste für alle,
die sich selbst vermarkten wollen

2013, 192 Seiten, kart., zahlr. Abb., 19,80 €,
ISBN 978-3-8376-2304-8

Leseproben, weitere Informationen und Bestellmöglichkeiten finden Sie unter www.transcript-verlag.de

Schriften zum Kultur- und Museumsmanagement

Carsten Baumgarth, Berit Sandberg (Hg.)
Handbuch Kunst-Unternehmens-Kooperationen
Februar 2016, 476 Seiten, kart., zahlr. Abb., 39,99 €,
ISBN 978-3-8376-3026-8

Nora Wegner
Publikumsmagnet Sonderausstellung – Stiefkind Dauerausstellung?
Erfolgsfaktoren einer zielgruppenorientierten Museumsarbeit
September 2015, 300 Seiten, kart., zahlr. z.T. farb. Abb., 34,99 €,
ISBN 978-3-8376-3229-3

Julia Hilgers-Sekowsky
Kooperationen zwischen Museen
Hemmnisse in der Zusammenarbeit und ihre Überwindung
August 2015, 332 Seiten, kart., zahlr. Abb., 34,99 €,
ISBN 978-3-8376-3073-2

Siglinde Lang
Partizipatives Kulturmanagement
Interdisziplinäre Verhandlungen zwischen Kunst, Kultur und Öffentlichkeit
Juli 2015, 242 Seiten, kart., 29,99 €,
ISBN 978-3-8376-3083-1

Michaela Conen
Strategisches Management in Museen
Mit Change Management und Balanced Scorecard aktiv gestalten
März 2015, 232 Seiten, kart., zahlr. z.T. farb. Abb., 29,99 €,
ISBN 978-3-8376-2843-2

Reinhold Knopp, Karin Nell (Hg.)
Keywork4
Ein Konzept zur Förderung von Partizipation und Selbstorganisation in der Kultur-, Sozial- und Bildungsarbeit
2014, 350 Seiten, kart., zahlr. farb. Abb., 29,99 €,
ISBN 978-3-8376-2679-7

Susan Kamel, Christine Gerbich (Hg.)
Experimentierfeld Museum
Internationale Perspektiven auf Museum, Islam und Inklusion
2014, 482 Seiten, kart., zahlr. z.T. farb. Abb., 34,99 €,
ISBN 978-3-8376-2380-2

Klaus Georg Koch
Innovation in Kulturorganisationen
Die Entfaltung unternehmerischen Handelns und die Kunst des Überlebens
2014, 398 Seiten, kart., 34,99 €,
ISBN 978-3-8376-2621-6

Christiane Schrübbers (Hg.)
Moderieren im Museum
Theorie und Praxis der dialogischen Besucherführung
2013, 256 Seiten, kart., zahlr. Abb., 26,80 €,
ISBN 978-3-8376-2161-7

Lorraine Bluche, Christine Gerbich, Susan Kamel, Susanne Lanwerd, Frauke Miera (Hg.)
NeuZugänge
Museen, Sammlungen und Migration. Eine Laborausstellung
2013, 200 Seiten, kart., zahlr. Abb., 29,80 €,
ISBN 978-3-8376-2381-9